新时代高校工程德育理论与实践

——学校德育的新范式

彭宗祥　主　编
夏小华　刘　科　副主编

上海财经大学出版社

图书在版编目(CIP)数据

新时代高校工程德育理论与实践:学校德育的新范式/彭宗祥主编. —上海:上海财经大学出版社,2020.11
ISBN 978-7-5642-3672-4/F·3672

Ⅰ.①新… Ⅱ.①彭… Ⅲ.①高等学校-德育工作-研究-中国
Ⅳ.①G641

中国版本图书馆 CIP 数据核字(2020)第 204919 号

□ 策划编辑 刘光本
□ 责任编辑 廖沛昕
□ 封面设计 张克瑶

新时代高校工程德育理论与实践
——学校德育的新范式

彭宗祥 主 编
夏小华 刘 科 副主编

上海财经大学出版社出版发行
(上海市中山北一路 369 号 邮编 200083)
网 址:http://www.sufep.com
电子邮箱:webmaster @ sufep.com
全国新华书店经销
江苏凤凰数码印务有限公司印刷装订
2020 年 11 月第 1 版 2020 年 11 月第 1 次印刷

710mm×1000mm 1/16 16.25 印张(插页:2) 232 千字
定价:69.00 元

序 言

习近平总书记在全国高校思想政治工作会议上指出，要坚持把立德树人作为中心环节，把思想政治工作贯穿教育教学全过程，实现全员育人、全程育人、全方位育人，努力开创我国高等教育事业发展新局面。以工程德育理念推进高校思想政治教育改革，是贯彻落实“三全育人”工作的一项重要举措，也是新工科建设背景下，主动适应和对接高素质卓越工程人才培养的内在需要，更是坚持社会主义办学方向，加快推进教育现代化，建设教育强国，办好人民满意的教育的根本要求。聚焦以“工程德育”构建高校思想政治教育新理念、新思路、新模式，既是新时代深入推进高校思想政治教育理论研究的有益探索，更是加快推进我国教育现代化、建设教育强国战略的实践要求。

以工程德育理念推进高校思想政治教育改革创新，是贯彻落实“三全育人”工作的一项重要举措。高校工程德育的目标不仅仅是培养卓越工程人才，从而为实现“中国制造2025”计划提供必要的人才储备和智力支持，更为重要的是，它必须坚持把“立德树人”作为根本任务，培养德智体美劳全面发展的社会主义建设者和接班人。基于理工科高校人才培养目标和学生成长成才需求，以“工程德育”理念为统领，旨在实现以“教育的思想”引领“思想的教育”、以“使命的教育”践行“教育的使命”、以“教育的行为”塑造“行为的教育”、以“方法的教育”创新“教育的方法”，整体推进高校思想政治教育范式转变，切实提高大学生思想政治教育的针对性和实效性，既是遵循思想政治教育规律、教书育人规律和学生成长规律的内在要求，同时也是一项贯彻落实“三全育人”的重要举措。

以工程德育理念推进高校思想政治教育改革创新，是主动对接适应“新工科”建设背景下培养高素质卓越工程人才的内在需要。教育部2017年2月形成《“新工科”建设复旦共识》（简称“复旦共识”）并公布《教育部高等教育司关于开展新工科研究与实践的通知》，标志着“新工科”计划正式启动。不久又先后发布了《“新工科”建设行动路线》（简称“天大行动”）和《“新工科”研究与实践项目指南》（简称“北京指南”）。相对于传统工科而言，新工科是以新经济、新产业的发展为背景，以应对全球变化和塑造未来为建设理念，以继承创新、交叉融合、协调共享为途径，培养适应未来发展的创新型、多元化高素质卓越工程人才。新工科建设的核心目标是培养德学兼修、德才兼备的卓越工程人才，为实现“中国制造2025”计划提供必要的人才储备和智力支持。就理工科高校而言，对接新工科建设这一人才培养目标，在客观上要求高校思想政治教育要主动作为，切实转变传统的知识性、灌输式的思想政治教育方法，坚持立德树人，以培养高素质工程型人才为核心目标，以“工程德育”理念重构思想政治教育模式，不断探索新时代大学生思想政治教育新思路、新方法。

以工程德育理念推进高校思想政治教育改革创新，是坚持社会主义办学方向，加快推进教育现代化、建设教育强国、办好人民满意的教育的根本要求。习近平总书记在全国教育大会重要讲话中明确指出，“我们办的是社会主义教育。必须坚持教育为人民服务、为中国共产党治国理政服务、为巩固和发展中国特色社会主义制度服务、为改革开放和社会主义现代化建设服务”。浇花浇根，育人育心。对理工科高校思想政治教育而言，以工程德育理念统领思想政治教育，培养的德才兼修、德才兼备、德技融汇、德智贯通的高素质工程型人才，就是坚持社会主义办学方向的一项具体措施。此外，教育现代化在现代化强国建设中具有基础性、先导性、全局性的地位和作用，而人力人才的质量问题则是教育现代化的内核和尺度。当前，我国虽然是世界第一制造业大国，但不是世界制造业强国，产业整体上处于中低端水平；我国科技虽然有了很大发展，但一些关键核心技术长期受制于人；我国虽然有世界上数量最多的科技队伍，但世界级科技大师、领军人才不多……这既不能适应国家提出的加快推进教育现代化、建设教育强国战略的要求，也无法满足人民日益增长的高质量教育的要求。这种情况对高校思想政治教育来说既是一个严峻的挑战，同时，对于新时代深入推进思想政治教育改革创新来说也是一个契机和突破点。对于理工科高校而言，以“工程德育”理念推动传统思想政治教育全面升级，构建新时代思想政治教育新模式，或许是一个开拓性的尝试。

在今后推进工程德育的理论研究和实践探索过程中，我们要高度重视中国工程教育的人才培养体系和大中小德育一体化教育的相互衔接问题，特别是要围绕立德树人根本任务，将工程德育理念融会到工程教育整个体系中，融会到工程人才培养的各个阶段，发挥好思想政治理论课的主渠道作用。更为重要的是，要从更深层次去思考培养教育的路径和方法，在培养工程技术人才的思想道德意识和社会责任感方面的融合和契合，研究和探索工程德育理念的历史逻辑、理论逻辑和实践逻辑；要不断通过理论分析、案例研究、调查研究等方法推动我国工程德育发展，将创新协调、绿色发展理念融入工程教育，促进学生成长过程中的思想自觉和行动自觉，培养担当民族大任的时代新人。

为更好贯彻并落实好党的十九大提出的坚持把立德树人作为根本任务，培养德智体美劳全面发展的社会主义建设者和接班人，建立健全“三全育人”体制机制，切实推进高校思想政治教育改革创新，近年来上海理工大学结合自身办学特色，与长三角兄弟高校共同进行了理论研究和实践探索。本书就是我们对前期探索的一个阶段性总结。我们深知，目前相关的理论研究和实践探索与我国工程教育的现实需求和长远目标相比还有一定差距，尚需要社会各界特别是教育界的同仁共同努力、持续攻关。希望本书的出版能对同行起到一个抛砖引玉的作用，为今后更加深入研究与探索工程德育、培养德智体美劳全面发展的时代新人尽一份绵薄之力。

是为序。

刘道平

2020 年 11 月

目　录

第二部分 实践探索

第三部分 专题研究

第一部分

理论研究

1

科学技术、资本逻辑与人的美好生活[①]

美好生活是特定主体对于生活状态的价值评价，基于主体的种种需要是否得到满足来评定生活是否美好。科学技术塑造了现实的人的需要的具体内容，因此使美好生活成为一种动态的历史性呈现。在不同历史时期，美好生活有着不同的表现内容。对何为美好生活的理解受科技发展水平的制约，科技为人类的美好生活划定了现实的圆周，随着科技发展水平的变化，“美好”与“不美好”的圆周会被重新设定，旧的“美好”变成新的“不美好”；而人类对于超出当前生活境遇、改善不美好生活的畅想又为科技的发展提供了源源不竭的推动力。科技的发展能否实现人类的美好生活，能否实现人的自由全面发展，取决于科技能否摆脱资本逻辑的支配，也离不开科学技术伦理向度的合理建构和规范引导作用。

党的十九大报告指出，我国社会主要矛盾已经转化为人民日益增长的美

① 宁全荣，北京科技大学马克思主义学院副教授、硕士研究生导师；杨昇昌，东北师范大学马克思主义学院思想政治教育专业博士研究生。

好生活需要和不平衡不充分的发展之间的矛盾。美好生活并不是静态的目标，只需留待科技努力实现。随着科技的发展，美好生活的价值目标会自发调整。从当前的历史境遇来看，科学技术至关重要的作用是解决人们生活当中的种种“不美好”。从整体上看，支撑起中国13亿人口大国的美好生活，需要技术的高度发展，推动生产力的进步，由此带来物质财富、精神财富的庞大积累；然而从个体的角度看，技术又会带来就业压力、贫富分化加剧、人被不断快速更迭的技术所宰制的负面效应。科技的发展不会自发解决凭借高科技所创造的财富合理分配的难题，中国特色社会主义建设迫切需要合理地利用科学技术，发挥科技伦理向度的规范与引导作用，削减科技红利对于受益群体的“马太效应”。唯如此，方能真正实现人的自由全面发展。

一、“美好生活”的科技底色

何谓“美好生活”？早在两千多年前，古希腊哲学家就开始了哲学探讨，伊壁鸠鲁学派已经注意到人有“趋乐避苦”的天性，人们总是在追求“身体无痛苦、灵魂无纷扰”的快乐，同时躲避各种痛苦。这种“快乐”“痛苦”与欲望息息相关，生活的美好在于欲望的恰当满足。古希腊哲学家对于美好生活的种种论述以德性、幸福、快乐、欲望这些概念为关键词，直至中世纪西方普遍进入神学的统治，人的美好生活被设定在遥远的天国，此岸生活让位于彼岸世界遥不可及的宗教生活。科学技术的发展将上帝拉下神坛，美好生活重新锚定在世俗领域。此岸世界的美好生活是不同生活状态的比较，人的种种欲望从根本上说是对于当前生活境遇的不满，从而试图变革生活方式，实现相对而言较为满意的生存格局。

马克思主义价值论认为，生活是否美好是主体对于自身生活境遇的价值评价，这种价值评价具有明显的主体性特征，由于每个人的具体需要不同，导致评价结果因人而异。倘若人的许多需要均得不到满足，便会觉得生活很不美好；反之，如果得到满足，便会得出生活美好的评价结果。诚然，人的需要表现各异，有健康的需要，还有不健康的需要，甚至是违反法律的欲望，极端邪恶如希特勒之流的很多需要被满足，显然不能认为他的生活很美好。美好生活是主体的自由的自我选择，但如果对于美好生活的理解限定在个体领域，切断了个人与社会的联系，那么美好生活就会嬗变为利己主义式的价值观，每个人仅仅追求私利的满足，这样的生活自然也绝非美好生活。美好生活，一方面是个人的主观评价，何谓“美好”通常极具个性化，究其根本是因为每个人现实的需要极具差异性；另一方面美好生活的也有客观性。美好生活的标准看似极其个性化，但实际上“不美好”的标准却存在着普遍共识，如今天人们会将奴隶制、种族歧视等社会现象视为不平等、不公正。换言之，“不美好”作为“美好”的对立面，规定了美好生活的可能性空间。

概括而言，虽然不同的人有着纷繁复杂、形形色色的需要，然而生活之美好必须清晰回答如下几个问题：我是谁？我能拥有什么？我能做什么？我能追求什么？

马克思明确指出对于“我是谁”的回答只能在生产劳动领域，“他们是什么样的，这同他们的生产是一致的——既和他们生产什么一致，又和他们怎样生产一致”[1]。美好生活应当体现了人的本质力量，是人对于自身能力的自我确证，是人能够具体实现的“人的自由全面发展”。黑格尔论述了劳动在人自我意识形成过程中的不可或缺，恩格斯也指认了劳动在从猿到人转变过程中的至关重要作用，脱离了劳动、纯粹享受、完全消费式的寄生虫般的生活不能说是美好的。然而在消费主义全球泛滥的背景下，攀比、面子、炫耀日益冲击着人们的幸福感与快乐感，沉迷于各种各样欲望的生活方式让很多人觉得自己的生活并不美好。关于“我能拥有什么”，在马克思称之为“物的依赖性”的时代，生存建立在一定量的物质生活资料、精神资料基础上，人的劳动也需要占有原材料、生产工具，人的美好生活自然而然与个人所拥有的物品密切相关，只不过拥有的对象不是生活的终极目的，仅仅是个手段。而对于“我能做什么”，一方面是自由的根据兴趣选择劳动形式，马克思关于共产主义的畅想表明单一的劳动形式是对于人多方面发挥才能的限制，分工的局限背离了人的全面发展这个理性目标;除此之外,还涉及道德领域的社会交往方面,美好生活毫无疑问蕴含着道德伦理维度。“我能追求什么”体现了人对于当前生活状态的不同程度上的否定,憧憬更为美好的新状态。美好生活是人的本质力量的呈现,是人在当前历史时期的自由而全面的发展,是人的自由而有德性的生活选择,同时也是个人尊严的体现,是人的自我价值与社会价值的切实实现。

上述问题均直接或间接涉及科技,人的生产活动总是受制于特定时期的科技发展水平。在知识经济时代,人的本质力量的体现越来越需要科技的支撑。科技为人的本质力量划定了现实的圆周,在此意义上,科技界定了人性。人能拥有什么?人能追求什么?显而易见的事实是,科技正在不断扩大人的需要范围,甚至生成人的需要。科技越发展,人类整体的活动范围就越大,交往程度就越广,人类赖以为生的生活资料、享受资料、发展资料的范围就越扩大,生活方式就越多样化、复杂化。电灯的发明让人们走出黑暗,飞机等交通工具的发明缩短了空间的距离,让人们远距离的出行更加快速、便捷,通信工具的发明扩大了人们的交往范围,互联网让人类可以足不出户而知天下事…… 此外,科学技术的发展还让以前的不可能逐渐成为可能,登月、即时通话、重大疾病的攻克、基因工程、人工智能的应用,等等诸如此类的科技延展了人的生活空间,相较于远古时代的人类,当代的人类毫无疑问有着高度复杂且多元的“需要”,也即有着极其个性化的对于美好生活的憧憬。诚然,不能认为当前的科技无法解决人类永生的需要,便认为生活“不美好”。然而科技越发展,并不是人未被满足的需要越少,相反,越来越多的欲望开始出现。桑德尔在《反对完美》一书中不无担忧地指出基因工程、生化技术对于人性的肆意的改造,各种改造人自身的欲望被疯狂激起。在每一个特定的历史时期,人们对于“美好”“不美好”的设想必定基于特定的科技发展水平,对何为美好生活的理解受科技发展水平的制约。美好生活之花植根于科技之土壤。

二、科技越发展，生活越美好吗

考察人类发展的历史，尤其是资本主义社会发展的早中期阶段，我们会发现科技的发展并不会必然带来人们的美好生活。

科学技术的发展，一方面提高了生产力，促进了生产规模的扩大，为人类的美好生活提供了丰富多样的生活资料；另一方面也使商品价格降低，昂贵商品的平民化给人们的日常生活带来了便利。正如经济学家熊彼特所说："所谓的经济发展，就是女王穿的丝袜，女工也能享受。"这里实则揭示了科技进步、机器自动化无疑会极大提高生产效率。按照马克思在《资本论》中的经济学分析，资本逻辑支配下的资本主义扩大化的社会再生产的进行，生产商品的必要劳动时间不断缩短，从而使各种生活资料（包括以前价格昂贵的奢侈品）的价格不断趋于下降，从而很大一部分奢侈品会转变为生活必需品。由此带来的结果是美好生活的具体内容随科技的发展不断更新。人类赖以为生的生活资料、享受资料、发展资料的范围正在不断扩大。商品价格的下降对于数量庞大的无产阶级来说，自然是有利于其生活质量的改善。因此，在这一意义上我们不得不承认"资本的文明作用"以及承认科技的进步意义给人们生活带来的"美好"。

但是，横向比较，生产力的不断发展以及科学技术的广泛运用在分配领域会造成贫富两极分化，加剧人们生活的"不美好"，主要体现在生活领域机器对人的奴役导致人的本质力量受到机器的奴役，往往只有少数人（资本家、权贵等阶层）能够实现财务自由，能够自由选择生活方式。"一座房子不管怎样小，在周围的房屋都是这样小的时候，它是能满足社会对住房的一切要求的。但是，一旦在这座小房子近旁耸立起一座宫殿，这座小房子就缩成茅舍模样了。这时，狭小的房子证明它的居住者不能讲究或者只能有很低的要求；并且，不管小房子的规模如何随着文明的进步而扩大起来，只要近旁的宫殿以同样的或更大的程度扩大起来，那座小房子的居住者就会在那四壁之内越发觉得不舒适,越发不满意,越发感到受压抑。"[2]同样,诺齐克设想的"基因超市"倘若真正开张,种种改善人类生存际遇的基因胶囊势必很昂贵,只有少数人才能负担得起,如此一来,就会形成富者生活越来越便利、贫者生活越来越不便利的"马太效应"。也就是说,最早享受科技红利的往往是少数人群。

与此同时,科技变迁也导致人们在生产领域的被奴役,突出表现为人们的自由时间被异化劳动所压缩和侵蚀。美国的制造业从业者在2000年的工作时间比20世纪70年代多20%,也就是说发达资本主义国家从业者每周的工作时间并没有减少,反而有升高的趋势。欧洲"原本以服务业为主忽然转向再工业化,智能化生产将不得不允许年长的工人延长其工龄,保持企业的正常运转"[3]。资本虽然推动技术发展,但是资本追求利润为主。"大工业则把科学作为一种独立的生产能力与劳动分离开来,并迫使科学为资本服务"[4]。进而言之,科技不仅是产品端的生产力量,更重要的是,也是人与世界、人与他人联系的无形中介。"工人的活动表现为:它只是在机器的运转、机器作用于原材料方面起中介作用——看管机器,防止它发生故障,这和对待工具的情形不一样……机器则代替工人而具有技能和力量,它本身就是能工巧匠,它通过在自身中发生作用的力学规律而具有自己的灵魂。"[5]由此技术的进步导致资本的有机构成的不断提高,而且不可避免地导致就业的结构性危机,造成相对剩余人口的频繁出现,劳动力掌握科技的时候会换来货币,当劳动力不掌握科技的时候会面临工资低或失业,消灭工作的速度比创造工作的速度快,在这个意义上美好生活的梦想也就必然会幻灭,人类的生存转而受科学技术的制约。

三、从"不美好"到"美好"的无止境逼近——科技的双重作用

科技具有正向价值,同时也引发副作用。桑德尔在《反对完美》一书中认

为科学技术并不能提升人的灵魂，或升华一个人的性格，只有通过道德的教育等才能实现人类能力的全面绽放。科学技术的伦理向度对科技发展提出了规范性的要求，尽管可能依据不同的伦理标准，但仍存在基于不同的理由而对科技应用达成共识，这也就是人类反对克隆等现象的原因。

值得注意的是，尽管科技在人的生活中的作用越来越大，但潜在的隐忧也表露无遗：人越来越离不开科技。手机、互联网、电子支付等科技的确使人类的生活更加便利，但也加强了人对于科技及其产品的依赖。人性的圆周被科技划定后，怎样才能保障人性不会被科技无止境的侵蚀？怎样才能确保人类可以驾驭科技这一危险工具？人类生活走向何处去？能否仅仅依靠科技解决上述问题？

笔者认为，科技本身并不会导致分配领域问题的自动解决，并不会消除贫困，甚至会恶化贫困程度。赵汀阳认为技术进步未必能增加幸福。只要社会结构或社会制度没有根本改变，即使技术进步取得巨大成功，社会的不公平也仍将继续存在，社会的一切矛盾将照原样存在于技术更发达的社会里。科技进步使人越来越依赖科技的现实生活。当前科技的发展一方面塑造了美好生活的“实然”境遇，另一方面又规定了何为“美好”。当代自由主义便主张政府应当保持“价值中立”，民众会自行追求各自满意的生活方式。波兹曼主张用人文教育和道德关怀来对抗技术垄断，芒福德也认为“如果认为所有由技术造成的问题都应当在技术领域的范围之内寻找答案，那么这种想法就大错特错了。”[6]马克思主义主张只有扬弃了生产资料私有制，人的自由个性才能真正实现。也就是说，美好生活这一崇高目标的实现不仅要求个人具备一定的能力、素质、思想境界，也需要政府与社会培养平等、正义的政治环境，这样美好生活才可能真正到来。因此，这些问题的解决应从以下几个方面进行思考：

第一，有效发挥科技伦理的规范引导作用。科技伦理是反思人类利用科技、发展科技的方法论与价值原则，科技这把“双刃剑”产生的正反效应只能借助科技领域之外的力量加以合理有效限制。例如，可以发挥科技伦理引导技术不断扩大人类美好生活这一圆周的半径，解决社会遇到的普遍性问题，如预防疾病、灾难等；再如引导科技应用于解决人类当前生活的“不美好”事宜，实现社会整体认可的、符合文明规范要求的美好生活的目标。人类对于超出当前生活境遇、改善不美好生活的畅想又为科技的发展提供了源源不竭的推动力。“科学不是某种现成的东西，而是一种正在生成的东西。”[7] 由于人们生活需要层次地提升所带来的市场需求为科技进步提供了源源不竭的助推力。

第二，适度限制资本的逐利作用。市场、资本无疑是推动科学产业化以及技术的推广应用，资本主义的发展史表明这一作用之巨大可谓史无前例。然而，仅凭资本推动科技发展，一是形成科技发展受制于市场，某项科技越是有利于市场推广，越是有可能带来丰厚利润，企业家们就会蜂拥而入地投资用于科研；反之，有些科技可能非常有利于民生事业，但是如果看不到市场前景，那么就可能会被搁置。二是形成贫富两极分化以及人口相对过剩的失业危机。如此种种，都是人们实现美好生活的拦路石。要限制资本逻辑，要有效破解资本主导下的科技异化是各国面临的难题，目前借助政府的宏观规制是常用选择。

第三，促使科技发展成为人的自由全面发展的支撑因素。使科技真正为人的美好生活服务。科技是工具、是手段，人是目的。政府对于资本的限制，以及科技伦理的规范引导，其根本在于努力使科技服务于人的自由全面发展，使“人—科技—资本逻辑”形成相互促进，共生共享的“价值生态系统”，走出一条既让科技发展政策与人的美好生活相互关切，同时又推动科技伦理与不断提升人的自由全面发展相互衔接的可持续发展之路。

参考资料

[1][2]《马克思恩格斯选集》(第 1 卷)，人民出版社 1995 年版。

[3]王淑芳：《工业 4.0：技术资本对人的惩罚还是救赎——基于马克思“商品拜物”和“自由时间”的批判视角》，《马克思主义与现实》2016 年第 2 期。

[4][5]《资本论》(第1卷),人民出版社2004年版。

[6][美]芒福德:《技术与文明》,中国建筑工业出版社2009年版。

[7]《马克思恩格斯全集》(第1卷),人民出版社1972年版。

2

教化:作为伦理生活的样式[①]

教化是人之成人的重要环节和途径,也是共同体和谐发展的价值纽带和精神家园。教化传统曾长期孕育滋养着中国人的精神世界,可反观当下的中国,不难发现教化传统的遗忘或旁落。从教育到教化,前者内涵于后者之中,教育不过是促进教化的手段,教化才是教育的本质和目的。无论是国家社会的治理,还是伦理个体的成人,最终是要“由教而化”,“化”应为其落脚点。当前需要克服“教”与“化”的疏离状态,强调“化”之于“教”的某种优先性,则有利于促进个性的成长,让每一个体都能追求各自的个性完善。

教化传统曾长期支撑着中国人的精神世界。教化是人之成人的重要环节和途径,也是共同体和谐发展的价值纽带和精神家园。反观当下,教化的上述功能已严重丧失,教化失落的现实境遇勾连着国民精神世界的迷茫。因此,重新省思中国文化中的教化传统,使其更好地实现与现代生活的对接与转化,具有理论与实践的双重意义。

---

① 付长珍,华东师范大学哲学系暨中国现代思想文化研究所教授。

一、"教化"与"化"

教化是一个古老的概念,在中西方文化中都有着丰富的人性内涵和悠久的人文传统。从内涵上说,教化具有双重意蕴。其一是从个体的角度讲,个体的心灵情感由于得到了道德规范和价值理念的引导和塑造,潜移默化,习以成性,徙恶牵善而不自知。在希腊文中,教化(Paideia)意味着"教并使习于所教",习于一事而形成习惯,就会凝结为道德品质。在德语中,教化(Bildung)一词则指示着"他们对思想塑造生活的力量和个人自我修养的能力有着共同的信仰,认为个人可以修养到自己的内心冲突得到克服而与同胞和大自然和谐相处的程度",达到崇高人性的塑造成型。其二是从共同体的角度讲,"明人伦,兴教化",化民成俗,形成良好的社会风气。以良好的人伦秩序来范围生活的各个领域,使之成为人的精神家园。伽达默尔对此亦有关注,他在谈到教化的时候,重视人在伦理实践过程中,将个体自身的直接性、本能性上升到普遍性。个体的精神如何成为一个普遍化的要求并产生普遍的作用,属于实践层面的问题。(这里内含着一个问题,即人如何将自我的个性人格转化为社会性的普遍人格。)每个人要在社会中立足都需要一个自我认可的共同体,这使得教化不仅关涉个体的教化,而且涉及共同体的教化。事实上,个体的教化虽然是教化的重要落脚点,但并不是全部的旨归所在。因为每个人都不可能全知全能,所以作为个体的人必须依托于一个能够帮助他实现价值目标且值得信任的共同体,这样的共同体成了个体的依托。个体作为共同体中的一员得以被教化,其原因就在于人在具有个性的同时还具有共通性、普遍性的东西,这是共同体实现教化的本体和人性的依据。个体对共同体怀有向心力和认同感,也可以帮助共同体更好地完成教化的功能。作为共同体的伦理秩序,教化就是让个体在成人的同时,也能将精神的普遍性推向更广的社会领域。

何为"化"?《荀子·正名》曰:"物有同状而为异者,有异状而同所者,可别也。状同而为异所者，虽可合，谓之二实。状变而实无别为异者，谓之化。有化而无别，谓之一实。”《周易》屡言“化”，多有改变、感化之义。《中庸》讲“唯天下至诚为能化”。荀子也认为，“天地为大矣，不诚则不能化万物；圣人为知矣，不诚则不能化万民”（《荀子・不苟》）。此处的“化”，只有至诚，才能使人动心，进而发生改变，动心既久，渐变则可以迁化了。

与儒家主张“诚则能化”不同，道家强调“得道自化”。据陈鼓应先生考证，《老子》言“化”仅三见，皆为修辞性的政治术语。《庄子》言“化”，多达75次。[1]老子提出“万物自化”“我无为而民自化”，主张万物自我化育，自生自长。庄子在继承老子“自化”思想的基础上，创设“造化”“物化”“不化”等概念，并将“化”贯通天道与人道，从自然哲学层面扩展到政治伦理层面，“天不产而万物化，地不长而万物育，帝王无为而天下功……此乘天地、驰万物而用人群之道也”（《庄子・天道》）。“与物化者，一不化者也。安化安不化？安与之相靡？必与之莫多”（《庄子・知北游》）。化表示变，不化意味着常，以不化应化，贵在于我而不失于变。

立足于中国哲学的语境，“化”的多重意蕴集中体现在人文化成的价值理想中。“人文化成”出自《易・贲卦》：“刚柔交错，天文也；文明以止，人文也。观乎天文以察时变，观乎人文以化成天下。”文明以止，止为中和，成为“人文化成”的内在尺度。文以人为本，人以文为质，“文质彬彬，然后君子”，这种文质统一的价值理想既体现了个体的精神自觉，又使人知所依归，翕然成化。人性臻于善，文化臻于美，成为中华文化代代相传的精神旨趣。在古代中国“政教一体”的治理模式中，“政”的本质首先不在治理，而在教化。“善政不如善教之得民也。善政民畏之，善教民爱之。善政得民财，善教得民心”（《孟子・尽心上》）。“分能以能行？曰：义”（《荀子・王制》）。荀子强调通过人文教化的方式使人承认有“义”，并在此基础上逐渐形成自己的第二天性，得道自化，即所谓成人。《汉书・刑法志》云：“故不仁爱则不能群，不能群则不胜物，不胜物则养不足。群而不足，争心将作。”以仁爱为共同体的基础，“政者，正也”，政治的主要目的是化民成俗，造就一个正义的共同体。

二、伦理关系场域中的教化

历史地看，正是通过礼乐教化使儒家价值观念在中国人的社会生活和心灵世界中扎了根，打下了深厚的基础。在个体精神生活和共同体的社会生活中传承发展，形成了一个活的传统。“《诗》《书》《礼》《乐》之谓，当法此教而化成天下也”（孔颖达疏《周易正义》）。“树风声，流显号，美教化，移风俗”（《隋书·经籍志一》）。诗书礼乐之教，是人道与教化的统一，是道德与审美的融合。诗书礼乐的作用正在于教化正俗，教化的本质正在于引导、涵养人性与醇厚美好风俗，从而使人们形成普遍的价值理想以达到天下大化。

着眼于儒学的视域，教化最少包括以下四个因素，即人、礼、乐和学，其中礼是内容，乐是手段，学是桥梁，人是主导和目的。不难看出，最为核心的因素是人，而学将人、礼、乐三者连接起来。教化最终是为了让人成为一个真正意义上的人，这一成人的过程关涉“人禽之辨”和“凡圣之别”两个层面，首先是教化中的人不断摆脱自然动物性，从前文明状态进入文明状态；其次是进一步变成一个区别于普通人的人，即士、君子、圣人等，从而成就真善美统一的理想人格。

“学”作为教化中的关键因素，在人的知行过程中贯穿，在与教的互动中习得教化的内容，从而促使人得以成人。就教化的目的来看，教化涉及理论和实践两个层面，理论教化主要表现为仁义礼智信等核心价值的学习和传播，实践教化则是将所习的内容践履于现实生活，“学”在这里将上述两个层面连接起来。在传统社会中，人一方面被外在的礼乐制度所化，另一方面则在日用人伦中受到他人的影响，被他者的言行所化。通过教化，既实现了个体对已认可的价值进一步的确认和坚定，同时不断剔除一些负面价值意识的影响，逐步树立起正确、健康、积极的价值理念。教化在日用常行之中的实现，内外交融，自然而然，不思而得，不勉而中，方为化境。

在教化过程中，“思”亦起着重要作用。“学而不思则罔，思而不学则殆”，

“学”与“思”无法分离，故而“思”一方面是主体之思，另一方面展现为主体运用“思”展开“学”的过程。人心、人性是教化得以展开的基础，它为教化的展开提供了可能性，而“学”则是教化得以展开的实践过程，要将这样的可能性转化为具体的行动，“思”的作用必不可少，它作为一种认知能力内化在“学”的过程中。

教化的运作及实现不仅涉及教化自身的内容和形式，而且与教化的主体（包括教化的施动者和受动者）与实际的生活情境密切相关。正是在现实的生存境遇中，人展开了自身的“在”世过程。如果忽视这一重要面向，则容易导致对教化的理解流于抽象的思辨，从而缺失其蕴含的丰富实践意蕴。注重教化与主体的密切关联，可以使对教化的理解落实到主体的德性培养和德行完善上，使得其回归更加契合个体的存在与发展，更加切合社会生活和共同体的需要。

教化的展开需依托于教化的受动者，以及进一步传播教化结果的施动者。这一点可以从所提及的“礼”“孝悌”“乐”和“教化”的关系上体现出来。“礼”作为教化的内容最终是为了规范和引导人的行为，从而使人成为一个社会意义上的人，“孝悌”则是让人在家庭关系的处理过程中成为一个伦理意义上的人。“乐”作为教化的重要手段，之所以能成功发挥作用，是因为其植根于人之本心、本性。同时，“教化”与“思”密不可分，人通过在“世”之“思”对教化的内容和形式进行过滤、选择和接受，如此，教化不仅具有修养论上的道德意义，即与“人应该如何行动”有关，而且与“人应该如何生活”相联系，具有了生存论上的伦理意义。

那么，外在的礼乐制度是如何通过教化进入到人的内在精神世界？从一般意义上来看，“化”可以理解为对人的心性的改造过程，无论是通过自我的反省还是外在礼乐制度的影响，最终都是为了感化人心，改善人性，后者属于广义的教化过程。这样的过程是通过培养道德感来完成的，无论是内在的反省还是外在的引导，最终都是为了唤起人们的道德心，引领人们的道德情感找到归宿。所以，从这个意义上来说，教化其实是帮助人们完成一个自内而内（自我反省）和由外而内的道德感化过程。在这一过程中，教化由外及里，受动者则以里迎外，从而完成个体德性的完善和教化功能的实现。

就人本身来说，无论是怎样特殊的个体，在人心、人性上皆有共通之处。

植根于这样的共通性，人们总是能够通过他者的行为和言论，感受到道德教化的力量。比如，一个人遵礼而行，虽不言不语，但其一言一行彰显了礼的内涵和力量。就“礼”本身而言，其内容同样植根于人的这种共通性，并得以实现其化育力量的传播。如《礼记》中对于祭祀和行孝道的具体规定，就是基于人对祖先和父母的共通性情感的基础上的，正因为这样的共通性，虽然人各不同，但都能够用关于“祭祀”和“行孝”的礼来规范自身的行为。如果说前者涉及“知”的共通性，那么后者则关乎“行”的共通性，这使得“教化”得以在“知”“行”两个层面展开并产生影响。具体来说，个体行为因为符合“礼”的规定，因而具有普遍性，但这种普遍性并非脱离实际生活而流于抽象思辨，它同时具有有效性。它因普遍性而容易为人接受和传播，既实现其化育的功能，又彰显着规约的效力。

关于教化的实现路径，荀子通过推崇“礼”在整个社会运行过程中的突出作用完成了其对道德教化机制问题的构想。简言之，一方面，教化过程需要“礼”的引导和规范，这一过程与“礼”相涉的同时亦与人心、人性产生密切关联；另一方面，这一过程的实现以“人”为主体依托，与前面所提及“知”“行”维度密切关联。“人”身处“礼”所营造的外在环境中受其影响，将这些外在的规范、条文转化为自我的实际言行。一开始可能是“勉而行之”，但通过坚持不懈，循序渐进，逐渐完成了由刻意效仿到自然贯通的过程。外在的“礼”已内化为自我德性的一部分，其教化的功能也得以实现。应该看到的是，这样的过程之所以能够实现，原因在于一方面它以人心、人性的共通性为基础，具备了内在的支撑；另一方面，又有以此为基础建立起来的制度——“礼”的规范和引导，从而获得了外在的保障。可见，教化以人为主体，并进一步以人的心性的共通感为基础，内外结合最终得以完成。当我们以人为立足点反观上述过程时则不难发现，它不仅促进个体德性的成长、使德行不断趋向完善，而且不断促进个人与社会的融合，实现人的自然性与社会性的统一。

三、教化传统的失落与回归

教化传统曾长期孕育滋养着中国人的精神世界，可反观当下的中国，不难发现教化传统的遗忘或旁落。教化本应是在教人的同时化育人，而当下却以生硬的说教来灌输教化的内容，而这些内容又与人的实际生活相脱节，形式的僵化和内容的疏离使得教化成为外之于人的道德胁迫，无法通过教和化，通达人的内心，成为人心之向往，并进而变成一种主动的道德诉求。也正因如此，才出现了教化的受动者对于教化予以排斥，这使得教化难以开展，从人的内心深处产生强烈的消极抵抗作用。

教化不应是机械的传授，也不该是强行的灌输，它应是耳濡目染，化育于无形，如春雨般润物无声，我们将其称为"濡化"。它与社会风气的熏陶相联系，在不知不觉之中完成教化。这一过程首先涉及行的维度。从事实层面看，外在的社会风气对人的作用远强于一般的道德说教，一个人的日常行为对他人的影响往往要强于刻意树立起来的道德模仿，这些都与"濡化"有关。通过"濡化"个体焕发了人性的本真，完成了价值理想的追求。如此，教化就不再是一个外在于我的强制，而是日常生活中的一种样态，是个体自身的一种存在状态和内在诉求。这一过程的实现，既需要孟子说的向内用力——激发善端，又需要荀子说的向外用力——礼乐建设。

从教育到教化，前者内涵于后者之中，教育不过是促进教化的手段，教化才是教育的本质和目的。在教化的展开过程中，往往出现"有教无化"的状况，正是教化与教育相混淆的结果。与"感化"强调主体不同，"濡化"更多地强调外在环境对个体的影响，《论语》中所言"里仁为美"，即关注到文明风俗对人格的塑造作用。但这两者又并非彼此分离，我们常会被一个外在的行为所感化，有所感触后就随之发生一个感同身受的过程，最后内化为自我的德性，进而展现为外在的德行。可见，"濡化"所提供的外在氛围"感化"了个体，并促使个体由外及里，完成教化过程。立足于“濡化”和“感化”的上述特点，在核心价值观的形塑过程中，国家和社会层面似应更多地倡导“濡化”的作用，个体层面则应更多地关注到“感化”的影响。

针对当今的道德状况，尤其需要克服教与化的疏离状态，强调化之于教的某种优先性，则有利于促进个性的成长，让每一个体都能追求各自的个性完善。密尔说：“人之所以成为高贵而美丽的沉思对象，不是因为我们可以将个体自身独特的东西敉平为一，而是因为它在不伤害他人利益的条件下唤起并培育个体所独有的东西……一个人的个性越发展，这个人就变得对自己越有价值，从而也能够对他人越有价值。”[2]因此，为了使人更具有美德，施教主体所能做的不应只是理性的说教和劝勉，而是要努力找到激发人们道德情感的方式。柏拉图在《斐多篇》中谈道，我们每个人心中都有童心。这份童心只是回应于故事，而不是理性论证。孔子格外重视诗和乐的化育功能，在弦歌诵读声中与弟子切磋、“言志”，这种春风化雨般的教育，是一种德性自由的表现。关于如何达成自由的德性，当代著名哲学家冯契创造性地提出了“德性自证”的概念。他认为，德性的自证首要的是真诚，这也是中国哲学史上儒家和道家所贡献的重要思想。儒、道两家都认为真正的德性出自真诚，而最后要复归于真诚。[3]要保持真诚就要警惕各种异化现象，反对权力迷信和拜金主义。“从真诚出发，拒斥异化，警惕虚伪，加以解蔽、去私，提高学养，与人为善，在心口如一、言行一致的活动中保持自己的独立的人格、坚定的操守，也就是凝道成德、显性弘道的过程……德性之智就是在德性的自证中体认了道（天道、人道、认识过程之道），这种自证是精神的‘自明、自主、自得’，即主体在返观中自知其明觉的理性，同时有自主而坚定的意志，而且还因情感的升华而有自得的情操。这样便有了知、意、情等本质力量的全面发展，在一定程度上达到了真善美的统一，这就是自由的德性。”[4]真正的教化就是要培养人们对真善美的永恒之爱，这是一个过程，一种理想，一种信念。当理想变成信念，人就会有一种自得之感，信念使人乐于从事，形成习惯，一贯地坚持理想、信念，习之既久，成为自然，成为自由的德性。

通过上面的分析不难看到，无论是国家社会的治理，还是伦理个体的成人，最终是要“由教而化”，“化”应为其落脚点。灵性的道德、生命的发育成长，不仅根自心灵内部信仰的支撑，而且仰赖政治伦理规范的护航。荀子同时关注到心性基础和制度保障两个方面。既强调“化性起伪”，“虑积焉，能习焉而后成谓之伪”（《荀子·正名》），“无伪，则性不能自美”（《荀子·礼论》），人性能够通过人文化成（伪）而完善；又强调礼法并举，“明礼义以化之，起法正以治之，重刑罚以禁之，使天下皆出于治，合于善也”（《荀子·性恶》）。教化的展开，一方面要依靠制度规范的不断完善，另一方面要与民生的改善相结合，所谓“有恒产者有恒心”。这样才使得教化既有心性论的根基，又有现实制度的保障，这样的教化才能够言之有力，行之有效，从而范导社会的公序良俗。

教化的失落已成现实，教化的回归还任重道远。当下的中国，比以往任何时代更加需要强化对精神信仰、伦理道德、社会风尚的引领，培育国民对主流价值和共同信念的归属感。对于教化的理解，同样需要我们不断唤醒和省思民族的历史文化记忆，从道德理想主义的桎梏中解救出来，从本体论、生存论和社会实践的意义上来思考和重构教化传统，发挥以文化人的教化功能，使教化真正成为生活的形式，成为塑造中华民族价值世界和精神家园的力量源泉。

参考资料

[1]陈鼓应：《论道与物关系问题》(上)，《哲学动态》2005 年第 7 期。

[2]Mill，John Stuart (2003)，On Liberty，New Haven：Yale University Press.

[3][4]冯契：《认识世界和认识自己》，华东师范大学出版社 1996 年版。

3

试论工程伦理学的基本问题[①]

工程伦理学如今已成为伦理学领域的一支劲旅，相关问题的争论却越演越烈，极难达成伦理共识。至关重要的两个基本问题是：工程伦理学是否可能？工程伦理学为何种伦理学？实际上，工程伦理学不但可能，而且是具有鲜明的现实价值和实践意义的应用伦理学。

20 世纪七八十年代起，工程伦理学在欧美诞生并蓬勃发展起来，如今已成为伦理学领域的一支劲旅。然而，关于工程伦理学相关问题的争论却越演越烈，极难达成共识。我们主要讨论工程伦理学的两个密切相关的根基性问题：工程伦理学是否可能？工程伦理学为何种伦理学？因为只有首先解决了这两个重要问题，工程伦理学才能在此基础上不断深化和发展为具有强劲生命力的伦理学。

① 任丑，西南大学应用伦理研究所、中华传统伦理文化研究中心主任、教授、博士生导师。

一、工程伦理学是否可能

工程伦理学首要的问题是应对“工程伦理学是否可能”的挑战。目前对工程伦理学的质疑，可主要归结为三种类型：法律可否取代工程伦理学？传统可否取代工程伦理学？价值中立说可否否定工程伦理学？尤其是第三种类型的质疑具有哲学理据，且根深蒂固，影响甚大。

（一）法律可否取代工程伦理学

著名工程作家福劳曼（Samuel C. Florman）等人强调工程法律的重要性，怀疑工程伦理的必要性，他认为只要工程师及其雇主尊重法律边界，工程师应当遵循雇主的指令，沿着其创造性的道路前行。他非常担忧地强调“工程伦理标准或许会扰乱法律标准的持续发展和实施”[1]。

我们认为，这种担忧源自对法律和伦理关系的误解：

第一，该理论是（一种无视法律作用的限度，进而夸大了法律作用的）法律万能论和（蔑视道德功能、作用的）道德无能论的混合产物。伊利诺伊州立技术学院伦理学研究中心主任维维安·韦尔（Vivian Weil）教授反驳说：“这种推理思路忽视了一些重要因素。法律、规章和诉讼的作用产生于伤害和损坏发生之后。法律回应不可避免地滞后于这些情况。”[2]与法律的滞后不同，工程伦理能够积极地发挥作用：现场负责的有良知的工程师们能够及时采取措施避免或降低伤害，主动地解决问题。

第二，该理论是把法律和道德完全隔离的机械论观点。实际上，两者具有内在的密切联系：法律是具有强制性的底线道德，道德是法律的价值基础和导向。法律应以道德为基础和目的，接受道德的批判和审视，基此得以修正和完善。道德应以法律为坚强的底线保障，运用法律的力量实现其最低限度的道德目的。因此，强调工程伦理标准不但不会扰乱法律标准的持续发展和实施，反而会不断地促进和提升法律标准的持续发展和实施。

（二）传统可否取代工程伦理学

法国是以传统否定工程伦理学的典型国家。在法国，工程伦理学完全不被重视,正规教育课程认为工程伦理学纯属多余[3]。诚如克瑞斯特勒·笛德(Christelle Didier)所说:“在法国,讨论工程伦理学的发展几乎是一件不可能的事……在任何一个法国的国家大学的哲学系和工程系的理论课程中都对工程伦理学完全不予关照……在工程学课程中几乎没有伦理教育……几乎没有研究‘工程伦理学’的理论计划……20 世纪 90 年代以前,‘伦理’这个词竟然没有出现在任何专业组织或贸易联盟的出版物中。”[4]尽管如此,这种传统并不能否定工程伦理学自身的存在。

(1)从法国之外的工程伦理学状况来看,德、美、日等国的工程伦理思想以及当今工程伦理学的迅速发展都证明了工程伦理学的重要价值。关于这一点,盖瑞·里·多内(Gary Lee Downey)等人有专文论及[5],兹不赘述。

(2)从法国工程师事业的发展中也可以看出工程伦理学存在的必要性。

第一,从法国传统来看,虽无工程伦理之名,却有工程伦理之实。法国轻视工程伦理的传统和法国工程师由来已久的精英(中坚)地位有关。法国新闻记者让一罗伊斯·巴绥克(Jean一Louis Barsoux)解释说:“在法国,工程教育绝不是给医学、法律或建筑学当第二提琴手,它被公认为是通向社会和专业高端的途径。”[6]也就是说,工程师是为国家工作的一个特殊行业,即所谓的“国家”工程师(state engineers)。要成为工程师的学生必须经过最为严格的选拔和训练。他们进入工程学院不是“录取”(admission)而是“晋升”(promotion),一旦完成学业,就被永久性地作为提拔对象。换句话说,“进入工程学院,就意味着进入可期望的国家工程师制度体系之内,他们有望最终成为领袖和法国社会的化身。这样,他们成了国家发展的正统的火车头”[7]。从某种意义上讲,法国国家工程师的精英地位决定着其道德素养是在极其严格的考试体系的过程中得以培育的。盖瑞·里·多内等人所说,“对于法国工程师而言,证明其成为精于工程学的数学基础的能力、承诺(义务)和自制,就证明他具有了确保共和国信誉并领导它追求理想未来的道德品性”[8]。J. 斯密斯(J. Smith)也说:“毋庸置疑的是,250 年来,他们(法国国家工程师——译者注)始终如一的公共服务的道德气质在任何地方都极为罕见。”[9]

第二，从法国传统的现代化而言，也经历了从无伦理之名到工程伦理学的出现的历史进程。冷战结束后，国家联系通过联合国的推动作用进一步加强。法国工程师教育作为回应，期望工程师们参与欧洲之外的国际工厂，工程学院因此开始扩展其非技术类的工程教育。在此境遇中，对工程专业的伦理反思获得了立足之地。1995 年，工程师资格任命委员会支持工程研究生的正式资格要具有非技术性的要求，包括“外语、经济、社会人文科学以及解决信息问题的具体方法途径，同样向工程专业的伦理反思提供机会（通路）”[10]。工程伦理学的这个立足之处否定了轻视伦理的传统，为法国工程伦理的研究活动打开了通道。

（3）传统本身包含着伦理的要素，但也不可避免地存在着违背伦理的要素，而和人密切相关的工程中的伦理问题却是充满生命力的活生生的伦理实践。传统自身的滞后和不足不但不能否定工程伦理学的存在，反而要求工程伦理学的精深发展。

（三）价值中立说可否否定工程伦理学

如果说法律和传统只是外在挑战的话，价值中立说则是从哲学理论的高度对工程伦理学可否成立构成的内在挑战。

价值中立说认为真理事实与伦理价值缺乏内在联系，科学家、工程师只需尊重真理事实，对伦理价值可以不屑一顾。西方哲学史上，大卫·休谟（David Hume）最早明确了真理与价值、“是”和“应该”之间的划分，提出了两者间是否有内在联系的问题。逻辑实证主义者（维特根斯坦、斯蒂文森、埃耶尔等）秉承这一思路，进而主张所有价值命题既不能通过逻辑分析加以证明，也不能通过经验来证实，因而既不具有逻辑意义，也不具有经验意义。只有真假意义的事实命题即真理命题，才有意义——由此可推出科学的价值中立性命题。马克斯·韦伯（Max Weber）从科学的价值中立性出发，系统论证了经验科学与价值论、伦理学的严格界限，特别强调“‘存在知识’即关于‘是’什么的知识，与‘规范知识’即关于‘应当是’什么的知识之间的逻辑区分”[11]。这样一来，价值中立的工程学和价值科学的伦理学就不可能有任何关联，工程伦理学也就失去了存在的根据。而且，即使工程伦理学存在，它也是没有价值的。

我们认为，价值中立说不能否定工程伦理学，因为：

(1)从工程发展的历史和现实来看，并不存在任何“价值中立”的工程。历史上第一所授予工程学位的学校是1794年成立的法国巴黎综合工艺学校，当时它隶属于国防部门，出自这种具有一定军事性质的学校的工程不可能价值中立。18世纪下半叶，英国出现了最早的民用工程，如修建运河、道路、灯塔、城市水系统等土木工程。由于修建运河沿途要跨多个行政区、涉及众多土地所有者，当时的土木工程师要到英国议会为修建运河项目做论证，陈述实施项目的理由，争取议会和政府的批准，这直接和现实中的价值密切相关[12]。由此可见，工程自诞生之日起，就与社会环境、社会事务联系紧密，就与现实中的价值密切相关。现实中工程与价值的关系，无论从深度还是从广度上都比以往更加密切。所谓“价值中立”的工程绝不可能存在。

(2)从工程的内在特质来看，它自身是具有其内在价值的存在。胡塞尔说：“在19世纪后半叶，现代人的整个世界观唯一受实证科学的支配，并且唯一被科学所造成的‘繁荣’所迷惑，这种唯一性意味着人们以冷漠的态度避开了对真正的人性具有决定意义的问题。”[13]这也适用于对工程价值中立说的批判。价值中立说从原则上排除的正是工程本身的核心问题，即关于整个工程有无价值意义的问题。

价值中立说的实质是认为对于包括工程在内的一切客观的考察都是在外部进行的考察。不过，这种考察只能把握外在性、客观性的东西。实际上，对于包括工程在内的任何对象的彻底考察，是考察主体对于自己本身在外部表现出来的主观性的系统的纯粹内在的考察，“这些问题终究是关系到人”[14]。人的存在及其意识生活和其最深刻的世界问题，最终就是有关生动的内在存在和外在表现的一切问题都得到解决的场所。人是价值和事实的综合存在，这种目的论在自我的所有一切行为与意图中都起着支配作用，在缜密严谨的工程活动中尤其起着支配作用。因此，工程并非纯粹客观的、实证的、独立的,它们建立在承载着价值的人的主观性的基础之上。

可见,“价值中立”的工程确系子虚乌有,甚至可以说,工程是道德哲学的重要分支。换言之,工程伦理学不但可以成立,而且具有鲜明的、现实的价值和意义。

我们既然批判了各种怀疑论,肯定了工程伦理学的内在合理性及其可能性。那么,它应当是何种伦理学呢?

二、工程伦理学为何种伦理学

就工程伦理学阵营而言,虽然都肯定工程伦理学的可能性,但是在“工程伦理学应当是何种伦理学”这个关乎其学科性质的基础问题上,依然争论激烈、分歧甚大。这种争论可主要归结为:微观伦理学、宏观伦理学还是综合(协作)伦理学?经验伦理学还是理论伦理学?实践伦理学还是应用伦理学?

(一)微观伦理学、宏观伦理学还是综合(协作)伦理学

部分学者把工程伦理学分为微观伦理学和宏观伦理学:约翰·赖德(John Ladd)等学者比较关注微观伦理学,胡斯皮斯(R. C. Hudspith)等人比较关注宏观伦理学。

一般而言,微观伦理学(microethics),主要研究工程师个体的职业伦理:从工程学会的伦理准则出发,围绕工程师个人的责任和义务,采用案例研究的方法,重点研究工程师在工程实践中可能碰到的伦理难题和责任冲突,思考工程伦理准则如何适用于具体的现实环境,以使工程师的决定和行为符合伦理准则的要求等问题。宏观伦理学(macroethics),着眼于工程整体与社会的关系,主要研究和社会领域相关的责任问题,思考关于工程(技术)的性质和结构、工程设计的性质和做一名工程师的含义等更广泛的伦理问题。

随着研究的深入,多数学者倾向于对微观伦理学与宏观伦理学两个层面的综合研究。威廉姆·里奇(William Lynch)等人认为,工程外的知识、制度、历史、文化等对工程伦理学都具有重要作用。就飞行事故而言,制度因素

和工程技术因素对于旅客的安全同等重要[15]。政治学家E. J. 伍德豪斯(E. J. Woodhouse)主张工程伦理学应当建立在集体职业责任的基础上,并高度注重工程师作为公民的作用,认为工程师不仅应当承担工作中的职业责任,而且应当承担其作为普通公民和消费者的责任[16]。这种工程伦理学的综合研究视角,实际上是超越宏观伦理学和微观伦理学的理论诉求的体现。北卡罗来纳州立大学约瑟夫·R. 赫克特(Joseph R. Herkert)教授在此基础上,提出了超越微观伦理学和宏观伦理学的综合伦理学——协作(合作)伦理学(collaborative ethics)。他把协作工程伦理学的基本观点概括为四个方面:工程师、伦理学家和科学技术学者以及教师之间的协作;工程和计算机领域伦理学家的协作;伦理学家、工程教育者和职业工程界的协作;同一系统领域的协作,重视工程职业界的共同社会责任[17]。另外,中国学者李伯聪在《绝对命令伦理学和协调伦理学——四谈工程伦理学》中也谈到了协调伦理学(即协作工程伦理学)[18]。

我们认为,微观、宏观的分类是量的角度的模糊划分,如果愿意,我们甚至可从微观、中观、宏观等量的角度无穷地分割下去。所以,这种划分只是停留在工程伦理学的外在因素,并没有深入到其内在本质。应当肯定的是,协作伦理学中贯穿各领域的"协作"精神已经触及了工程伦理学本质问题的边沿。问题是,协作的根据是什么?若不能回答此问题,协作伦理学就可能沦为无原则、无立场的道德相对主义而流于空谈。对此,可从两个层面深入讨论:经验还是理论?实践还是应用?

(二)经验伦理学还是理论伦理学

比较而言,协作伦理学虽然触及了工程伦理学的本质问题的思考,但它还是表面的,并没有从根本上摆脱量的思路,而关于"经验伦理学还是理论伦理学?"的争论已经明确地从协作伦理的根据的角度深入到了工程伦理的学科性质。

就伦理直觉和多数工程伦理学学者而言,工程伦理学应当是理论研究为主的伦理学。然而,斯坦福大学的罗伯特·E. 迈克格因(Robert E.

McGinn)在《“警惕鸿沟”:工程伦理学的经验路径 1997—2001》一文中,特别提醒理论伦理和现实中的实际伦理存在着巨大的差距。他对斯坦福大学工程学学生和正在工作的工程师进行了为期 5 年的关于工程伦理问题的调查,“分析结果强烈地表明:一方面是正在接受教育的工程专业的学生面对的工程伦理问题,另一方面是当代工程实践中的伦理现实问题,两者之间存在着严重的分离。工程专业的学生对工程伦理问题存在巨大争议,这些分歧妨碍了对具体职业实践中工程师的道德责任和伦理问题达成共识。这证明对工程专业的学生和工作工程师关于工程伦理问题进行适宜精确的研究调查非常重要,尽管工程伦理研究忽视了经验的方法途径。这种途径可以提升占主流地位的个案研究方法,并对极其有条不紊地理论分析的方法途径构成挑战”[19]。

显然,工程伦理学决不可忽视其经验性的研究路径,强烈的实践和应用精神是其应有之义。同样,忽视其理论研究,停留在零碎的经验思维水平上,就不会对工程经验有深刻的思考和指导作用,也不会有工程伦理学。工程伦理学应当把工程经验和理论融为一体,而不是两者取一。

(三)实践伦理学还是应用伦理学

把经验和理论融为一体的工程伦理学应当是何种伦理学呢?基于这种思路,就有了工程伦理学是实践伦理学还是应用伦理学的争论。当前,工程伦理学的主流思想家们主张它应当是实践伦理学而不是应用伦理学。

R. L. 皮克斯(R. L. Pinkus)等人明确主张,工程伦理学是实践伦理学(practical ethics),而不是应用伦理学(applied ethics)[20]。李伯聪也说,“工程伦理学应该定性和命名为‘实践伦理学’而不是‘应用伦理学’”[21]。支撑该理论的主要论据为:

(1)工程伦理学要批判地反思工程师的道德观念和行为,揭示其背后的道德依据,这种推理过程所参考的一般道德原则明显或不明显地与伦理理论直接有关。但是,如同工程不是科学的简单应用,工程伦理学也并非将一般伦理理论简单、机械地应用于实际问题。

(2)为了避免对“应用”的误解。诚如朱葆伟所说:“我们宁愿把工程伦理学称为一门‘实践伦理学’,以区别流行的‘应用伦理学’。因为在这里,‘应用’是一个容易引起误解的说法。近代以来流行的理论与实践关系的二元论以及重理论、轻实践的观念往往把应用理解为首先获得一种纯理论的知识,或者从这种知识中制定出一个普遍有效的行为原则,然后把它现成地搬用到一个特殊的情境中去。这种看法没有正确把握理论和实践的关系,尤其是没有把握实践的特征和丰富内涵。”[22]这种看法从总体上讲,是深入到了伦理学自身的逻辑,较之量的区分(微观、宏观、综合),更贴近工程伦理学的本质。

不过,该理论认为工程伦理学是实践伦理学,把工程伦理学排除在应用伦理学之外。这是值得商榷的。因为:

(1)伦理学的实质就是实践伦理学,而不是简单地把伦理理论运用于实际问题。实际上,伦理理论的应用需要明智的道德判断力和坚强的道德意志,绝不是一个理论和实际的简单的结合运用。严格来说,这种运用并不存在,那种(把伦理原理应用于现实问题的)“应用”伦理学是不可能的。这是因为应用和实践本质上是一致的。

(2)应用和实践本质上是一致的。对“应用伦理学”而言,“应用的”(applied)首要含义就是“实践的”,这种强烈的“实践”指向是批判性道德思维的根本功能。伽达默尔在《真理与方法》中对“应用” 概念进行了实践的解释。他认为理解、解释和应用都是解释学的要素。理解是在具体境况中的理解,解释是对理解地再理解,理解就是解释,解释是深层次的理解,而“理解在这里已经是一种应用”[23]。“应用”绝不是对某一意义理解之后的移植性运用,即把先有的基本原理应用于实践。对于伦理学这样的“实践的学问”而言,“实践”就是“应用”。“应用”就是特定目的和意图在特定范围和时机中的实践性“行为”。实践性“行为”是基于某个特定事物的“内在目的”,而“内在目的”又必然包含其现实化的根据,这样的实践性行为就是“事物”成为自身的自我实现活动。因此,“应用”就是事物朝向自身目的(内在的“好”——善)的生成活动或者说是一种自在到自在自为的活动。就是说,“应用”是善本身的实践—实现—生成活动（自在—自为—自在自为的过程）。这直接体现为应用是一个不断自我否定的实践过程。

(3)如果把应用伦理学和实践伦理学分开，那么，两者的区别和联系是什么？两者和理论伦理学的关系分别是什么？伦理学的实践特质在理论伦理学、实践伦理学、应用伦理学中如何体现？它们有何内在联系和区别……诸如此类的基础伦理问题就会随之出现。然而，由于当今（实践意义上的）“应用伦理学”术语业已得到普遍公认，这些问题实际上已经没有任何意义。

综合考虑这些要素，尽管实践伦理学的提法并没有学理上的重大问题，我们还是主张工程伦理学是应用伦理学。

据前所论，如果说微观伦理学、宏观伦理学、综合（协作）伦理学的讨论主要是从外延的视角对其学科地位的研究，后两者（其二、其三）则主要从工程伦理的内在性质来讨论其学科地位。这样一来，工程伦理学可从三个层面来把握：第一，从其外延来看，它可相对地归结为微观伦理学、宏观伦理学、协作工程伦理学三种基本形态；第二，从其内涵来看，它是以工程师为道德主体的融经验、理论为实践之中的应用伦理学。第三，从逻辑上讲，内涵是外延之根基，是不依赖于后者的自在存在；外延则是派生于、依赖于内涵的存在。据此，工程伦理学的第二个层面可以容纳第一个层面；反之则不然。所以，简言之，工程伦理学是应用伦理学。

三、结语

至此，我们可以对工程伦理学的两个基本问题——工程伦理学是否可能？工程伦理学为何种伦理学？——做出明确回答：工程伦理学不但可能，而且是具有鲜明的现实价值和实践意义的应用伦理学。这就为工程伦理学的深入研究奠定了理论和实践基础。至于如何在此基础上探求工程伦理学的价值和应用，则是工程伦理学未来研究的重要方向。

参考资料

[1][2]Raymond E. Spier(ed.),2002,*Science and Technology Ethics*,London and New York:Routledge.

[3][5][7][8][10]Gary Lee Downey,Juan C. Lucena,Carl Mitcham,2007(13),"Engineering Ethics and Identity:Emerging Initiatives in Comparative Perspective",*Science and Engineering Ethics*.

[4]C. Didier,2000(25),"Engineering ethics at the Catholic University of Lille (France): Research and teaching in a European context",*European Journal of Engineering Education*.

[6]Jean-Louis Barsoux,1989(4),"Leaders for Every Occasion",*IEE Review*.

[9]J. Smith,& O. Cecil,1990(95),"The longest run:Public engineers and planning in France",*The American Historical Review*.

[11][德]马克斯·韦伯:《社会科学方法论》,朱红文等译,中国人民大学出版社1992年版。

[12]See Buchanan,Robert A,1989,*The Engineers:A History of the Engineering Profession in Britain,1750—1914*,Jessica Kingsley Publishers.

[13][14][德]胡塞尔著,王炳文译:《欧洲科学的危机与超越论的现象学》,商务印书馆2005年版。

[15]Lynch,W. T. and R. Kline,2000(25),"Engineering Practice and engineering ethics",*Science,Technology and Human Values*.

[16]E. J. Wood house,2001,20(3),"Overconsumption as a challenge for ethically responsible engineering",*IEEE Technology and Society*.

[17]Joseph R. Herkert,2005 (11),"Ways of Thinking about and Teaching Ethical Problem Solving:Microethics and Macroethics in Engineering",*Science and Engineering Ethics*.

[18][21]李伯聪:《绝对命令伦理学和协调伦理学》,《伦理学研究》2008年第5期。

[19]Robert E. McGinn,2003 (9),"'Mind the Gaps':An Empirical Approach to Engineering Ethics,1997—2001",*Science and Engineering Ethics*.

[20]Pinkus,Rosa Lynn etc. 1997,*Engineering Ethics:Balancing Cost,Schedule,and Risk*,Cambridge:Cambridge University Press.

[22]朱葆伟:《工程活动的伦理问题》,《哲学动态》2006年第9期。

[23][德]伽达默尔著,洪汉鼎译:《真理与方法》上卷,上海译文出版社2004年版。

4

工程德育融入高校思想政治教育研究①

我国已迈入世界工程大国的行列，但是与之相适应的工程德育却十分缺乏。工程德育作为大德育体系的一部分，其目标与内容与高校思想政治教育有内在的契合性。把工程德育的内涵与核心精神多维立体融入工科院校的全面思想政治教育中去，既是对高校思想政治教育内容的丰富和途径的延伸，也可以使工程德育有正确的方向，符合当前“课程思政”改革的要求，具有重要的理论和现实意义。

在2016年12月的全国高校思想政治工作会议上，习近平总书记明确指出：“思想政治理论课要坚持在改进中加强，提升高校思想政治教育亲和力和针对性，满足学生成长发展需求和期待，其他各门课都要守好一段渠、种好责任田，使各类课程与思想政治理论课同向同行，形成协同效应。”[1]大学思想政治理论教育内在的包含了对学生进行品德教育的要求，对工科大学生的品德教育的具体化就是工程德育。探索把高校思想政治教育的内涵融入工程德育中，可以使高校思想政治教育更加具体化、现实化、深入化，易于转化为

① 毛天虹，上海第二工业大学马克思主义学院教授。

大学生的道德行为规范;也可以使工程德育得到有效实施和保证,对理工科大学生综合素质的提升和未来职业发展具有重要意义,直接关系到国家未来的现代化建设和社会健康发展,符合全国思想政治工作会议讲话精神。

我国正处于高速现代化的历史进程中,全国各类工程建设大规模展开,高校工科学生也占到整个大学生的1/3。相应地,社会对工程伦理的诉求也表现得越来越明显。工科大学生作为未来社会工程活动的主体,他们对待伦理责任的态度直接决定了工程能否真正有益于社会。因此将大学生高校思想政治教育融入工程德育并探索新的实现路径,符合高校思想政治教育改革的大方向,在高校思想政治教育内容的丰富以及方法途径的探索方面有较大推进空间。本文通过厘清我国高校目前理工科大学生工程德育现状及存在的问题,探索工程德育融入高校思想政治教育的基本理念和方式路径。从学科交叉的视角把高校思想政治教育和专业教育相结合,既可以在理论上丰富高校思想政治教育的内容和载体的具体化、多样化,又可以增强高校思想政治教育的针对性和实效性、推进中国特色的高校思想政治教育模式的健全和现实影响力的扩展。

一、工程德育的内涵

工程德育作为自然科学与人文社会科学相交叉的学科,其宗旨是培养工科大学生在未来的工程职业活动中,自觉具有强烈的社会责任感,以公众的福祉为目的,具备按照伦理道德的视角和原则来判断工程活动的能力和意识。

对提高学生道德素质而言,工程德育是一种有效的方法,因为它是专业教育和道德教育的有机互动和结合。作为一种应然性的知识,工程德育是通过培养学生情感—态度层面的素养,从而达到自觉的伦理意识。今后的工程培训将需要多种技能,美国就将创造力、分析力、伦理标准、领导力、适应力作为工程师必备的能力。从中可以看出,工程师不仅要求专业上的卓越,更要求伦理素养和综合全面素质。可见,工程德育在工程师的整体素养发展中起着重要作用,应当引起必要的重视。根据马克思的理论,人类除了运用科学(理论思维)这种方式掌握世界,还有一种掌握世界的方法,那就是对世界艺术的、宗教的、实践—精神的掌握。这种"实践—精神的掌握"就是指伦理(道德)的特殊方式。如果工程德育在理工科大学得不到重视,所教出的工科大学生在未来的工程实践活动中,就不能用工程造福于公众。

二、理工科高校工程德育目前存在的问题

工程德育在我国理工科高校中尚未引起足够的重视。我国只有少数理工科大学开设了工程德育课程,把高校思想政治教育和工程德育结合起来是目前我国理工科大学可以操作的现实路径。既可以丰富现代高校思想政治教育的内容,又可以加强工科生的工程伦理素养,为工科大学培养全面高素质人才打下基础。而现状是一部分人没有意识到工程伦理的重要性,否认工程实践活动需要受到伦理规范的制约,否认工程师在工程实践活动中应当承担社会责任的义务,这种不正确的意识直接导致了我国理工科院校对工程德育的不足,也忽略了工程德育在现代工科大学生思想政治教育体系中应有的位置。[2]我国有很多工科大学生不了解工程师的伦理责任,甚至认为伦理责任不是工程师的责任范围。

面对这种情况,其实正是把高校思想政治教育的内涵融入工程德育,将思政教育与工程德育结合起来的良好契机。可是,由于高校思想政治教育圈的教师并不太了解工程德育,对其重要性没有充分必要的认识;而研究工程德育的教师有些分散在科技哲学、工程专业教师队伍中,也未能充分意识到把工程德育和高校思想政治教育结合的做法在目前我国理工科高校中的现实可操作性和重要的实践意义。因此,从目前来看,我国理工科高校把高校思想政治教育和工程德育结合起来的做法还是比较少的。事实上,这既是对高校思想政治教育的丰富和拓展,又是普及工程德育的良好途径,符合高校

思想政治教育创新发展的大方向,也符合培养新世纪卓越工程师的根本宗旨。这在我国已经成为世界工程实践大国之一的国情背景下,更是具有重要的现实理论意义和亟须的实践意义。

三、工程德育融入思想政治教育的理论基础

(一)工程德育与高校思想政治教育的内在协同性

思想道德建设是大学生高校思想政治教育的基础,全面发展是大学生思政治教育的目标,最终培养出具备德智体美劳全面发展的社会主义的合格建设者和可靠的接班人。而大学生工程德育则内在的体现了高校思想政治教育的核心要求。从高校思想政治教育的内容和目标来看,高校思想政治教育内在要求开展大学生职业道德教育、诚信教育等内容。工科大学生的工程德育是为了培养他们的职业道德和伦理道德,使其在未来的工程活动中做出正确的伦理道德选择,这与高校思想政治教育在目标上存在一致性,在内容上存在协同性。

目前,高校的思想政治理论教育正在进行改革,改革的内容和范围涵盖教学内容和教学方式方法等各种方面的问题。笔者认为从教学内容来看,除了继续开设现有的思政公共课外,还应针对各种不同类型的学校和不同专业的学生的特点,把和他们相关的专业伦理教育的内容与思政教育结合起来,这有益于保证高校思想政治教育取得良好的效果。那么开设工程德育课就是理工科院校中专业教育与高校思想政治教育相互结合渗透的有益途径。

大学生的综合素质是由多种素养共同构成并相互影响而形成的,伦理道德素养在其中占据了很重要的位置。在当今社会呈现多元化的特点下,高校大学生德育的方法和内容也应该不断地与时俱进,不断地适应当代发展的需求。一个很实际的办法就是结合大学生的专业进行品德教育。工程德育涉及多种学科的交叉融合,这种伦理道德教育方式用潜移默化的形式使工科大学生在学习工程专业知识的同时自然而然地形成了在工程实践中应该遵循

的道德原则和规范，这种结合具体专业进行的品德教育具有生动形象、说服力强、具体深入的特点，从而内化为工科大学生自觉的工程伦理意识和责任。除此之外，工程德育也是对高校思想政治教育课程的补充和扩展，它使高校思想政治教育的内容更加丰富，更加富有时代特色，应该成为当代工科大学思想政治教育的一部分，但它又是极容易被忽视的那一部分。近年来，我国工程实践发展飞速，已成为世界工程大国之一，而工程伦理的发展显然跟不上工程实践的发展速度，因此存在对它的重要性认识不足的情况，在实际操作上也没有提到相应的位置。[3]事实上，西方发达国家对工程德育都非常重视。从 20 世纪 70 年代开始，工程伦理课程的设立问题在美国高校引起了重视，90 年代美国很多名牌大学如麻省理工学院、密歇根大学、康乃尔大学先后开设了工程伦理课程。[4]相比较而言，国内工程德育的状况很不乐观，起步较晚，开设的范围也比较窄，只有少数重点大学比如浙江大学、大连理工大学等高校开设了工程伦理课程。

（二）工程德育是高校思想政治教育的生动必要的延伸

高校思想政治教育与专业伦理教育结合起来，将进一步延伸教育的渠道，促使高校思想政治教育贯通于大学生的整个学习过程，符合高校思想政治教育创新发展的要求。工科大学生高校思想政治教育课程结合工程德育的内容，也是充分发挥高校思想政治教育的导向性、渗透性功能的具体体现。2008 年 10 月 14 号国务院发布了 16 号文件——《关于进一步加强和改进大学生高校思想政治教育的意见》。文件中就指出必须始终把高校思想政治教育放在我国高等教育的第一位，向自主化、人性化、主体化的方向发展创新。[5]因此把高校思想政治教育的内涵融入工程德育，让高校思想政治教育与专业伦理教育结合起来，符合高校思想政治教育创新的发展方向，符合 16 号文件的精神。因此，在工科院校开设工程德育课程，通过“工程德育—高校思想政治教育”的融合教育模式，可以加强高校思想政治教育的现实性和针对性。[6]而且，把高校思想政治教育内涵融入工程德育中，也能充分发挥高校思想政治教育的导向性、渗透性，用具有中国特色的价值观来引导工科大学生秉持科学发展观、坚持生态文明,把公众的安全和福祉放在心上。

四、工程德育所蕴含的高校思想政治教育的功能

工程德育蕴含有切实的高校思想政治教育功能,主要包括思想导向功能、协同服务功能、伦理素养养成与创造力开发功能四个方面。

1. 工程德育的思想导向功能

工程德育是主要引导、培养工科大学生树立起造福公众的职业理念、树立起通过工程实践活动为我国经济建设做出贡献的远大目标,秉持工程实践活动中应该遵守的基本伦理准则和在工程实践中碰到伦理困境时该如何选择的伦理能力。这深刻体现出了高校思想政治教育的目的性,是思想政治教育基本功能的延展。

2. 工程德育的协同服务功能

工程德育是主要引导、培养工科大学生自觉形成为祖国经济、文化建设服务的共同意识,工作后能尽快融入工程圈,保持工程职业圈的协同性,能够与工程实践中的其他从业人员保持一致、避免格格不入的现象。这是工程德育协同性作用的表现,能使工科大学生更好地服务于社会发展。

3. 工程德育的伦理素养养成功能

以工程伦理观作为工科大学生职业道德教育的核心内容,培养他们的伦理洞察力、伦理判断力与伦理困境的处理能力,培养他们具备深厚的社会责任感,有助于他们伦理素养的自觉养成,符合高校思想政治教育育人的大方向。

4. 工程德育的创造力开发功能

工科大学生学习理解工程伦理的相关知识,有助于他们慢慢地内化成相应的伦理价值观念,激发工程创造力。这是高校思想政治教育的育人功能的拓展和延伸,发挥人的主观能动性、发掘人的内在创造潜能。

五、高校思想政治教育融入工程德育实践体系建构

当今社会价值多元化的现象，对大学生的高校思想政治教育提出了强大的挑战，为进一步增强大学生高校思想政治教育的实效性和感染力，高校思想政治教育和专业教育相结合将成为高校思想政治教育一条有效而又生动的途径。

工程德育具有理论和实际紧密结合、多学科相互交叉、伦理应用性强的特点。[7]由于其在我国大多数工科院校中还没有具体开设，缺乏具体可借鉴的操作经验，所以本文对工程德育的方式方法初步提出一些可供研讨的建议，具体如下：

1. 课程与教学模式研究

采用独立教学和学科渗透相结合的模式，体验与活动为主的教学模式探索。在工科大学中专门开设工程德育的课程，让其作为所有工科学生的必修课或者选修课。另外，在现有的思想政治理论公共课相关章节中融入工程德育的内容，或者引用工程伦理的案例。以“概论”课为例，在“科学发展观”“生态文明”“科学技术是第一生产力”“职业道德”等章节内容中都可以有效的结合工程伦理的内容和案例，既有助于学生深入理解课程内容，也同时启迪了学生的工程伦理意识，有助于工科学生工程伦理素养的培养。

2. 在思政课实践教学环节引入工程德育

目前思政课都有一定的实践教学环节。实践教学环节作为课堂理论授课环节的补充，两者相辅相成，全面培养学生。相对于课堂理论授课环节，实践教学环节更能引导学生的主体性发挥，收到良好效果。[8]因此笔者认为，在思政课的实践教学环节，可以根据不同专业学生的特点来组织，避免“一刀切”。比如工科大学生的思政课实践教学环节，就可以让他们以经典的工程伦理案例进行分析，模拟案例的进行，碰到伦理困境时以高校思想政治教育的内涵、社会主义核心价值观等主流价值观予以引导等。这样既能在不知不

觉中养成工科生的工程伦理自觉意识，又达到了思政课实践教学环节的目的。

3. 组织管理体系研究

要想将当前高校思想政治教育和工程德育融为一体，组织管理体系也是一个重要的环节，光靠一两个部门是不行的。笔者认为可以通过当前较为完整的高校思想政治教育队伍，结合理工科院系、学工部、校团委等相关部门形成“大品德教育圈”，深入开展高校思想政治教育融入工程德育的相关工作。

4. 宣传教育活动研究

以高校思想政治教育队伍为核心，开展“第二课堂”活动体系，并结合校园文化。工科院校可以在校园设立工程伦理经典案例展示文化墙、宣传栏等，通过形象化的方式向学生加强工程德育，开展渗透式教育与宣传。

参考资料

[1]习近平:《把思想政治工作贯穿教育教学全过程》,《中国思想政治工作网》,2016 年 12 月 8 日。

[2]查周杰:《理工科高校工程创新伦理教育探索》,南京理工大学,2010。

[3]张彦玲、张德莹、赵曼:《土木工程专业中的人文素质教育》,《石家庄铁路职业技术学院学报》2012 年第 2 期。

[4]黄时进、王荣发:《在理工科博士生思想政治教学实践中开展工程德育的探索》,《化工高等教育》2007 年第 3 期。

[5]蓝楠:《高校思想政治教育视野下公民意识教育研究》,中国地质大学,2012。

[6]李建军:《新媒体技术背景下大学生高校思想政治教育研究》,山东师范大学,2010。

[7]莫莉:《米切姆技术伦理思想初探》,大连理工大学,2006。

[8]韩超:《工程与社会正义》,重庆大学,2013。

5

浅析工程德育的本质属性①

新时代下党和政府越来越重视高校德育建设和发展，工程德育作为德育的一种实践范式，为德育工作提供了一条清晰的工作路径。正确认识德育和工程德育以及两者之间的关系是研究工程德育的基础，工程德育的本质就是德育的方法论。工程德育具有系统性、持续性、目的性等特征，在指向性上坚持了以人为本、回归生活的原则。从作用上看，工程德育可以促使个人美好、社会美好和生活美好的实现。

习近平总书记在全国教育大会上指出：要在品德修养上下功夫，教育引导学生培育和践行社会主义核心价值观，踏踏实实修好品德。[1]全国教育系统重新审视了教育的本质问题，在关于品德教育的问题上进行了深入的研究和探讨。新时期内如何做好高校德育工作，培养社会主义现代化建设人才是高校德育工作的核心问题。中共中央、国务院《关于加强和改进新形势下高校思想政治工作的意见》提出“三全育人”的教育要求，高校德育工作进入重点建设阶段，尤其是理工类高校，利用自身优势进行工程德育成为新工科高

① 田雪源，上海理工大学机械工程学院。

校的重要途径。因此，探讨工程德育的价值意蕴对正确认识工程德育具有重要意义。

一、工程德育辨析

（一）德育的概念

我国的品德教育发展是一个漫长的历史过程，从周朝开始的“六艺”强调“礼”的重要性，到漫长封建社会的“三纲”“五常”伦理约束，再到中华人民共和国成立以来的社会主义思想政治教育，都属于品德教育的范畴。关于德育内涵的具体表述，在我国也有上百年的历史了。王国维在《论教育之宗旨》明确提出“德育”这一概念，并把德育、智育、美育合称为教育的三大部分。[2]《中国大百科全书·教育卷》对德育进行了概念阐述：“教育者按照一定社会或阶级的要求，有目的、有计划、有组织地对受教育者施加系统的影响，把一定的社会思想和道德转化为个体的思想和道德品质的教育。”[3]结合研究的内容和范畴，我们认为德育就是教育者按照社会发展需要的伦理规范，有目的、有计划地对受教育者在思考方式、认知习惯、行为方式等方面实施的系统的思想、政治、道德等方面的教育，以使之成为满足一定社会和阶级所需人才的教育过程。我们并没有对德育全面展开，而是讨论高校德育作为大学教育过程一项重要的内容，针对大学生群体的成长特性和社会责任，在马克思主义和中国特色社会主义基本理论的指导下，以培育新时代德才兼备、全面发展的社会主义建设人才为目标。

（二）工程德育的概念

工程德育的概念是由武汉理工大学李鸿义等学者基于对高校学生的德育过程中产生的现实问题研究，于20世纪末提出的，后经过多年研究与发展，形成的高校德育建设的一种实践范式。工程德育是以“新工程”概念为切入点，在探讨现代工程为人类更美好生活进行发明、设计、创造的基础上强调“综合、实践、创新”的理论特征。

此前有很多相关论文给出了工程德育的概念，如赵继伟认为，“工程德育是以思想现象为切入点，通过对德育活动的综合、实践、创造，达到德育的工程化、模式化，实现教育者和受教育者双方的思想互动，开发受教育者潜能，促其全面发展的一种方法德育。”[4]梅运彬认为，“工程德育是根据一定社会的要求，通过对德育活动的综合、实践、创造、达到德育的工程化、模式化，实现教育者和受教育者双方的思想互动，开发受教育者潜能，促其全面发展，使其达到社会所要求的多方面素质的一种方法德育。”[5]这些概念都是基于具体时代的现实实践和理论积累进行归纳和总结的，并随着时代发展而不断丰富。

基于现实情况，工程德育是以德育对象为中心，利用德育原则和方法，对德育实践活动进行综合、系统、具体的指导，并在这一过程中实现德育方法的创新，形成品德教育者与受教育者两大行为主体的良性互动，系统地、有计划地促进受教育者接受德育，促进其全面发展的一种方法。

（三）工程德育是德育的方法论

在德育的实践过程中，德育的方式总体可以分为三种：第一种是理论层面的指导。这种指导以理论为内容建议，超脱于现实之上，坚持方向和原则却较少考虑实践经验。第二种是经验层面的指导。坚持从生活和实践中总结经验，排斥高于实践的理论总结，多以实证主义的逻辑操作。第三种是两者的结合，有学者称为“中间层次的德育方法论”[6]。这种德育方式既有纯理论层面的方向性指导，又有具体实践方式的原则性指导，既克服了虚无缥缈的理论“填鸭”，又避免了实践过程中的杂乱无章。

工程德育就属于第三种方式。从本质讲，工程德育就是德育过程的一种实践方式。德育以培养人的道德品质为最终目的，而道德品质的形成需要有一整套的实践模式和方法，指导德育效果达到预定目标。工程德育指导德育进行综合、系统的实践过程，实现德育参与者的良性互动，最终达到教育目的和政治目标。需要强调的是，从过程导向上看，工程德育的过程其实是育德的路径实施，工程德育表现为工程育德。

“德育”和“育德”虽然在一定维度上有某些关联，比如都强调人的教育主体地位，但两者最终指向是不同的。“德育”是实现育德目标最直接和最有效的行为方式，这是一个客观的过程；“育德”是实现接受者德性成长的导向性目标，这是一个主观的行为。德育的效果体现在育德的结果上，而工程德育就是促进实现此结果的科学路径和有效探索，工程育德加强了对结果导向的过程关注，因此两者的内容是一致的。

二、工程德育的特点

工程德育是在工程观念和德育观念两种理论的基础上提出的现代德育方法论，它结合了工程的实践性、创新性、整体性等优点，也蕴含了德育工作的本质要求，从对人的全面发展的效果和对人生活的影响来看，我们认为工程德育具有三个最重要的特征：

（一）系统性

从工程的角度理解，所有的工程都是一个系统，目标、对象、行为、组织等工程的基本要素都有力地诠释了工程作为一个多要素体系的系统性，这是“工程”这个限定词为工程德育带来的天然属性。从德育的角度理解，德育就是一个系统。作为教育的重要组成部分，品德教育是高校教育的重要建设方向。在德育过程中，要在马列主义、毛泽东思想和中国特色社会主义理论体系的指导下，通过完成学生思想品德矛盾的运动和转化。将社会规范、规则、道德等伦理思想通过正确的疏导和适当的灌输，使高校学生逐渐认识到德育的重要性，激发学生的主观能动性，培养学生自我学习的能力，在形成人生观、世界观、价值观的内外转化中发挥重要作用，内化于心、外化于行，在认识世界和改造世界的历史过程中，成为社会主义“四有”新人和社会主义事业的建设者与接班人。

作为一门理论性学科，也需要从不同的视角去理解。马克思主义哲学认为人的认识过程是一个动态发展的系统的过程，人的认知也要在不断变化的实践中获得改变。从一定程度上讲，工程德育就是一项系统化德育工程方法，是对德育内容整体性地研究和跨学科思考的方式。从内容上看，工程德育以马克思主义理论为指导，要借鉴哲学、社会学、教育学、心理学等学科的相关理论，结合系统论、信息论等方法内容，并按照科学的实践应用，不断丰富和发展新的内容。从过程上看，工程德育强调德育的理论要根据实践的基础进行理论提炼，然后升华为观点，最后再利用理论化的方法指导实践，每一次的理念传递和意识塑造都是系统化的步骤。从范围上看，工程德育建设要整体构建高校德育体系，以党建建设、素质建设和思想政治建设为板块，覆盖高校学生的德育发展全模块。从路径上看，就是以工程的规范做德育的工作，系统性是工程德育的标签之一。

（二）持续性

十年树木，百年树人。首先需要明确的是，德育是以人为教育对象的，其出发点和落脚点都应该围绕着人的本质特征进行。马克思主义认为，人的本质是一切社会关系的总和，要用发展的眼光看待人。社会是运动的，在不断变化的社会环境中，社会在变，社会关系在变，人的思想品德也是随之改变的。为保持德育的有效性，要保持教育的持续稳定的输出，对受教育者进行有计划的理论和实践培养。工程德育作为德育的实践范式，在内容和性质上也取决于社会关系的变化和发展，对人的培育工作是一个持续的过程。其次，作为德育的内容，马克思主义理论、社会实践方式和伦理规范等内容也是不断变化和发展的。这里的变化和发展并不是间断的跳跃式发展，而是随着实践方式和内容的更新，人对真理的认识也是在不断积累中向前发展的，呈螺旋式的上升的，是量变和质变辩证关系下的持续发展。因此，工程德育在实践创新过程中，要充分考虑到德育内容的转变，进而促使工程德育在内容和结构中持续不断地更新。高校工程德育由于教育主体身份和成长阶段的特殊性，要全面考虑教育内容承前启后的作用，既要对以往德育内容进行巩固，又要对进入社会德育阶段的大学生进行更多方法论层面的指导，在这一点上，工程德育的持续性也显得十分重要。最后，从效果来看，德育使人持续不断地进步。人的德性教育是一个量变和质变的过程,教育对象一旦形成良好的世界观、人生观、价值观,就不会轻易改变。工程德育还强调实践的重要性,培养人的思维模式、实践方式也是工程德育的重要一部分,这部分的教育实践结果一般被称为品行和德行的养成,是高校阶段人的品德的外化表现,具有稳定性和持续性。

(三)目的性

马克思主义哲学认为实践是主观见之于客观的有意识、有目的的活动,因此,工程德育必然是一个有目的的实践活动。在全国高校思想政治工作会议上,习近平总书记指出:"高校立身之本在于立德树人。"[7]立德树人是检验高校工作的根本标准,直接指出了高等教育阶段德育的重要性。高等教育阶段的德育只是培养大学生的道德品质,包括理想信念、人生价值追求、基本法律素养等内容。工程德育更是将德育中实践的重要性提到一个新的高度,将培育"四有"新人作为实践目标。然而,一个人的德育过程显然不仅仅局限于高校教育阶段,更多的教育实践来自家庭和社会,更重要的是高校教育阶段学生的思想观念培养和行为习惯养成具有可塑性,因此高校工程德育的目的性依然体现在对德育目标的巩固和对行为能力的培养上,这一目标的最终指向是社会主义接班人。从人与国家的关系角度来理解,进行德育就是要培养符合现存社会制度和规范要求的人,依托于国家层面的政治任务,为统治阶级的治理服务。在我国,统治阶级就是无产阶级,为统治阶级服务也就是为人民服务。工程德育建设最初的目的就是要以马克思主义和中国特色社会主义理论为指导,无论是在个人层面还是在个人与国家关系层面,都体现了作为德育实践范式的目的性。

三、工程德育的指向

德育的指向性可以从两方面展开:一是作为德育对象的现实的具体的人,关注个人的成长与发展是德育最本质的出发点;二是作为人与人关系集合的社会，关注作为相互联系的社会整体的发展与变化。工程德育立足于个体的发展以及未来的发展状态，将两个指向融合在一起。

（一）以人为本

从本质上讲，德育的目标是实现教育对象内在的自我转化。尊重人内化的客观规律，促进教育对象掌握个人价值展现方式是德育以人为本的体现。工程德育坚持以人为本原则，主要从以下三个方面践行德育范式：

首先，尊重个体独立性和差异化。接受教育的每一个体进行社会交往和活动的前提是作为独立的人，以独立的人格和价值点形成单个个体的价值输出。强调满足个人的合理需求和利益，追求个人的自我实现、自我发展，体现个体的地位和价值，使个人得到尊重和重视。从结构上看，个人和集体的关系就是整体和部分的关系，尊重和保持个体的独立性是优化集体结构和能力的重要前提。承认个体差异是避免"一刀切"粗放式教育方式的基本观念，由于个体的认知范围和发展状况不同，要准确把握不同受教育者的思想状态和价值诉求。习近平总书记强调："做好高校思想政治工作，要因事而化、因时而进、因势而新。"[8]做到因材施教、有教无类，重视教育主体的差异化。工程德育是引导受教育者认识自我、发展自我、完善自我的一种德育实践方式，尊重个人的主体地位，分阶段、分层次地促进德育工作推进，充分考虑参与德育过程的主体特征。

其次，以素质教育为内容，扩展教育的横向发展范围。作为中国特色社会主义建设的接班人，在德育的教育内容方面，要让受教育者接受并认同社会主义核心价值体系，加强受教育者对社会主义文化的认同感，加强对中国共产党领导的信心，丰富各类文化载体形式，注重学生党员的党性培养。让受教育者接受全面的素质教育，促进个人的全面发展。虽然素质教育工程开展多年，也取得了很大成效，但是教育体制改革缓慢仍是客观现实情况，随着舆论环境和信息传播方式的改变，素质教育工作改革创新依然是所有教育工作者的重点工作。在素质教育中，要加强受教育者思想政治教育、科技创新教育、公民健康教育、法制教育、心理健康教育、实践能力教育等，着重提高受教育者学习能力和认识能力，从个人发展的角度看待素质教育的内容和建设方面。工程德育工作导向以客观现实为依据，不断丰富和完善工作内容和重点。当前，我国正处于政治经济转型的关键节点，以人才建设为中心的高校教育应抓住主要矛盾和矛盾的主要方面，增强受教育者的创新能力，利用高校教育资源优势，统筹品德教育工作。

最后，多元教育方式和保障机制保障德育效果。在德育现实性层面，教育目标的完成是德育的最终指向。随着社会发展，高校品德教育方式在不断完善，但仍然存在灌输式的教育，尤其是在品德教育资源相对匮乏的高校尤为明显。在网络时代，信息传递碎片化、多样化，德性教育的重要性和紧迫性日益凸显，保证德育有效果、有效率是当前德育模式改革的重点。工程德育在总体目标框架下，对教育对象分层次实施德育疏导，抓住关键点，有序进行教育计划。丰富德育形式，充分利用信息化、智慧化先进技术，依靠优势资源增加教育对象的实践机会，引起受教育者对德育内容的兴趣，拓展品德教育主动学习的可能性。工程德育的系统性和目的性要求德育工作者们注重联系的普遍性，增强教育者和教育对象的互动性，从实践中促进创新。工程德育的指向性也应该体现在保障机制的建立，建立立体化教育模式，对教育工作队伍加强管理，实现教育与自我教育协同，促进家庭、学校、社会联动，全面保证教育的效果。

（二）回归生活

马克思主义认为，道德源于人类物质生产和社会生活的需要。[9]道德的产生是人与人社会交往的前提，而社会生活在本质上是实践的。伴随物质生产的提高，人与人之间的社会交往形成了复杂的社会关系，而道德作为一种规范，通过不同时期的人与人之间的纽带关系，调节人与人、人与社会之间的矛盾。道德在社会规范中运用的直接结果就是善与恶等行为评判标准的出现，进而影响人们的日常交往。在社会发展过程中，教育从生活中独立出来，知识逐渐成为专门的传播内容，高于生活本身。但是教育并没有脱离生活，教育的所有内容与过程其本质都是实践的结果。因此，道德产生于实践。道德源于生活,生活需要道德,德育也在生活中形成和发展。

实践是主观见之于客观的活动,因此生活既不是主观的意志,也不是既定的客观存在,它随人们的意志转变。“在实践中建构生活,是人根据自己的意志、愿望,按照一种真善美的理想改造世界,建构美好的生活。德性不是物质生活,而是精神生活。德育无法归结于精神生活,但可以建构精神生活”[10]。德育建构的生活就是真善美的生活,德育的过程在本质上就是真善美的传递。德育的目的不在于使受教育者了解生活的美好,而在于受教育者能够辨认生活中真善美和假恶丑,在于使受教育者掌握方法和途径把生活变得美好。

工程德育是一条连接德育与生活的道路,在实践意义上把德育工作向生活转变。工程德育在塑造受教育者德性的过程中,最根本的指导原则就是生活本身,最科学的实践安排是以工程方法规范生活内容。德育的内容从实践中来,形成的理论高于实践,而工程德育就是强调实践的意义,不是将学术性理论剥离生活,是将实践与创新融入德育中,让德育回归于生活,构建生活的美好。

工程德育回归生活的指向性是在说明德育生活化的趋势对大学生品德教育的影响。需要强调的是,这里所讨论的德育与生活存在的剥离的现状依然存在,但并不是标榜德育与科学的对立。近代以来以科学知识为主导的教育促使德育成为抽象的概念疏导,胡塞尔针对实证主义的生活危机,提出“回归生活世界”[11]。回归生活并不意味着排斥科学知识,因为科学作为一种实践,本身也是生活的一部分。

四、工程德育的作用

工程德育之所以具有研究价值在于德育本身的属性,不仅仅有高于理论的实践,还有传递正确价值观的实际意义。因此,工程德育在创造美好生活中具有建设性作用。

（一）工程德育创造个人的美好

马斯洛需求层次理论认为，人的先天的需求是有层次的，随着人的需求不断得到满足，从基础的生理需求逐步向自我需求提升，从物质需求向精神需求转变。工程德育就是要激发人的精神需求，实现个人的全面发展。从内容看，无论是社会主义价值体系理论还是思想政治教育理论或是社会主义法治理论都属于满足人的精神需求的理论。人的主观精神世界的建设并不是一个简单的知识灌输，而是需要对受教育者不断地疏导和建构，最终形成满足精神世界发展对于精神层次的需求。同时，德育的目的性表明，德育对个体道德建设的内容符合社会对个体发展的要求，个体所形成的价值导向是被社会所认可的，在这一层面，德育依然满足实现个人美好的条件。

个人的美好状态可以具体表现为个人价值的实现、个人幸福感的提升，甚至是个人的解放等。对个体而言，实现个人的全面发展是现阶段达成美好状态的具体表现形式，通过科学、系统的德育实现精神境界的提升、人格品质的健全，也就间接地促进了生存品质和生存状态的提升。

工程德育的科学有效方法，目的是给受教育者以理想、信念的方向支持。工程德育作用于个人生活之上，起到稳固理想信念的作用，是个体面对生活中不同价值观冲击的中心支点。马克思主义实践论认为，认识对实践具有反作用，正确的认识可以正确指导实践。作用于生活就可以让受教育者在道德视角下做出正确的选择，从而获得个体的幸福，促进个人在自我满足方面的价值追求。因此，工程德育对个人的建设作用在于从精神层面帮助个体在价值导向上进行巩固和强化，从而创造个人的美好。

（二）工程德育创造社会的美好

从广义上讲，德育是一个持续的、漫长的过程，道德修养的提升与完善大概可定义为“家庭—学校—社会”的阶段性过程，高校德育只是个人德育阶段的一部分。一般来说，受教育者将有更长时间在接受社会的道德教育。然而，从我国教育的基本情况来讲，高校德育是受教育者步入社会之前所接受的最后的系统教育，对与社会接触产生巨大的影响。

人的成长离不开社会，受教育者参与社会实践并逐渐融入社会中，并将认识社会和改造社会，这一过程中，高校德育也就拥有了社会属性。工程德育坚持系统性、实践性的教育方式，在教育过程中不断创新，满足社会对受教育者的时代要求，从而培养受教育者优秀的道德品质，拥有良好的道德自律能力，积极地融入社会；激发受教育者优秀的实践能力，正确认识自我价值，积极主动地参与到社会分工中去；给予受教育者优秀的建设能力，迅速找准自己的社会角色定位，积极地承担社会责任。

基于现实情况考虑，当下我国是以社会主义核心价值观为主、多元价值并存的社会状态，社会生活领域多重的价值标准使得核心价值观在一定程度上存在被干扰和弱化的情况。因此，以前的硬性灌输的方法并不适合现在的品德教育需求。工程德育尊重社会现实，摒弃把复杂的问题简单化的教育形式，给德育从内容到手段都带来了巨大的创新。聚合多元价值，实现社会治理优化，在社会转型阶段，形成社会群体在社会问题方面更科学、更准确地表达，也是创造社会美好的一种积极地表现形式。

各种社会分工都需要有专门的人才，而高校则是人才培养的摇篮。工程德育对社会主义和谐社会的建设意义重大，社会的稳定、繁荣与发展都要求受教育者对美好社会的向往与追求，从这个层面上理解，工程德育创造社会的美好。

（三）工程德育创造生活的美好

生活不仅仅指生活的内容，还有生活的方式，不只有社会生活，还有精神生活。每个人对生活都有不同理解，对待生活的态度也不尽相同。归根结底，德育就是要促使受教育者形成对生活的正确态度，形成对待生活的信心、信念和信仰。

德育的结果在生活中的体现可以有两种：一种是过程，就是怎样实现社会所认可的道德生活，包括平等地交往、民主地生活，团结友爱、相互尊重，以理性精神到达生活的美好。另一种是结果，包括日常的生活状态、社会制度的制定与发展、精神层次的满足等。在日常生活中，保持对生活的积极态度与向上的渴望，就是对美好生活的追求。社会制度层面，对生活的政治、经济、文化、治理体制等有明确的认识和肯定的态度，保持对国家和社会发展的信心。精神追求层面，对科学、哲学、艺术等有个人的态度和喜好，包容多元，充满对“差异”的尊重。

今天所谓的美好生活，不能局限于对个人自我需求的满足，更应该上升为对国家兴旺发达的期望，对人类美好的前途命运的祝愿。党的十九大报告指出：“加强思想道德建设。人民有信仰，国家有力量，民族有希望。”[12]站在新时代的起点，德育建设应该从国家富强、民族振兴的百年大计考量，重视德育建设就是对中国民族精神的传承，对美好生活的向往，对和平世界的期盼。工程德育作为德育建设的正确方法论，受教育者怎样对待生活以及怎样建设生活对国家和民族未来的发展起关键作用，德育工作者应秉承这份对品德教育的初心，推动工程德育乃至德育工作的完善和发展。

当然，生活的范围宽广、复杂，远非工程德育甚至是德育单方面可以改变的，作为品德教育者，只能从改变个体和群体对待生活的态度产生影响，去审视生活、反思生活，进而改造生活和构建生活。

五、结语

工程德育立足于高校德育建设，其实质是“综合、实践、创新”，工程德育的实践途径和方向建设将是品德教育者继续工作的重点。我们希望工程德育能在德育建设中发挥更大的作用，将高校德育工作更好地推进下去。

参考资料

[1][7][8]《习近平在全国高校思想政治工作会议上的讲话》，《光明日报》，2016 年 12 月 9 日。

[2]王国维：《教育之宗旨》，《小学教学研究》2016 年第 26 期。

[3]董纯才等：《中国大百科全书 · 教育卷》，中国大百科全书出版社 1986 年版。

[4]赵继伟：《高校工程德育若干问题研究》，武汉理工大学，2002。

[5]梅运彬:《论工程德育在德育方法论研究中的继承和创新》,武汉理工大学,2003。

[6]梅运彬、王威孚:《工程德育:一项德育方法论的创新研究——论武汉理工大学工程德育研究的理论意蕴与实践范式》,《理论月刊》2006 年第 5 期。

[9]郭纯生:《大学生生活园区德育研究》,上海大学,2014。

[10][11]冯建军:《“德育与生活”关系之再思考——兼论“德育就是生活德育”》,《华中师范大学学报》(人文社会科学版)2012 年第 4 期。

[12]习近平:《决胜全面建成小康社会 夺取新时代中国特色社会主义伟大胜利——在中国共产党第十九次全国代表大会上的报告》,《人民日报》,2017 年 10 月 20 日。

6

智能革命与工程师的伦理责任[①]

本文简要回顾了四次科技革命以及由此催生的蒸汽时代、电力时代、信息时代以及智能时代的来临，梳理了工程师的伦理责任从服从命令、普遍责任、反哺社会到关护自然的演变历程，探讨了人工智能可能引发的伦理风险，并指出智能时代的工程师应该在保护隐私、关爱生命、守护公平正义等方面承担应有的伦理责任，为人机和谐共存服务。

近代以来，人类社会已经历经了三次科技革命的洗礼，由此引发的产业革命极大地改变了世界的生产生活方式，人类社会也相应地进入了蒸汽时代、电力时代乃至信息时代。与之相伴，工程师作为一种特殊的职业，大致出现于中世纪晚期，当时主要是指攻城槌、石弩和其他军械的制造者和操作者，此后，工程师参与社会生产生活的广度和深度不断拓展，改造世界的能力逐渐增强，但为了不偏离工程造福人类的基本方向，工程师不得不被赋予更多的伦理责任。

---

① 沈冬香，西南大学哲学系博士研究生；邱德胜，西南大学哲学系教授、博士生导师。

20 世纪 50 年代以来，随着图灵测试的提出和人工智能的快步发展，智能革命呼之欲出。近年来，在“阿尔法狗”完胜围棋名将李世石和柯洁，机器人索菲亚获得沙特阿拉伯公民身份以后，智能革命以势不可挡的姿态引领了智能时代的来临。社会各界在高度关注并大力颂扬人工智能的同时，对其伦理风险也颇具隐忧。因为以信息高速公路为基础，以人工智能、虚拟现实、万物互联、大数据应用等为技术内核，以社会生产和人类生活全面智能化为基本特征的智能时代不仅给我们带来了便捷，也对人类隐私、生命乃至公平正义等造成了巨大威胁和前所未有的挑战。如何破除威胁，应对挑战，实现人机共存与和谐相处，合理界定智能工程师的伦理责任，便是本文需要重点探讨的话题。

一、科技革命与智能时代的来临

卢西亚诺·弗洛里迪在其著作《第四次革命——人工智能如何重塑人类现实》中，直接把“人工智能革命”称为“第四次革命”。[1] 什么是人工智能革命？从人类现代化进程来看，人工智能革命是自 17、18 世纪第一次科技革命以来的第四次科技革命以及与之相对应的产业革命，而在此之前，人类社会已经历经了三次科技革命，并由此引发了三次相应的产业革命——蒸汽革命、电力革命、信息革命。什么是科技革命和产业革命？简单地讲：“科技革命就是科技进步系统演化和综合发展过程中出现的历史性的重大突破；产业革命则指突破性的、关键的且起引领作用的系统性与全局性的产业创新和综合，往往会对人类社会生产和生活方式产生巨大影响。”[2] 在科技革命的带动下，产业革命随之兴起，人类社会随之进入了不同的时代。当前智能时代的出现，也是科技革命演进到当代的产物。

（一）第一次科技革命与蒸汽时代的来临

在 17、18 世纪，近代自然科学得到了长足的进步，特别是生物学、物理学、数学等自然科学理论体系的迅速发展，以蒸汽机的发明与应用为标志的第一次科技革命随之出现，由此引发的产业革命被称为蒸汽革命。蒸汽革命直接导致英国第一次工业革命的出现，蒸汽机作为一种工业生产的动力源首先在纺织行业得到了大规模的应用，促使传统手工作坊的生产方式向机器大生产的改变，欧洲社会的生产力水平得到大幅度的提高。随着蒸汽机在各个行业的推广和应用，欧洲社会全面进入了蒸汽时代。

(二)第二次科技革命与电力时代的来临

第二次科技革命得益于自然科学的又一次发展和突破，电磁理论、热力学、能量守恒、统计物理学等的发展使物理科学的理论体系得以建立，并为技术发明提供了理论的先导。19 世纪下半叶随着电磁理论的不断完善，电机的发明和电的应用开始进入人们的生产和生活，高压输电技术使电照明、电运输、电化工等走进现实，尤其是三相交流电发电机的出现使电的使用开始进入工业领域，并在后续的工业生产中大显身手。电力的应用从根本上改变了人类的生产和生活方式，带动了一些新兴产业部门的出现，作为一种新的产业革命，电力革命所创造的生产力远远超过蒸汽革命的水平，人类由此跨入了一个广泛开发电力、使用电力的时代。

(三)第三次科技革命与信息时代的来临

第三次科技革命是 20 世纪 80 年代在计算机、信息通信、航天、生物技术、新能源、纳米科学等领域的高新科技革命，科学研究不再局限于单一的学科门类，而是不断地走向交叉和综合。跟这次科技革命相对应的产业革命就是信息革命，信息革命主要是由于信息的生产处理方式的高度发展而导致的生产力水平的提高和生产关系的变革，主要表现为互联网的发展和全球的应用。信息革命主要依托于电子信息技术的高度成熟，数字通信和卫星通信使信息应用的程度达到前所未有的高度。产业的变革以信息技术对原有产业的改造和新产业的建立为主要方面，人类的生活被产业革命卷入其中，生活的改变也成为产业革命的一部分。在电力时代之后，信息时代接踵而来。

(四)第四次科技革命与智能时代的来临

21 世纪以来，随着物联网的出现，诸多穿戴设备如手机、手表乃至家居用品、交通工具等都成了网络的一环，并源源不断地向网络终端传输数据，为人工智能的发展提供了充足的养分。信息技术、仿生学、控制论、神经生理学、心理学、哲学、语言学、计算机科学、数学等众多学科的发展为第四次科技革命的到来创造了条件，并直接引领以信息高速公路为基础，以人工智能、虚拟现实、万物互联、大数据应用等为技术内核的智能革命的到来。基于对人工智能的联结主义、符号主义、行为主义等进路的分别研究和不断整合，人工智能产品的智能化水平得到不断的提高，并逐渐具有自我学习、深度学习的能力，"阿尔法狗"与人类职业围棋手对弈大获全胜的结果充分表明，不论你是否愿意，当代社会已经进入到一个全新的人工智能时代。

二、工程师伦理责任的历史演变

从词源上看，英文的"engineer（工程师）"是从古拉丁文"ingenero"演变而来的。在中世纪，"ingeniator"被用来称呼破城槌、抛石机和其他军事机械的制造者，但有时也用于称呼其操作者。后来，由这个称呼行动者的名词逐渐演变出了动词"to engineer"和动名词"engineering"。[3]事实上，专业工程师的出现并不久远，距今大约 300 多年的历程，并随着时代的改变，工程师还先后被赋予了各种不同的伦理责任，不同时代伦理责任的侧重点还有所不同。追溯工程师伦理责任的演变历程，大致经历了从服从命令、普遍责任、反哺社会直到关护自然的变革。要框定智能时代工程师的伦理责任，有必要先回顾一下工程师伦理责任的演变历程。

（一）服从命令

最初的工程主要来自军事的需要，所以早期的工程师都是军人。1770 年，英国设计过 Eddystone 灯塔等公用工程的斯密顿是第一个自称为土木工程师的人。专业工程师的培养最早来自法国创办的巴黎综合技术学校，此后美国于 1820 年创办的西点军校也成为军事工程师的摇篮。传统的工程师属于军队组织，他们的首要任务就是服从军队的命令。18 世纪末，诸多工程建设开始进入民用领域,欧洲开始建设灯塔、道路等民用工程,而民用工程由市政部门管辖,此时的工程师作为市政部门的雇员,服从他们的雇主即国家政府部门是其最为重要的伦理责任。

第一次科技革命催生了以蒸汽机的使用为标志的产业革命即蒸汽革命,蒸汽革命以对纺织行业的改造为起始,逐渐渗透到采煤,化工和机械制造等部门,产业界出现了精通各个行业的工程师和一些专业化的技术人员。这一时期,工程师作为企业家的雇员而存在,其义务主要是对雇主负责、忠诚于上级,绝对服从上级的命令。在20世纪初,英美等国的工程学会在制定伦理准则时,都强调这一点。简言之,早期的工程师由于其具有的军人、政府雇员或企业家雇员的身份,服从命令、忠于上级是他们最为重要的伦理责任。

(二)普遍责任

第二次科技革命催生了电力时代的来临。随着一些以电力技术为基础的产业的兴起,产业界对技术型人才的需求逐渐扩大,拥有专业知识的工程师们开始在行业内站稳脚跟并获得一席之地。20世纪美国兴起的汽车制造、石油化工、铁路等产业高速发展,特别是在第一次世界大战期间坦克、飞机等的制造直接决定了战争的胜利,导致工程师和技术人员的社会地位与日俱增。与此同时,工程师民主意识、平等意识、公众意识和责任意识有所提升,他们开始要求独立自主并希望建立自己的组织,从而与上级的关系紧张甚至在美国还发生了工程师的叛乱现象。

美国科学社会学家凡勃伦通过他的著作《工程师与价值体系》《有闲阶级论》分析了统治阶级与工程师之间的矛盾,倡导技治主义,号召专家治国,呼吁工程师全面接管实业家和银行家手中的权力。美国著名桥梁专家莫里森指出:"工程师是技术改革的主要促进力量,因而是人类进步的主要力量。他们是不受特定利益集团偏见影响的、合逻辑的脑力劳动者,所以也是有着广泛的责任确保技术改革最终造福人类的人。"[4]由此,工程师的伦理责任从服从命令转向关于社会政治、经济、文化等方面的普遍责任。目前来看,虽然技治主义在美国、苏联等国家引起了普遍反响,但由于其提倡的专家治国论过高的估计了科学技术对社会的作用，对工程师也提出了不切实际的要求，因而无法避免最终走向失败的命运。

（三）反哺社会

第二次世界大战以后，世界经济蓬勃发展，各种科学技术不断涌现，核工业、机械工业、汽车工业等一些工业部门在新技术的驱动下，展现出巨大的生产力水平，人们的需求在得到满足的同时，工业的大发展也带来一系列新的问题，环境污染、资源匮乏等问题凸显。工程在造福人类的同时，也为人类生活带来了负面影响。

科学技术的“双刃剑”性质使得掌握工程专业知识的工程师们开始反思，在追求商业利润的同时必须对工程的社会影响负责。这使工程师的伦理责任再一次发生转向，其转变的标志就是工程师专业委员会（ECPD）1947 年工程伦理准则的出台。该准则要求工程师关心公众利益，用知识技能促进人类福利。后来许多工程师协会的伦理章程如美国全国职业工程师协会（NSPE）伦理章程、美国土木工程师协会（ASCE）伦理章程、美国机械工程师协会（ASME）伦理章程都把为公众谋福利列为章程基本原则的第一条，工程师反哺社会的伦理责任由此体现一斑。

（四）关护自然

生态危机的出现使工程师将自然放入伦理责任的考量之中。为了高效、快捷的获取自然资源，技术不断被更新，工具越来越先进。这些现代化的技术成为人类改造自然，满足自身需要的工具，自然也变成被人类控制和征服的对象而存在。在工程活动中，工程师是科技的发明者和使用者，工程师操控着改变自然的力量，甚至直接决定了工程的结果。在工程活动与自然的相互作用过程中，工程对自然的破坏性一旦超出自然可以承受的范围，自然环境便遭到破坏，生态危机开始凸显。

美国学者蕾切尔·卡逊在 1962 年出版的《寂静的春天》一书中就已经率先向工业社会发出了生态危机的警告，并明确指出：“控制自然这个词是一个妄自尊大的想象产物，是当生物学和哲学还处于低级和幼稚阶段时的产物，当时人们设想中的控制自然就是要大自然为人们的便利而存在。”[5]这要求工程师在工程活动中，评估各方利益时，将对环境的影响也加入进去。环境一旦破坏就不可逆转，需要在事前将工程可能对环境、生态造成的破坏进行全面评估，这些均要求工程师对自然抱有关心保护的态度，要遵循关护自然的伦理准则。

三、智能时代工程师的伦理责任

自1950年计算机与人工智能之父图灵提出图灵测试以来，关于人工智能的研究就一刻没有停歇，1956年美国召开的“达特茅斯专题研讨会”(Dartmouth Conference)更是对人工智能的研究做了实质性的推进。回顾从图灵测试以来的半个多世纪，关于人工智能的研究历经了萌芽期、启动期、消沉期、突破期、发展期、高速发展期等多个阶段，尤其是2016年随着“阿尔法狗”的问世，人类对人工智能的关注空前高涨，大家在叹服人工智能给我们带来的诸多惊喜的同时，也为人工智能对人类隐私、生命乃至公平正义造成了巨大威胁和全面挑战颇为担忧，为化解技术风险，迎接挑战，工程师需要勇于担责，[6]谋求人机和谐共存之道，最终实现工程造福人类的良好目标。

(一)保护隐私

隐私权是指自然人享有的一种私人生活与私人信息不被他人侵扰、知悉、收集、利用和公开的合法权利。随着大数据、物联网等新兴技术的研发与应用，私人领域与公共领域的界限逐渐模糊，个人隐私权也遭受到前所未有的挑战，因此保护隐私和信息安全就成为当前工程师极其棘手和重要的伦理责任。

大数据的应用可能侵犯人类隐私。近年来，关于数据泄露的报道时有发生：如2018年3月“脸书”5 000万用户的个人信息被英国剑桥分析公司窃取；谷歌为美国国防部开发的“专家项目”通过“点击”任何建筑物、车辆、人群等，就能查看与之相关的一切信息。此外，政府、企业、医院对医疗健康大数据的不当使用，都可能导致个人的健康信息被泄露。在大数据面前，人类几乎无隐私可言，正如美国作家塔克尔在其《赤裸裸的未来》中描述的那样："我们生活在一个'超级透明'的世界，我们泄露出去的海量信息无处不在。"[7]由此促使人们对大数据的思考走向深入，如谁拥有大数据的所有权、使用权呢？由谁来负责大数据的监管以保证其被合理合法使用呢？

物联网可能使个人随时处在智能设备的监控之下。射频识别技术是物联网的重要技术之一，通过射频识别技术，所有带有电子标签的物品如衣服等均可能随时随地不受控制地被扫描、定位和追踪，这势必会导致个人隐私被侵犯。不远的未来，万物互联将会走进现实，所有的人与物都将无一例外地卷入万物互联之中，类似智能手表的穿戴设备则是将人接入网络的入口。通过各种穿戴设备，个人信息将会实现适时自动上传，并被收集、存储和使用。一旦使用不当，人类的隐私问题必将更加凸显。

如何保护人类的隐私不受侵犯？我国不久前出台的《网络安全法》明确提出了"谁收集、谁负责"的原则，这对于隐私保护虽然具有一定意义，但要将这项工作真正落到实处，还需智能时代的工程师担负起保护隐私的伦理责任，并在关于数据的收集、使用、存储以及监督等环节中尽力做到：收集要授权，使用需分级，存储应保护，追责当有力。具体来说，数据收集应该征得用户的同意和授权；所有数据需按照隐私程度进行分级，设置不同级别数据的使用权限；数据存储应受到严格的技术保护；如出现不当使用，应追查源头并严肃追责。当然，任何事物都具有两面性，智能技术在挑战人类隐私的同时也可以起到积极的正面作用，如智能技术可以通过对海量数据的分析，跟踪网络异常行为，快速检测恶意软件，防止诈骗和黑客入侵，提升网络安全防御水平，从而使人类隐私得到有效保护。

（二）关爱生命

康德等人提出的道义论强调人在行为之前应该具有善良意志，即善良的愿望或善良的动机。而生命权是公民依法享有的生命不受非法侵害的权利，生命权一旦被剥夺，其他权利便无从谈起。道义论要求："不得为了更大的总体功利而杀人、骗人、否定人的自由或者侵害人。”[8]从道义论出发，工程师在工程实践中应立志做“善的”或“好的”工程，而对生命的关爱和尊重就是善良意志的直接体现。

众所周知，人工智能分为弱人工智能、强人工智能和超人工智能三类，其中“阿尔法狗”是弱人工智能的典型代表。对强人工智能产品一旦处置不当，人类将会面临前所未有的威胁甚至走向毁灭。正如霍金所说：“人工智能的成功有可能是人类文明史上最大的事件，但是人工智能也有可能是人类文明史的终结，除非我们学会如何避免风险。”[9]如何避免风险？首要的是让机器人按照人类的伦理道德规范行事。美国学者瓦拉赫和艾伦在他们的著作《道德机器：如何让机器人明辨是非》中，提出了使机器拥有道德的三条解决路径：一是自上而下，就是把人类已经成熟的伦理系统、道德理论体系灌输进去，即理论驱动决策；二是自下而上式的数据驱动的学习和进化的方式；三是混合进路系统，即将前两种结合起来，使人工智能体在一定的普遍伦理准则指引下，通过深度学习算法，在与人类的互动中不断完善其伦理系统。[10]

事实上，科幻作家阿西莫夫早在 1942 年《我，机器人》一书中提出了大家熟知的“机器人学三定律”：“第一条，机器人不得伤害人类个体，不能目睹人类受到伤害不干预；第二条，机器人必须服从人给予它的命令，命令与第一条冲突时除外；第三条，机器人在不违反第一、第二条的情况下要保护自己的安全。”[11]站在当下，让智能产品拥有道德固然重要，但工程师积极履行关爱生命的伦理责任，做到有所为有所不为才是根本。近年来，相关国家、部门、企业甚至个人都提出了智能产品研发的道德准则，如韩国政府拟定《机器人道德宪章》、美国信息技术产业委员会(ITI)颁布人工智能政策准则、美国电气电子工程师学会(IEEE)发布第二版《人工智能设计的伦理准则》、欧盟出台史上最严的《通用数据保护条例》，等等。

为回应智能时代对人类生命的威胁，履行关爱生命的伦理责任，工程师应该做到：反思智能产品关涉的技术风险，做好智能产品前瞻性的伦理评估，避免智能产品伦理缺位；对智能产品开展道德代码和伦理嵌入研究，使机器

“算法”遵循“善法”，并按人类伦理道德规范行事；坚决抵制智能武器的开发和应用，严格限制智能产品使用武器的能力，尤其是使用高能武器的能力；注重专能机器人的研发，限制全能机器人的设计，消除当机器人具有自我或反思能力时毁灭人类的可能性，始终将人机关系的主导权牢牢掌握在人类的手中。

（三）守护公平正义

公平正义作为重要的工程伦理规范，关于其含义的探讨由来已久。亚里士多德认为平等就是正义；穆勒指出正义是关于人类基本福利的一些道德规则；罗尔斯则认为公平即正义。以边沁为代表的功利主义者则认为，正义就是符合大多数人的利益，维护多数人的权利，并将大多数人的最大幸福视为功利主义的最高原则。功利主义“要求工程师促进公众的安全、健康和福祉”[12]。智能时代将对人类整体幸福带来一些不利影响，如失业人数增加、贫富差距拉大、偏见歧视频现，导致人类对公平正义的价值追求可能无功而返，而这就迫切需要工程师积极应对，不辱使命。

首先，智能时代可能导致失业率飙升，贫富差距加大。赫拉利在《未来简史》中指出，人工智能的应用必将导致大量失业。[13]美国莱斯大学教授瓦迪表示，2045 年人类失业率将超过 50%。2016 年世界经济论坛预测，在 2020 年全球 15 个主要的工业化国家中，将有 510 万个就业岗位流失。以富士康为例，截至 2016 年，富士康在中国各大生产基地安装了 4 万台机器人，受此影响，富士康员工数量减少了 6 万人。失业率飙升是机器人接管人类工作和生活的开始，随后还将导致巨额财富集中到少部分掌握智能技术的高科技企业或国家手中，由此，全球贫富差距将进一步扩大。

其次，智能时代的偏见或歧视频现。2018 年 2 月的《纽约时报》刊文指出，如今非常热门的人脸识别技术，针对不同种族的准确率差异巨大；在首届 2016 年“国际人工智能选美大赛”上，基于“能准确评估人类审美与健康标准”的机器人专家组对人类面部进行评判，比赛的获胜者都是白人。类似案例充分说明，当前人工智能在研发或设计方面的偏见或歧视大量存在，亟待改进。尤为危险的是，人工智能还可能强化所习得的偏见，导致偏见走向深度化和普遍化，而不能像人一样有意识地去抵制或克服偏见。

智能时代的工程师要化解社会矛盾，消除偏见与歧视，应主动担负起守护公平正义的伦理责任，并在工程实践中尽力做到：始终坚持公平原则，在工程设计或人工智能产品开发中，应充分考虑各种因素，避免由于人为因素造成的不平等；始终坚持正义原则，以最大多数人的幸福为基本出发点，让智能产品造福全人类而不是仅为少数人服务；在坚持公平正义原则的同时，还应对工程实践导致的利益受损方包括自然在内给予必要的爱护与补偿。

四、结语

如何看待人工智能的发展以及智能时代的来临，目前学界主要有三种较为典型的态度：一种是消极对待智能科技，对智能技术抱有抵制抗拒的态度，不接受智能科技的到来；一种是对智能科技带来的产业利润疯狂追逐，无视各种道德底线和不良影响，一味地追求高回报，高收益；还有一种就是积极的促进人工智能的发展，参与人工智能的进步，既不故步自封，盲目抵制，也不疯狂逐利，失去应有的理智。我们比较赞同第三种态度，强调对人工智能采取一种审度的立场。排斥人工智能只会减缓科学技术发展的进程，不能因为人工智能的负面影响和消极方面就因噎废食，但为了追求利益而无视伦理道德责任也是不可取的，我们倡导在享受人工智能带给我们诸多便利的同时，对其保持足够的警醒，在最大化人工智能正面作用的同时，避免其不利后果的出现。

智能当道，未来已来。为实现人机和谐共处、人类永续发展，智能时代工程师的伦理责任并不仅囿于以上范围。立足长远，工程师作为智能时代的重要一员，应站在人类命运共同体的高度，直面问题、团结协作、化解矛盾，积极担负起智能时代应有的伦理责任，为增进人类福祉而不懈努力。

参考资料

[1][意]卢西亚诺·弗洛里迪著，王文革译：《第四次革命——人工智能如何重塑人类现实》，浙江人民出版社2016年版。

[2]刘大椿等：《智能革命与人类深度智能化前景(笔谈)——智能革命与第四次科技革命》，《山东科技大学学报》2019年第1期。

[3]李伯聪：《关于工程师的几个问题——“工程共同体”研究之二》，《自然辩证法通讯》2006年第2期。

[4][美]卡尔·米切姆著，殷登祥等译：《技术哲学概论》，天津科学技术出版社1999年版。

[5][美]蕾切尔·卡逊著，吕瑞兰，李长生译：《寂静的春天》，吉林人民出版社1997年版。

[6]邱德胜：《智能时代工程师的伦理责任》，《光明日报(理论版)》，2018年9月3日。

[7][美]帕特里克·塔克尔著，钱峰译：《赤裸裸的未来——大数据时代：如何预见未来的生活和自己》，江苏凤凰文艺出版社2014年版。

[8][12]Harris CE, Pritchard MS, Rabins MJ, 2000, “Engineering Ethics Concepts and Cases” Belmont: *Wadsworth/Thomson Learning*.

[9]霍金.人工智能也有可能是人类文明史的终结[EB/OL]. http://news.cctv.com/2017/04/27/ARTIOCxbLssHo71hk95cV4kr170427. 2017—4—27/2019—11—26.

[10][美]温德尔·瓦拉赫、科林·艾伦著，王小红主译：《道德机器：如何让机器人明辨是非》，北京大学出版社2017年版。

[11][美]阿西莫夫著，叶李华译：《银河帝国8：我，机器人》，江苏文艺出版社2012年版。

[13][以]尤瓦尔·赫拉利著，林俊宏译：《未来简史：从智人到智神》，中信出版社2017年版。

7

美国工程伦理教学模式探析[①]

工程伦理教育成为美国工程师职业素养和社会责任提升的重要方式。工程伦理教学内彰显自然和人类价值，融合伦理学与工程学等专业；工程伦理教学方法综合运用案例法，推进多元合作式教学；工程伦理教学效果评估采用课前和课后、定性和定量、教师自评和学生评价相结合等方法。工程伦理教学内容、方法和效果评价的相互影响与协作的教学模式，推进工程伦理教育改革与发展，推动工程职业化进程。

工程伦理教育作为提升工程师职业道德素养和社会责任的重要方式，成为工程教育和工程师职业化发展的必要内容。美国自 20 世纪 70 年代开设工程伦理课程以来，一直在积极探索工程伦理教育教学的方法与模式等，积累了丰富的经验。根据工程技术认证委员会（ABET2000）标准的要求，美国工程技术类院校以各种模式开设工程伦理课程，并对工程伦理教学模式积极

① 张恒力，北京工业大学马克思主义学院、北京高校中国特色社会主义理论研究协同创新中心教授。

探索。论文通过深入研究美国哈佛大学、麻省理工学院等二十多所大学工程伦理课程的操作实践与经验,探讨美国工程伦理教学内容、方法和效果评估相结合的新模式。[1]推进工程伦理教学模式的探索和研究,将利于推进我国工程伦理教育理论和实践发展,推动卓越工程师培养计划的实施开展和工程教育的国际化和标准化,符合《华盛顿协议》要求的国际标准,能够真正地提升工程类学生的职业道德素养和社会责任感,推动工程职业认证注册制度和工程职业化发展。

一、内容:彰显自然与人类价值、融合伦理学与工程学等学科

工程伦理学教学内容作为工程伦理教学模式的核心组成部分,成为工程伦理教师进行课程设计的主要工作,在一定程度上决定教师如何开展教学方法和评估教学效果。内容设计合理,成为工程伦理教学效果评估和教学方法开展的前提性工作。美国许多大学工程伦理教师在教学内容设计上一方面兼顾工程伦理学的学科特点,另一方面结合了学校专业特征和学生发展要求等,使工程伦理教学内容把工程学、伦理学、教育学、人类学、社会学等学科有机融合起来,形成工程伦理课程体系,从多维度挖掘工程内蕴的自然和人类的道德价值。

(一)探讨工程专业的道德价值和道德困境

美国大部分院校开设工程伦理课程都是与工程类专业结合而推进的。匹兹堡大学生物医药工程领域的案例研究课程,认识到工程学和医学都有与专业实践相关的独特需求,探讨在工程实践过程中反映出普遍的社会价值观和道德困境。[2]辛辛那提大学将伦理学习与软件工程实践结合起来,理解在行业与学术界及软件工程相关的伦理问题和困境,把握电气与电子工程师协会/美国计算机学会软件工程道德规范的原则并识别与软件研发过程的特定联系,增强与软件知识产权相关的观念意识,避免侵犯相关知识产权的后

果。[3]同时，许多高校也把土木工程、基因工程、电子工程、化学工程、纳米工程等专业领域的伦理问题的研究和教学作为工程伦理职业教育的核心内容。其实，随着现代伦理学的发展，特别是21世纪实践伦理学的兴起，工程伦理学以实践伦理学的方式推进工程伦理教学与研究，探讨工程活动内在的道德价值和工程师职业自身的道德理想已成为工程实践和工程职业道德教育的前提和基础。

（二）讲述安全、公正、自然价值、道德规范等内容

麻省理工学院工程伦理课程主要是阐述安全的道德价值，教育工程师如何保障安全等，并从工程的社会与伦理角度探讨个体工程师的安全责任以及技术决策涉及的利益相关者对待安全的认识与态度。[4]科罗拉多矿业学院从宏观伦理角度教学社会正义、自然与人类价值。工程中涉及什么样的社会正义问题，工程师对社会正义的道德责任是什么？以及面对挑战社会正义的问题如何处理等？[5]另外，通过理解关键新技术和工程成就如何改变人、社会和文化的途径，明确自然和人类价值，在承认所有利益相关者的道德价值基础上，提出有争议伦理问题的解决方案，为学生的工程实践提供伦理准备。[6]加州理工州立大学从哲学史的角度教学伦理规范的发展历史，通过真实的故事和有趣的文化情境来强调西方文化中的道德规范的演变过程，包括道德规范的起源，伽利略、牛顿、莱布尼兹和斯宾诺莎的数学和哲学如何发展成为启蒙运动的伦理学，以及康德和洛克对其的挑战等，学生能够系统理解伦理规范的文化起源。[7]

（三）STS课程体系：使工程伦理教学整体化、体系化

从历史学、人类学、社会学等角度对工程问题分析相结合的教学内容体系，其中较为典型的是STS课程体系。弗吉尼亚大学结合工程技术项目的实践工作、研究伦理、社会或政策问题，设计4门STS课程组，以培养学生的社会分析、道德推理能力，进行书面沟通、能力培养，增强对工程技术的社会、伦理、法律和政策的理解和认识。[8]工程的伦理教育内容不是纯粹的、单一的课程内容，而成为大课程体系或工程课程体系的重要组成部分。工程专业课

程、工程伦理课程、人文社会科学课程等组成整体性、体系化的课程目标与方案方式开展教育教学。课程体系相互衔接、配合，有机地组成科学合理的课程层级体系，分类而有序地完成教育目标，使工程教育和工程伦理教育实施更加具体可行。

二、方法：运用案例方法，推进多元合作

工程伦理教学方法作为教学模式的重要内容，美国许多大学根据学校自身的专业特点和师资情况，通过多种形式、方法推进工程伦理教学。虽然案例教学方法作为美国大学讲授职业伦理方面是最受欢迎的方法，但同时也把角色扮演、同行评议 、小组调研等方法结合起来综合运用，使工程伦理教学效果更加明显。合作式教学方法已成为工程伦理教学方法的主流，机构合作、地区联盟、社区合作、师生合作等多元的平等合作成为工程伦理教学开展的重要举措。

（一）综合运用案例教学方法，提升工程伦理教学效果

使用案例推理来讲授职业伦理目前被公认为是“最佳实践”，但关于专业人员怎样使用案例推理来学习伦理学的问题仍众说纷纭，美国许多大学也在案例教学方法上进行探索。匹兹堡大学通过工程案例教导学生认识工程学和医学都有与专业实践相关的独特需求，创造一个可以更好理解实践伦理学的学习环境，如小组讨论伦理案例、实地考察匹兹堡大学医学中心，参加匹兹堡大学医学中心儿童医院伦理委员会会议或匹兹堡大学生物伦理学中心和卫生法的生物伦理学病例研讨会等，鼓励学生详细说明案例的事实和概念并构建困境以便通过专业的伦理镜头考察他们的研究。[9]圣母大学结合纳米材料的案例进行研讨，把主动、互动和案例式学习融合起来，利用角色扮演方法让学生充分体验利益相关者的角色，促使学生充分理解一个复杂的工程案例可能涉及的技术、伦理、法律、社会方面，以及相应的人际沟通能力和各种相关的职业技能。[10]东北大学采用产品生命周期的方式推进工程伦理学案例

研究，也就是研究从工程设计阶段、生产阶段和使用与处置阶段的经典案例，工程类学生能够理解工程活动的间接影响并进行有意义的讨论并学会如何平衡直接效益和间接影响。这种以生命周期为取向的，以案例为基础的方法填补了美国工程伦理教育案例研究资源的空白。[11]罗格斯大学通过工程灾难的案例分析，把历史案例与当代问题相结合，并从多角度探究复杂的灾难，重视有关工程设计和运作中的非确定性因素与非常规运作、历史性失败、管理难题、潜在后果的估计等，为个人/公众危险和危险感知的量化提供特别细节，更加细致而深入的讨论可接受风险的相关要素，理解复杂工程风险而进行伦理决策的困难性。[12]

（二）运用现象学、互动与反思性分析、学会倾听等，关注工程实践和工程师角色的复杂性

针对传统工程案例教学方法的弊端和缺陷，运用现象学等方法推进工程伦理教育。密歇根理工大学以现象学方法推进工程师对工程伦理和实践问题的关注、感受，在与实践工程师交流中，通过解释、解读的方式体会工程伦理问题，运用现象知情、调查问题、交互式等多种方式扩大工程类学生认识工程、理解工程的途径，使工程伦理教学内容与方法符合工程类学生的需求并提升教学效果。[13]普渡大学的工程、通信和伦理教育者组成的多学科团队，超越案例分析，开发出一种创新型的、交互式学习系统，互动与反思性分析的支架式教学框架，并开发出一个伦理转换案例工具来评估学生伦理推理的转换能力，引导决策者在特定情况下内化四个核心伦理原则——行善、不伤害、公正，并尊重自主权，提升学生对工程伦理教育的满意度和参与度。[14]弗吉尼亚理工学院把“学会倾听”作为一门课程，进行倾听能力训练，倾听不同利益相关者的真实想法，明确利益和价值诉求背后的文化和制度因素，并对工程案例材料和文件制度、符合“道德”原则的职业行为等进行反思，真正地促进在协商理解基础上的道德决策。[15]当然许多大学也采用其他教学方法。乔治亚理工学院课程设计以基于问题学习为中心：在教员指导下，学生分组工作，提出、分析、应对专业实践中的复杂的、开放性的问题情境。目标是让

学生设想各种可能的应对措施，然后细心考虑每项措施的基本道德价值观方面的伦理内涵。[16]

（三）尊重工程多元主体，推进其平等参与、合作

麻省理工学院利用校友合作等方式，关注并研究地球中复杂、现实的实践问题。学生组成一个新人学习共同体，在与校友导师、图书馆管理员、教学人员等合作基础上，充分发挥学生主导性作用，并在项目化运作机制下帮助学生理解工程实践的社会、伦理、政治背景。[17]斯坦福大学通过开展社区合作的方式对全球文化背景下的工程伦理问题进行探讨。课程学生与印度一个服务较为匮乏的农村社区合作，每周一次与印度合作伙伴 Skype 电话，与导师每周一次团队会议，讨论影响当地经济、环境、社会、政治、伦理和文化条件方面所面临的社会挑战和解决方案。通过与印度社区真正、定期的实时联系，学生积累了实际工作条件下的直接经验，并以关护伦理学作为理论基础，真正地关注公众的想法、观点和需求，明确工程师在跨文化背景下复杂的道德责任。[18]得克萨斯州立大学等采用地区联盟的合作方式，把德州地区的大学包括在得克萨斯州立大学（泰勒校区）、西密歇根大学联合起来，促使学术界和产业界合作、多学科和多种机构的教师合作，将伦理内容纳入技术或非技术课程中。[19]因此，多种方式的合作，让工程伦理学的教学内容与方法有机地融合在一起，提升了工程伦理教学效果，促使学生理解工程伦理问题的复杂性、现实性和交互性，也为更好地促进解决伦理问题提供了更多的思路与方案。

三、效果：依据 ABET 道德标准，实施综合教学评估

工程伦理教学内容的设计与方法的选择，最终需要通过教学效果的评价来判断。美国大学工程伦理教育非常重视教学效果的评价和反馈，与工程教育认证机构、工程企业、相关工程职业及时沟通交流，并吸收学生的课堂效果反馈与意见，积极调整与改变教学内容与方法，促进课堂效果的改善与提升。

从一定程度上说，工程伦理课堂效果反映了教学方法与内容的合理性，以及实施的效度。

(一)根据 ABET 评估指标，制定教学效果评估指标体系

美国海岸警卫队学院工程伦理课程教学效果评估把 ABET 两个评估标准进一步具体化，创建任务和评估准则来评估学生的进步。例如，ABET 的两个指标 3F 和 3H，用于评估在土木工程课程的伦理和专业问题。ABET 3F 标准“专业和伦理责任的理解”，细化为两个绩效指标进行评价：3f－1，指出职业伦理规范的重要性；3f－2，识别伦理困境，并按照职业伦理规范提出伦理的解决方案。ABET 3H 标准“对了解全球，经济，环境和社会环境中的工程解决方案的影响所必要的广泛教育”也转化为 3h－1，解释工程解决方案的经济、社会和全球性问题；3h－2，讨论工程解决方案的环境意义。为了成功实现绩效指标，建立了阈值和绩效指标，并对考试和非考试活动(如项目、作业、报告、技术报告、口头报告)设定不同的绩效目标。如果他们的得分达到或超过 70%，学生们就被认为已经表现出了业绩指标的满意成绩。[20]斯坦福大学全球工程师教育课程也在满足 ABET “3H”标准，制定全球准备功效(Global Preparedness Efficacy GPE)指标[21]。该指标是在建立与全球社区工作时，理解多样化的文化、社会、政治、经济、语言环境和相应的伦理困境。测量方案分析学生并反思发生的偶然性事件，研究这些已解决和未解决的不连续性事件是如何发生的。GPE 作为解决偶然性事件的比率，体现调查问题的复杂性和新颖性，以及创造性地解决与全球社会经济、政治和文化等问题的能力。[22]

(二)通过综合教学评估，关注伦理教育引起的变化

弗吉尼亚理工大学“学会倾听”课程提升了工程学生聆听公众声音的能力，关注被人们忽视的真实想法。通过调查问卷定性分析学生课前课后的多种变化，认识到工程师与公众有着不同的权利与关系、工程师应该向公众讲述技术信息，公众有知情权等。[23]宾夕法尼亚州立大学工程伦理课程研讨会评估弥补了一般课后评估历时过短的缺陷，关注参加研讨会多年后的参与者

还感受到什么影响。采访过去的参与者，询问他们在研讨会中，发现什么是最有用的，他们仍使用研讨会的什么内容。如此长时间的课堂效果影响和评价则为调整和改善课堂教学提供良好的实践效果支撑和依据。[24]普渡大学工程伦理课程效果评估具有更强的典型性和科学性。它不仅评估课程效果如何，更把学生的参与度和满意度也纳入课堂效果评估中来。为了评估学生对工程伦理教育的满意度和参与度的影响，以下两种方法较为有效：一是多媒体案例视频能非常有效地吸引学生并提供新的信息，二是学生相互讨论影片最为重要的是要理解伦理，培养批判性思维并指导决策。[25]

(三)运用综合评价方式，提升工程伦理教学效果

弗吉尼亚大学技术教育和伦理学课程对学生的教学效果从短期、即时和长期反馈回应；根据 ABET 要求评价学生论文，从最低和最好论文中进行比较，更多了解学生存在的问题与优势在哪里？对于优秀的 STS 论文，推荐参与国际科学与技术学会并参加相关机构举办的多种活动等。[26]麻省理工学院"地球研究"课程的第一个衡量标准是学生实践工作的质量，每年专家组都对学生有创造力的解决方案印象深刻；同时教师也对学生每年的经历进行了细节评估，关注课程中学生团队解决复杂问题的程度，以及团队建设、项目管理的合作情况和课程提升他们的潜力程度。[27]得克萨斯州立大学等在对纳米等新兴技术伦理课程效果的评估过程中，采用多种评估方式相结合来推进伦理课程效果的实施。通过学术和产业咨询委员会来评估模块设计，通过课堂作业来评估学习成果，一个外部评估员对学生提供的每一个模块的评价进行期间评估和实地考察，以及学术及产业咨询委员会跟进评估。[28]工程伦理教师、专家和机构等对学生的主客观评价进行综合判断和改进，推进工程伦理教育内容和方法的改进，以更好地适应工程复杂实践的需要和工程类学生自我发展的需求。

四、余论

通过分析当前美国二十多所大学工程伦理课程的设计、实施和评估，我

们发现工程伦理教学效果与教学内容设计及教学方法的选择密切相关，而且三者之间相互促进、共同发展，提升工程伦理教学效果。工程伦理教学内容承载着专业特色、实践需求和学生要求，内容设计是否符合工程伦理学的学科特点直接决定了教学效果，教学内容和课程体系建设是工程伦理教学效果良好的前提和基础；工程伦理教学方法的选择，教学主体教师要考虑自身的个性与专业背景，明确工程系统过程的复杂性、主体多元性、影响深远性等特征，关注工程实践中工程师在与工程利益相关者的复杂的利益和价值冲突，采用针对性较强而更具有实践操作性的教学方法；而工程伦理教学效果的评估与反馈则进一步促进教学内容和方法的调整，使教学内容、方法和效果有机融合。工程伦理教学内容呈现出专业性与多样性、理论性与实践性、学科性与交叉性的多元融合，多种方式、方法的工程伦理教学与课程体系紧密地结合学校专业和职业特点，密切关注工程实践问题，从多维度、多领域地研究和教授工程伦理问题，使工程师能够更加深入地理解和认识工程师的职业精神和道德责任。

另外，工程伦理教学效果评价是较为复杂的过程，不仅涉及即时的课堂效果判断，也涉及前期的、短期的和后期的效果评价。一方面，历时较长，特别是长时间后的教学效果如何评价则更为复杂。另一方面，工程伦理课程教学效果也与其他课程一起构成学生对于伦理问题的理解与认识，工程伦理课堂效果还受到其他课程、课堂的影响，学生先期的知识基础、理论贮备等都与课堂效果关系密切。为提升工程伦理课堂效果，建议设计系列职业伦理素养课程，把职业伦理素养融入个体素养、公共道德与专业美德中来，工程伦理课程体系真正地体现出跨学科、多学科融合和结合的特点。工程自身的价值需求和道德内涵是内在于工程活动和工程职业的，不是由外而内的引入而是由内而外的生发。诸如工程职业或工程活动的核心或本质价值是什么等问题，应成为工程师职业群体和个体需要深入反思的内容，也是工程职业得以存在和可能的价值基础。如果工程师或工程活动背离了自身存在的价值基础，那么这个职业或实践活动就没有存在的意义和前提。因此，工程伦理教育就是教育工程师理解工程、认可工程职业，认识工程自身发展的合理性基础。宣扬和教育工程价值的职业伦理教育和专业价值教育的结合才会使工程伦理教学效果成为一个体系和系统，才会使工程类学生真正地理解、认识工程职业的神圣性和价值性，领悟工程的真善美。

参考资料

[1][4][8][9][11][20][24][26]National Academy of Engineering,"Infusing Ethics into the Development of Engineers",*the National Academies Press*,2016.

[2]Goldin,I. M. ,Pinkus,R. L. & Ashley,K. ,2015(3),"Validity and Reliability of an Instrument for Assessing Case Analyses in Bioengineering Ethics Education",*Science and Engineering Ethics*.

[3]Course Schedule:http://secs. ceas. uc. edu/~subbiavh/EECE3093_schedule. shtml.

[5]Leydens JA,Lucena JC,2014(2),"Social Justice:A Missing,Unelaborated Dimension in Humanitarian Engineering and Learning through Service",*International Journal for Service Learning in Engineering*.

[6]Hitt,S. J. ,Holles C,2015,*Nature and Human Values*:*A Student Guide*,*3rd Edition*,Plymouth:Hayden McNeil.

[7]Biezad,D. J. Ethics Education as Philosophical History for Engineers Paper presented at 2015 ASEE Annual Conference & Exposition,Seattle,Washington. https://peer. asee. org/ethics-education-as-philosophical-history-for-engineers.

[10]Ethics when Biocomplexity Meets Human Complexity Role Play Workshop and Nanosilver Linings Case:https://nationalethicscenter. org/resources/7811.

[12]Ethics for First-Year STEM:A Risk Assessment-based. Approach:www. asee. org/public/conferences/56/papers/11730/view.

[13]Teaching Engineering Ethics: A Phenomenological Approach: http://ieeexplore. ieee. org/xpl/mostRecentIssue. jsp? punumber=44.

[14][25]PRIME Ethics:https://engineering. purdue. edu/BME/PRIMEEthics.

[15]L2L assignment:https://www. filesanywhere. com/fs/v. aspx? v=8b6f6a895c6072aca8.

[16]PHIL 3109:Engineering Ethics-Syllabus,fall 2015:https://drive. google. com/file/

d/0B1n5fQEuOtUxQldlLUEySURRd1U/view? usp=sharing.

[17][27]Team-Oriented, Project-Based Learning as a Path to Undergraduate Research: A Case Study: https://www. dropbox. com/s/pzbz0c7kx2n57wi/CUR-ResearchSupportive-Ch5. pdf? dl=0.

[18] Developing Global Preparedness Efficacy: https://circle. ubc. ca/handle/2429/53819.

[19][28]Infusing Ethical, Safety, Health, and Environmental Education in Engineering and Technology Curricula, New Horizons in Texas STEM Education Conference: http://nsfnuenanotra. engineering. txstate. edu/publications/conferences/contentParagraph/0/content_files/file3/document/Infusing+Ethical%252C+Safety%252C+Health%252C+and+Environmental+Education+in+Engineering+and+Technology+Curricula++SA+STEM+Conference. pdf.

[21] Global Preparedness Efficacy: https://open. library. ubc. ca/cIRcle/collections/52657/items/1. 0064754.

[22]Hariharan, B, 2011, *Innovating capability for Continuity Of Inquiry in the Face of Discontinuity Within the Context of Engineering Education Research*, Stanford University.

[23]2012 Syllabus: Https://www. filesanywhere. com/fs/v. aspx? v=8b6f6a8b595e6fab72a2.

8

从德性主义诠释“如何学以成人”

——再论罗国杰德性伦理思想[①]

罗国杰先生作为中国自20世纪80年代以来少有地建立了有独特风格、体系完整且对以后三十多年的我国伦理学研究和思想道德教育产生了重要影响的马克思主义哲学家、伦理学家、教育家，对“学以成人”或“圣人可学”这一传统思想在当代中国马克思主义德性伦理思想视域里有着别样的阐释。罗先生的解释重点在于：从德性和规范的统一定位“道德”概念，从德性与境界的统一建构梯级有序的道德结构，从德性论与世界观、人生观、价值观的统一要求化理论为品德，从学道、学文与德性修养相统一角度希求成圣成贤。这一从德性主义视域里诠释“如何学以成人”的理论，无疑可以看作是当代中国马克思主义伦理学对德性伦理做出的一项重要学术贡献。

“好学”（包括重德性的“学道”和尚知识的“学文”）一般被认为是孔子乃至整个儒家思想的一个具有核心意义的基础性观念，在很大程度上是由于其

① 王文东，中央民族大学哲学与宗教学学院教授、博士研究生导师。

重点指出了"学以成人"或"圣人可学"。[1]这个思想在当代中国马克思主义德性伦理思想视域中也有别样的阐释。作为中国自 20 世纪 80 年代以来少有地建立了独特风格、体系完整且对以后 30 多年我国伦理学研究和思想道德教育产生了重要影响的马克思主义哲学家、伦理学家、教育家，罗国杰先生(1927—2015)在晚年曾对自己的思想经过反复思考，饱熟于胸，达到了融会贯通的境界，他在《学术自述》(2011 年)等著述中把自己的思想归结为一种"新德性论"(或新德性主义)[2]。综观罗先生伦理思想的整体发展，"如何学以成人"这一根本问题恰恰与德性论的形成有着一贯的联系。罗先生在编入《伦理学探索之路——罗国杰自选集》(首都师范大学出版社 2011 年版)的《学术自述》和《罗国杰文集》第六卷《罗国杰生平自述》(中国人民大学出版社 2016 年版)的《我的伦理思想的初步概括》一文在熔冶古今、中西比较基础上，以明确而直率的口吻说："我是'一个马克思主义的新的德性论者'。"他在对"马克思主义的'新德性论'的伦理思想"提纲挈领的阐释中认为，"德性论的思想不论从哪个方面来看，都要比功利论的思想，具有一种对提升人的道德素质和道德人格更具有意义的内容"[3]。这里潜心探讨和阐发的马克思主义德性论是在继承发展中西德性传统基础上的中国特色社会主义德性论，是与社会主义精神文明和道德体系建设相适应的新时代德性论。本文承接拙文《德性主义的重叙和再建——罗国杰德性伦理思想简论》[4]论定的"罗国杰的德性论深深植根于中国人的精神文化世界之中，蕴含着一种具有远古渊源的德性传统的重叙和对现代道德问题的全景性视观，无疑有益于我们立足民族文化建设中国特色和中国气派的伦理学。他以一种全新的灵活性在中国传统德性论、西方理性主义德性论与历史唯物主义的密网中游刃有余，其辩谈追求德性、德行与规范的统一，体现出故土情怀、现代道德观、理性方法和包容态度的方法特色，因此能直达现代社会道德问题的视域极境"，分析罗国杰先生在德性主义视域里对"如何学以成人"这一问题的理论阐述。

一、"道德"概念的历史定位:德性和规范的统一

德性作为道德的内在性或人的好的(或善的)品性,是人类内在精神特质的重要标志之一,亦是传统伦理学论说的重点和核心。然而近代以来,全球化思潮下的制度、规范建设成为社会变迁之主流,规范伦理亦占据伦理学之核心,德性问题或德性伦理被大大地弱化了。受苏联伦理学的影响,中华人民共和国成立以来我国伦理学思维多从关注"人应当如何去行动"的视域对"道德"概念予以规范伦理学定位。改革开放以来伦理学逐渐形成了多元化思潮,学界对"道德"概念亦形成了不同视角分析和多方位的探索与阐释,由此形成了"规范论""德性论""主体论""活动论"和"综合论"等不同看法与观点。罗国杰从20世纪60年代初编写的《马克思主义伦理学讲义》《马克思主义伦理学教学大纲》,到80年代的《马克思主义伦理学》《伦理学教程》《伦理学》等系列著述和论文中,基于对伦理学以道德作为自己研究的唯一对象或客体(即"伦理学是一门关于道德的学科")的论定,给予"道德"概念以意识形态、上层建筑规范系统的定位。例如,在《马克思主义伦理学》中,对"道德"就是如此定义的:"道德就是调整人们相互关系的行为原则和规范的总和……从这个意义上可以说,道德就是人类生活中所特有的,由经济关系决定的,依靠人们的内心信念和特殊社会手段维系的,并以善恶进行评价的原则规范、心理意识和行为活动的总和。"[5]《伦理学教程》的看法是:"道德本身,就其最一般的意义来说,总是被理解为调整人和人之间的行为规范的总和"[6];"道德是社会范畴,属于社会上层建筑和社会意识形态。它不同于其他社会范畴的主要特征是:第一,用善恶标准进行判断和取舍;第二,依靠舆论、信念和习俗来维持"[7]。80年代末的《伦理学》一书再次重申"道德是调整人和人之间关系的行为规范的总和……道德作为一种社会范畴,属于社会上层建筑和意识形态,它又必然成为一种特定的社会现象。从历史唯物主义的基本原理出发,马克思主义伦理学认为,所谓'道德现象',就是指人类现实生活中由经济

关系所决定，用善恶标准去评价，依靠社会舆论、内心信念和传统习惯来维持的一类社会现象”[8]。这个被后来诸多伦理学著述和教材广泛引述的“道德”概念的定义，从两个方面阐明了其特有的基本内涵：一是作为行为规范系统的道德，是可普遍化的、形式化的道德；二是作为意识形态的道德，是内在的、个体的精神，是独特的、本质性的道德。基于“道德”所具有的社会性特征，“道德”成为一类特殊的社会现象。

罗国杰在晚年更转向沉思人的精神世界，以主体丰富、生动、深刻、多样的精神世界深层之德性为核心，思考人的生存之境，由此深入观照、探察“道德”究竟何谓。《学术自述》以“德性”为核心论阐述伦理学的学科性质和功能，而没有从概念或定义方面明说“道德是什么”，文中提出“伦理学就是一门关于人的德性形成的理论和实践学科。从实践上看，伦理学产生的目的，最根本的就是要在生活实践中实现‘人之为人’的要求；从理论上来说，就是要把这种现实的要求提高到理论上来，并进一步指导实践”。这里所说的“德性”与《伦理学》等书有关“伦理学是一门关于道德的学科”论断中的“道德”概念大体是对应的，侧重于表征道德的内在性和主体性的精神特质。罗国杰认为，德性主义所谓的“德性”特征在于六个方面，即目标追求（社会主义和共产主义的献身精神）、理想境界（每个人都应抱有崇高道德理想的追求）、人道要求（先进的社会主义人道主义）、价值结构（动机和效果的辩证统一）、内外养成（个体的自我完善）、责任所求（个体对整体的道德责任）。[9]从终极目标上来说，共同富裕、和谐和平、公平正义是社会主义和共产主义的理想追求，为此理想而奋斗的品德才符合新德性主义。

从道德人格养成来说，毫不利己、专门利人或无私奉献、大公无私的品德使人生追求充满积极价值和意义，这正是新德性主义的理想境界。从人道要求来说，人民群众的福祉、自由、幸福和权利提升到新的历史高度，并把以人为本作为一切实践、认识、工作和追求的唯一出发点和根本目的，这是新德性主义不同于其他人本主义的先进的人道主义。从价值结构上来说，新德性主义从本体论意义上坚持动机与效果统一说，认为人的道德行为一定是动机和效果相统一的行为，“一个人行为本身的价值，其主要的根据，不是别的，而且是也只能是一个人的‘有道德的动机及其所产生的有道德的结果’，为什么我们说，判断一个人的行为的善与恶的主要根据，是他的‘有道德的动机’及其所产生的‘有道德的效果’呢？因为，只有人们的社会实践和行为的过程及其结果，才能从各方面告诉我们，在经过人们的社会实践检验之后，这一行为是善的或恶的”；同时“如果只顾‘客观效果’而不问动机，就不可避免地会把那些效果虽好而动机不好的‘歪打正着’的行为，也当作是‘有道德的行为’。‘只看动机，不问效果’的观点，是极为有害的。根据这种观点，一些人把那些在动机上抱着‘自私自利’‘损人利己’的目的而产生的所谓好的‘效果’，也看作是有道德的行为，更是错误的”，正如“一个援救溺水的人，如果抱着要求获得某种经济的、精神的报偿的人，即使把溺水的人从水中救出，也不能称为一个真正的道德行为。古人云：‘善欲人见，并非真善’，我们可以说：‘善欲人报，并非真善’”。罗国杰强调说：“我执着地认为，一切歪打正着的行为，尽管它也可能产生所谓‘好的效果’，它只能是一种‘歪’的行为。这种‘歪’的行为，无论从什么视角和方面，都不能说是‘有道德’。”罗国杰从德性之为德性的角度谈论动机与效果的统一性问题，既有哲学依据，也有践行条件和可能，他还特别指出：“在判断人的行为善恶时，不能像康德那样，认为‘道德本身即有价值’‘只要有善良动机而不问效果’和‘为道德而道德’的理论，当然是不全面的。我认为，一个道德行为之所以能称为‘道德行为’，必须是不以享受某种道德权利为前提的。如果说一个人在从事道德行为的时候，就考虑着自己在实行这一道德行为后所能得到的‘道德权利’，这就不能说是一种真正的、纯粹的道德行为。”

当然，“我们是不是对‘功利主义’采取完全否定的态度？不。从一定意义上，我们承认功利主义的合理内容。不论做什么事情，都是要求得到一定的‘效益’，从这方面来说，我们是一个革命的功利主义者，我们的一切行为都是为了达到革命和建设所要求的‘功效’。从一定意义上，我们可以把对人的善恶的判断和对事的成败的判断区别开来，对人的判断，只要关系到意向、意图和动机,它的标准是良心和义务;而对一项事业所取得的成效,则主要看行为的效果,它的标准是行为的效果是否达到”。当然,承认功利主义的合理内容与功利主义的思想本身是有区别的,“功利主义的思想,或者说功利论的思想,容易引导人的行为向着‘追求功利’的目的,向着‘追求最大利益’的方向倾斜,归根结底,是无益于人的道德素质和道德品格的塑造和形成的”。这是对德性论的全面而辩证的阐释,在一定意义上回应了当代社会在美德理论问题上关于德性与功利、德性与义务、德性与人性、德性与善行等问题上的论争,由此把“德性”在广义上看成以人的自然性、道德性和伦理性的统合为基础,以弘道立德、学以成人为基本指向,蕴含人的心性(善性)、行为(德行)和社会规范(社会理性)相统一的存在。

罗国杰对“道德”的论定,从20世纪80年代的侧重于普遍的“规范论”,进展到晚年侧重于个人内在的“德性论”,显示出既重规范形式又深入探察精神内在本质之思想取向,以马克思主义的立场、观点和方法,分析、阐释并发展了中西传统之德性主义。德性是体现一定社会要求的个人意识和行为特征的总体特征,也是落实道德原则、规范的基本要求。规范、规则是“道”之内涵,而“德”之含义则有品质、品性之义。这也体现出近年来一些学者的共识。朱贻庭提出:“道德既具外在的规范形式,又有内在的德性精神……道德就是在实践中的‘本’与‘末’——道德的内在德性良知与外在规范形式的现实统一;德性在乎内而德行显于外,或曰‘内外兼修’‘形神统一’。”[10]李萍认为:“无论中西,‘道德’一词都是社会人伦秩序与个体品德修养两者的统一,都包括规范准则、风俗习惯、品质修养、善恶评价等意义。更加宽泛的道德概念指行为规范体系、个人美德、文化精神、社会价值观念以及人类生活理想等。”[11]道德既可以表示行为的规范与准则,也可以表示个体的品德修养。精神情操也应是“道德”定义的重要内涵。“道德是指在社会生活中形成,靠社会舆论和人们内心信念维持,调整人与人之间、个人与社会之间利益关系的行为规范和精神情操的总和”[12]。这一看法认为,作为规则的道德是人们行为的标准,久而久之一定会成为人们的思想品质;而作为规则的道德,其维系是需要通过人们的思想品质来实现的，因此，行为规范和精神情操是道德内涵的两个重要内容。新近出版的《伦理学》（马克思主义理论研究和建设工程重点教材）明确把“道德”界定为“原则规范、观念品质和行为活动”诸方面的综合[13]，以道德理想、道德修养、道德境界、道德建设为全书结尾，由此可见罗先生思想体系之影响所在。

二、建构梯级有序的道德结构：德性与境界的统一

德性也是道德理想在个人身上的具体实现，不同的人由于对德性修养的实践和努力不同，达到理想境界的层次必定有所不同。罗国杰认为马克思主义的新德性论强调和重视每一个人都具有崇高的道德理想、高尚的道德人格，今天“我们所说的‘毫不利己、专门利人’的精神，就是‘无私奉献、大公无私’的品格”。罗国杰在给道德理想或理想人格定位的基础上强调道德理想或理想人格就是要追求崇高，并认为“一些人常常以这些要求太高一般人难以做到为借口，否认崇高的道德理想的重要，甚至把这种崇高的理想看成是一种‘理想主义’的狂想。这种认识，近视而狭隘，是一种片面的、有害的观点。正像古人所说的，对于高尚的道德理想，既要看到它的崇高和不可能轻易达到的一面；又要看到它经过努力终究可以达到的一面”。他主张“我们每一个人都应当有一种‘虽不能至、心向往之’的意向和渴望，都要有一种‘努力攀登，永不停止，不达目的，决不放弃’的决心和信心”。他十分深刻而又明确地表述了现代中国人应有的道德理想或理想人格思想，既反对了庸俗的所谓个性之上的道德理想或理想人格的谬论，也纠正了道德理想或理想人格不能要求太高的观点，为确认当今中国需要坚持的道德理想或理想人格提供了思想基础。

罗国杰洞察到人们价值取向的多样化，但在道德理想观上主张努力追求较高的境界层次，即强调“毫不利己、专门利人”“无私奉献、大公无私”等高层次追求。这看上去似乎忽视了个性及其个性的发展，但从他的“道德责任”观

和“道德义务”观相关性来看，却不是这样的。因为不同层次的道德理想与人的“道德责任”和“道德义务”是一致的。罗国杰指出：“从某种意义上，‘道德责任’也就是‘道德义务’……‘道德义务’要求我们忠于祖国，要求我们诚实守信，要求我们‘爱人如己’，要求我们尊老爱幼，等等。‘道德’本身所包含的一个重要的元素就是‘义务（责任）’，没有‘义务’，也就没有道德，一个人、一个集体、一个民族、一个国家，其道德风尚和人们的道德品质的高低，一个主要的指标就是看人们履行道德义务的自觉性程度。”这就是说，一个人，他唯有付出或奉献才是道德之人、高尚之人，也就是说，一个人只有在付出或奉献中才能实现自己的有价值的存在，也才能真正体现他高尚的为己品质。不要认为一提“毫不利己、专门利人”“无私奉献、大公无私”就是抹杀了人的个性，其实这种方式最好展示和实现了个性努力的道德路径和理想内涵。如同坚持集体主义与发挥人的个性并不矛盾，在坚持高于个人利益的原则下，集体主义不是“敌视个人”“压制个人”，而是要尽量发挥每个集体成员的活力，包括实现个人的价值，发挥个人的个性和尊严。因此，主张“毫不利己、专门利人”“无私奉献、大公无私”与发展和发扬人的个性不矛盾，正如坚持集体主义与实现个人利益不矛盾，两者是辩证的统一体。

毋庸置疑，不同层次的道德境界是现实社会不同层次的道德追求的客观反映，也是修为不同的人达到的不同境界。罗国杰在 20 世纪 80 年代撰写的《论道德境界》《关于社会主义初级阶段道德建设的几个理论问题》《论社会主义初级阶段道德的四个层次》等文章中系统阐述了道德境界论。在《论道德境界》一文中，罗国杰认为：“所谓道德境界，就是社会生活中的人，从一定的道德观念出发，在个人与他人，社会的利益关系中所形成的一定的觉悟水平以及思想感情和精神情操。”因为一个人的道德境界不是绝对固定不变的，所以确定道德境界的层次，使人们朝向最高的道德境界努力、奋斗，不断提高自己的道德修养，是有必要和有意义的。罗国杰将人们的道德境界划分为三层，即自私自利的境界、先公后私的境界和大公无私的境界。第一层境界，即自私自利的境界是私有制社会的产物，其特点是一切以是否满足自己的个人私利为目的,“人不为己、天诛地灭”“人都是自私的”,无论在什么情况下个人的私利总是绝对的、第一位的,是不容否定、侵犯的。这种极端的自私自利的观点,“在社会上是免不了要受到舆论的谴责以至抵制和惩罚的”,因此一些人稍微变换了说法:“主观为自己,客观为别人”“合理利己主义”等。罗国杰认为这些说法其实质仍是一种利己主义。第二层境界,即先公后私的境界。在罗国杰看来,只有具备一定的社会条件,即生产资料私有制转变为生产资料公有制,才能做到先公后私。属于这种境界的人具有的特点是先集体后个人,先别人后自己,但是也追求个人的正当利益,总的来说,他总是把国家、集体的利益放在首位,其次再考虑个人的正当利益,总是愿意多做贡献,少取报酬。第三层境界,即大公无私的境界。罗国杰指出这是“整个人类社会的最高的道德境界”。属于这种境界的人具有的特点是“大公无私”“毫不利己、专门利人”,总的来说,他们始终牢记要全心全意为人民服务,“他们的整个言行,都是革命第一,工作第一,他人第一,集体第一”。

不同层次的道德境界在根本上与不同性质的道德体系有着密切的关联,对此要予以正确的认识。罗国杰认为,自私自利的道德境界,是私有制的产物,属于剥削阶级道德体系,因此对于目前处于这种境界的人,必须使他们认识到自私自利的思想最终是有害的,不利于处理人与人的关系及社会主义现代化建设,必须抵制和提高。先公后私和大公无私的道德境界,“都是与公有制经济基础相适应的,同属于无产阶级的共产主义道德体系”。对于已经达到前一种境界的人必须使他们认识到仅仅停留在该阶段是不够的,应该继续努力不断靠近“大公无私”的最高境界。“大公无私”的境界是最高的道德境界,在现实中很少有人能够做到,但也不是不可以提倡的。罗国杰认为,“大公无私”的道德境界尽管对当下大多数人来说还只是一种理想的境界,但是这种理想不是虚无缥缈的,不是脱离现实的,而是根源于生活实践的,是可以实现的,而且在社会主义中国还是有一部分人已经达到了大公无私的道德境界。罗国杰批判了那种认为提倡“大公无私”“毫不利己、专门利人”是把“利他”当作每个人都要信守不渝的人生准则,把自我利益和他人利益绝对对立起来的观点。“大公无私”并不否定个人的正当利益，而且在一定程度上能够实现自我利益和他人利益的统一，应该在道德领域中通过各种方法逐步培养人们的“大公无私”的境界，只有这样才可以为中国的社会主义事业和共产主义事业做出更大的贡献。

罗国杰在《关于社会主义初级阶段道德建设的几个理论问题》一文中对“道德境界”思想进行了补充，将现实社会中人们的道德境界划分为四个层次，而且在阐述上与以前相比有所不同，不是按照从低境界向高境界的顺序表述，而是按照从高境界到低境界的顺序阐述。“大公无私”和“先公后私”境界的特点和表现与上面表述基本相同。第三层境界是一种新的境界，属于这种境界的人为数众多，“他们在各自的岗位上，为着正当的个人利益四处奔忙，谋求致富。这一层次的人们的行为特征是，在动机上追求正当的个人利益，能奉公守法，不损人利己，不损公肥私，信守勤劳致富的原则”。“他们的工作、劳动、职业有利于发展经济、促进生产、活跃市场、扩大就业，归根结底，有利于社会生产力的发展，因此，他们的行为也应该被认为是合乎道德的，并具有善的价值”。第四层道德境界即极端自私自利的境界，属于这种境界的人的特点和表现是：自私自利、唯利是图、金钱至上、损人利己、损公肥私、为达到个人目的而不择手段。对于这种属于极端自私自利境界的人虽然为数不多，但是必须予以重视，必须和他们进行必要的斗争，否则会危害社会主义建设事业的发展。对于这四个层次的道德境界，罗国杰认为属于第三层道德境界的人，其道德境界不是固定不变的，因为这层道德境界还属于低层次的，在社会道德生活中，有可能上升为第二甚至到达第一层次，也可能下降到第四层次。为此，我们应该积极提倡和宣传第一层次的道德境界，并通过第一层次带动其他层次，促使处于其他层次道德境界的人们为趋向最高层次的道德境界而努力。

罗国杰在《论社会主义初级阶段的道德的四个层次》一文中，系统阐述了道德境界理论，标志着他的“道德境界”思想最终确立，并走向成熟、完善。在这篇文章中，罗国杰不仅明确地将社会主义初级阶段的道德划分为四个层次，而且进行了仔细分析，表明了应该以怎样的态度对待这四个层次的道德境界或道德层次。第一层是共产主义道德觉悟的层次。属于这一层的人的主要特点是：大公无私、毫不利己、专门利人，时时处处都从集体利益和他人利益着想，甘愿为集体、为他人牺牲一切。第二层是具有社会主义道德觉悟的层次。属于这一层的人的主要特点是：先公后私、先人后己，个人利益服从集体利益，在维护集体利益的前提下，追求并实现个人的正当利益。第三层是公私兼顾的层次，属于这一层的人的主要特点是：信奉奉公守法、勤劳致富的原则，追求个人的正当利益，但又不损人利己、损公肥私。第四层是极端自私自利的层次。属于这一层的人的主要特点是：以个人的私利为中心，总是损人利己、损公肥私、唯利是图，甚至为了个人私利而不择手段。道德建设应该有针对性地对待这四个层次的道德境界或道德层次，对第一层次，应当积极宣传，认真提倡；对第二层次应当普遍教育，力求做到；对第三层次，应当正确评价，引导提高；对第四层次，应当坚决反对，严格抵制。

罗国杰在《建设社会主义道德体系的几个问题》一文中，认为层次性是道德生活复杂性的重要表现，社会道德发展、道德研究和道德教育应区分不同层次的道德要求。社会主义市场经济条件下的道德体系建设，需要准确地把握这四个层次，引导人们在遵守基本道德规范的基础上不断追求更高层次的道德目标。这四个层次由高到低依次是："无私奉献、一心为公，即全心全意为人民服务"的层次、"先公后私、先人后己"的层次、"顾全大局、热爱国家、遵纪守法、诚实劳动"的层次以及"自私自利、损人利己"的层次。将人们的道德觉悟水平分成不同的层次，主要目的是从实际出发，防止超越人们的道德觉悟水平，使我们的道德教育能够收到更好的效果。绝不是让道德觉悟水平处于不同层次的人长期停留于这一层次，而是要大力加强社会主义道德教育，在实践中努力提高他们的道德素质，使每一个处于较低层次的人能够积极、自觉地向更高的道德目标迈进。这种梯级有序的道德结构，比较充分考虑了社会主义初级阶段个人德性的养成和社会道德发展的现实与理想两个层面的事实。

三、化理论为品德:德性论与世界观、人生观、价值观的统一

人的德性不是天赋现成的,而是一个发育的过程。德性发育必须有理性的指导,以理论为基础,要“确立”一种统一的世界观、人生观和价值观。所以,理论必须有理想的内容,理想又必须有理论作基础。

没有理论及由理论而来的世界观、人生观和价值观的树立,就不可能有德性的发育。在这个意义上,德性或品质、品德是世界观、人生观和价值观的结果,世界观、人生观和价值观是品质、品德的基础和前提。或者说,德性是理论的结果,理论是德性的前提。在这个意义上,世界观、人生观和价值观是指哲学理论,品质、品德的养成以何种世界观、人生观和价值观作为基础和前提,不同的理论体系有不同的关注点。罗国杰强调这一点不仅与“理论联系实际”的时代语境有关,也应与他以理论工作者为对话对象有关。从这方面来说,他的化理论为德性的思想,可以看作是对20世纪60—80年代中国道德实践的理论概括和哲学表达。“理论”的社会状况在今天已经与那个时代相距甚远,任何“理论”要化为德性,都不能不认真考察它所需要的现实条件,进行新的论证。在某种意义上说,罗国杰的德性伦理思想也可以看作一个广义的教育哲学体系,是从实践唯物主义辩证法的立场,对人的世界观、人生观和价值观的形成和教育的系统说明和研究。从这样的角度看罗国杰,罗国杰的理论关怀应当与他多年在高校从事思想政治教育的研究是关联着的。

人的世界观、人生观和价值观对道德理想和道德修养起着指导作用,要确立良好的道德理想和道德修养首先必须要解决树立正确的世界观、人生观和价值观问题。世界观是人们对世界上各种各样的事物的总的看法,辩证唯物主义的世界观承认世界的物质性、客观性,承认物质世界是按照自身发展的规律运动和变化的,人的活动,既要遵守客观世界的规律,又能够通过实践认识和改造自然界及人类自身。辩证唯物主义的世界观认为,社会主义必然代替资本主义是社会历史发展的不可逆转的总趋势。尽管在社会主义发展

的长期过程中还必然会存在和发生这样那样的曲折和反复，但由于资本主义制度存在着无法克服的固有矛盾，社会主义必然要代替资本主义并将最终发展成为共产主义的社会，则是历史发展的必然趋势。树立辩证唯物主义的世界观，就能够增强社会主义和共产主义的理想和信念，提高为社会主义献身的力量和勇气，就能够在困难面前知难而进，在各种曲折复杂的情况下保持革命的乐观主义精神。

人生观是一个人对人生的意义、目的和价值的根本看法，其中人为什么活着、人怎样生活才最有意义和人生的价值问题是人生观的核心。在社会生活中的人，由于经济利益和政治利益不同，处于不同的社会关系之中，从而形成不同的人生观。阶级社会中不同的阶级，由于利益不同，必然会形成不同的，甚至根本对立的人生观。同属于一个阶级，但由于每个人所生存的环境和所受的教育及自我修养的差异，也往往会形成不同的人生观。人生观必然受到一定的经济、政治和环境的制约，但不同阶级和不同阶层的人，又可以主动地、自觉地选择自己的人生观。人是能动的实践主体和道德主体，因此对人生观具有选择性：一个人不论出身如何，既可以接受高层次的共产主义的教育，也可以接受一般的社会主义的教育，刻苦锻炼，从而树立起马克思主义的世界观。如果不注意世界观、人生观和价值观的改造，仍然会受到各种低俗思想的腐蚀，接受庸俗、腐朽的剥削阶级人生观。人生观的可选择特点，说明加强人生观教育的必要性。

世界观和人生观有着密切的关系，正确的世界观是正确的人生观的基础，人们对人生意义的正确理解，是建筑在对世界发展变化及其规律正确认识的基础之上的。从这一意义上，可以说人生观从属于世界观，没有正确的世界观，也就不可能有正确的人生观。因此，只有把握了社会主义必然要取代资本主义这一历史发展规律，才能具有对共产主义的坚定的理想和信念，才能牢固地树立起相信人民、依靠人民、全心全意为人民服务的人生观。人生观发生变化，又往往会反过来影响到世界观的变化。人生观能够积极作用于人的世界观，对世界观的巩固、发展和变化起着重要的作用。

价值观中的“价值”并不完全等同于经济学中的使用价值和交换价值，而是指人们所认为的最重要、最贵重、最值得人们去追求和珍视的东西，它既可以是物质的东西，也可以是精神的东西。正确的价值观就是以集体利益、人民利益高于个人利益的集体主义的价值观。集体主义既是社会主义的道德原则，又是人们应当树立和奉行的价值观念。人生观和价值观的关系既有相同的方面，又有不同的方面。价值观泛指人们对一切事物的有无价值和价值大小的看法和评价标准，而人生观主要是对人生的意义和价值大小的一种根本的看法。从这个意义上，可以说价值观包括人生观，人生观也是一种价值观，即对人生的意义和价值的一种总的根本的看法。由于对人生价值的看法，是人对其他事物的看法的一个出发点，因而一个人对人生价值的看法，又必然会影响对其他事物的看法，所以人生观在一个人的整个价值观中占有最重要的地位。人的正确价值观的确立和巩固，又能不断地促进正确人生观的形成和发展。世界观是人生观的基础，人生观是价值观的出发点，它们相互作用、相辅相成。

罗国杰认为，一个人的德性如果是真正一贯的、明确的、坚定的，那么它一定是某种世界观、人生观与价值观的体现。历史上的禅宗、理学都认为要培养人的品德需要确立世界观、人生观和价值观。如果一个人在社会行为中能够始终一贯，既自尊又尊重别人，既个性解放又具有社会责任感，具有个性自由与大同团结统一的品德，那么他便是把唯物辩证法的世界观、科学社会主义的人生观与价值观贯彻到自己的行动，成为自己的德性了。所以世界观、人生观与价值观的教育和德性的培养密切联系、不可分割。换言之，德性培养是和世界观、人生观及价值观的教育不可分的，必须先树立某种世界观、人生观和价值观，然后把理念中树立的世界观、人生观和价值观贯彻在行为实践中，从而具有了品德，这就是理论化为德性的过程。

四、成圣成贤：学道、学文与德性修养的统一

罗国杰认为：“马克思主义的新德性主义，极端注意人的道德修养，提倡

修身、慎独，把个人的自我完善看作是道德行为的重要方面。道德的他律，对当前社会中的人来说，是必要的；但是，从根本上来说，一个人的道德品质的提高和道德人格的升华，是要一个人有道德自律的觉悟和实践。没有道德的自律，没有个人的良心的觉悟，没有对道德之崇高和神圣的内心的诚挚的追求，要想提升个人的道德品质和道德人格，是不可能的。”[14]这就是说，德性培育最关键的是要靠“自我完善”，最根本是要靠兼顾人的修养路径和对崇高目标的追求。为实现自我完善，罗国杰提出了以下几方面有针对性的要求：

其一，坚持正确的价值导向。任何一个社会的价值体系中都存在着相互矛盾的两个基本方面，即社会的价值理想、价值规范和价值导向与个人的价值目标、价值取向和价值认同之间的矛盾，也就是社会所引导的“我们到底要什么”与个人所追求的“我到底要什么”之间的矛盾。社会的价值导向对个人的价值取向具有决定性的意义，表现在个人的价值取向中的社会内容、社会性质和社会形式三个方面。个人的价值取向总是具有社会内容的社会正义、法律规范、政治制度、人生意义等问题，而绝不是没有社会内容的纯粹个人问题。个人的价值取向的性质总是具有社会性质的真善美与假恶丑、理想与现实、历史的大尺度与小尺度、集体利益与个人利益、整体利益与局部利益、长远利益与暂时利益等问题，而绝不是与社会无关的所谓纯粹的个人问题。个人价值取向的形式总是通过具有社会形式的科学、哲学、艺术、伦理、宗教等方式体现出来，而不是没有社会形式的纯粹的个人表现。针对否定价值导向的看法，罗国杰指出：“有一种看法认为，既然是一个‘多元化的社会’，那么，各种不同的思想就应当不分优劣‘平起平坐’，任何一种思想都可以作为社会的价值导向，都可以不受限制地以自己的思想体系和要求来影响他人、影响社会。有人明确提出，要以西方个人主义作为我国社会主义的道德原则，以合理利己主义作为我们的行为规范等，这些思想是极端模糊和错误的，是要坚决批评并抵制的。中国特色的社会主义要求我们的价值导向必须具有保证社会主义道路向前发展的重要作用，忽视或背离这一价值导向，就有可能误入歧途。社会主义国家必须坚持与社会主义本质一致的价值导向，即坚持为人民服务,坚持集体主义。”[15]一个人、一个民族、一个社会、一个国家如果没有正确的价值导向,就如大海航行没有方向,再怎么讲道德修养或道德建设,那也等于“白搭”。这是罗国杰一生所坚持的理论主张和道德实践宗旨。

其二,德性养成之动力源于人的道德需要。德性既涉及规范,又制约行为。在形式层面,规范与行为有更贴近的联系:它既规定应当做什么,又提供评价行为的准则。相对于规范,德性指向成就人格,而且德性作为实有诸己的品格,可以看作是一种内在的本性之我。德性既表现为内在的精神结构,同时体现于现实的行为过程。可以说,德性是人的内在性的人格准则,也是人的行动目标,更是人的道德需要。这是罗国杰关于人的德性培养之动力源中的一个重要理念,他说:“道德需要作为一种特殊的、高级的社会需要,它同一般的物质需要和精神需要不同,它不是从社会去获得、索取、占有、使用、享受某种物质的或精神的产品来满足自己,而是通过对社会或他人的给予、奉献、牺牲来满足自己。道德需要是建筑在高度自觉的、完全自律的、依靠内心信念来满足的一种需要。道德需要作为一种心理机制,它表现出一个人能够把对社会、对他人的献身、贡献和给予当作是一种崇高的义务和责任,并能够在履行这种义务和责任时感到愉快,感到高兴,而且在内心中有一种满足了自己最崇高的需要的欣喜愉悦之情。道德需要是行为者的感性和理性认识的统一,是同行为者的高尚的道德境界密不可分的。”[16]以雷锋为例,雷锋的道德需要已经成为他的生活尤其是精神生活的重要内容,“雷锋是一个有高尚道德的人,它的许多行为,都是一种自觉的道德需要出发,在做出了对他人和社会的奉献以后,发自内心地感到幸福和快乐”[17]。可见,道德需要在人的德性培育过程中有着举足轻重的作用,尤其是能让道德需要成为人们生活的主要的且重要的内容,这将是人的德性培育的最佳路径和最好目标。

其三,以优良道德传统滋养人的德性。罗国杰说:“中国古代的优良道德传统,是我们的宝贵遗产,以革命先驱、仁人志士和道德楷模的事迹来教育广大人民群众,对于从事社会主义建设的广大工人、农民和革命知识分子,则有更为重要的意义。”[18]罗国杰深刻地指出,中华民族的优良道德传统与中国革命传统，“尽管它们是在不同的时代、不同的社会关系中形成的并有着不同的意识形态的特点，但两者又有着作为整体的民族感情、民族心理、民族素质所凝结成的民族特色。中国古代传统道德中的为民族、为社会、为国家而献身的整体主义思想和爱国主义精神，同中国革命传统道德中的关心人民、爱护人民、献身人民、献身祖国的思想和爱国主义，有着民族的思想渊源关系。中华民族古代道德传统中‘见利思义’‘见得思义’‘先义后利’和‘以义求利’的思想，在经过批判的改造以后，就能够使我们的广大民众更容易、更亲切地接受和认同社会主义道德的以人民利益、国家利益为基础的义利并重的价值观念，因而，也就更有利于我们反对自私自利、唯利是图、损人利己、损公肥私等腐朽思想，有利于我国的社会主义市场经济的健康发展。同样，我国革命传统道德中对社会主义和共产主义的坚定信念和对理想人格的执着追求，也就是中国古代优良道德传统的‘杀身取义’‘舍生取义’在社会主义革命和建设时期的飞跃和升华，是这一思想在社会主义时期的时代体现。因此，弘扬中国古代优良道德传统和新时代的革命道德传统，并使两者有机地结合起来，才能更好地形成有中国特色的社会主义新道德，更有利于增强我们民族的凝聚力和向心力，更有效地提高广大人民群众的道德水平”[19]。着力弘扬中国古代优良道德传统和新时代的革命道德传统，是滋养和培育人的德性的不可忽视的关键性环节。

其四，以实践提升和完善人的德性。罗国杰说：“从根本上说，要想很好地树立起一个人的道德人格，最重要的还是要持久不断地加强个人的道德修养和锻炼，使自己成为有道德的人。”[20]要在道德上提高自己，就是要在改造客观世界的实践中改造自己的主观世界，脱离社会生产生活实践，空谈所谓德性上的“自我锻炼”“自我修养”，甚至关起门来进行“省察克制”，是绝对不能有什么成效的，这样做永远也不能达到提高自己道德品质的愿望的。[21]事实上，只有在社会实践中才能够使社会道德规范转化为人们的意识和品质，才能使道德教育不致成为毫无用处的空谈；只有在社会实践中，人们才能认清马克思主义的修养观与旧的、剥削阶级的修养观的本质区别，并进而增强人们的社会主义和共产主义道德修养的自觉性;只有在社会实践中人们才能正确地认识自己,才能通过道德行为反映出自己的道德水平,才能了解自己在道德上的差距,才能体会到自己的道德境界。只有在各方面严格要求自己,在长期的革命斗争实践中严肃认真地进行“自我改造”和“自我锻炼”,才能够成为共产主义道德的光辉典范。

伦理学不仅要探索人的德性的培养,也要研究社会道德体系本身,要把两者统一起来。在罗国杰的理解中,德性首先是指品质、品德,人的善的品质是一个发育的过程,如爱国、公忠、诚信、勤劳这些品德,尽管有层次上的差别,但都是德性,经过学习、实践和教育都可以提升。一个社会的道德体系包括核心、原则和一系列规范及其基本要求,包括社会生活中一些主要领域实施这些道德核心、原则的最普遍、最基本、最实用和最容易为公民所熟悉的行为准则或德目,德目即表达德性的具体条目。[22]因此,德性与道德原则、规范和准则统一于道德体系,甚至是内外互成的。准则、规范一定要通过教育、通过实践才能习以成性,形成人的品德。因此,罗国杰进一步明确了伦理学的教育实践功能:“伦理学绝不是一门纯理论的科学,而是一门强调实践的科学。在各种学科中。伦理学是对人的道德品质和思想素质的塑造最为重要的科学。伦理学的功能,绝不在于使人们获得关于伦理学的理论体系和讲授伦理学的能力,而在于它的形成、教育、塑造和升华人的道德人格的力量”。这就明确指出了作为实践科学的伦理学的学科导向和学科目的在于培养和提升人的德性。罗国杰还指出:“伦理学有两个方面的任务,一是培育和决定人生的目的是什么,即关涉到一个人的‘人生观’或者‘人生意义’这一重要问题;二是要实现和达到人生目的的方式和手段,即要探讨和追求‘圣人’和‘贤人’之所以能够达到所必经的路径。从一定意义上看,‘圣人’和‘贤人’只是一个‘未能实现的崇高目标’,而‘所实现的途径’才是更加重要的关键。”

伦理学既是理论科学更是实践科学,这一观点进一步加强了伦理学具有的培养人的德性方面的实践品性的理念。在这一点上,罗国杰的“新德性论”是对中国传统伦理学关于“学以成人”或“圣人可学”的承接和发展,“学”是理智的品性，每一种伦理德性都必须和“学”的理智德性结合起来，相互补充，并且要用学习的实践去补益，这明显有别于西方理性主义伦理学把德性研究和伦理学当作哲学思辨的理论学科。一些学者和某些教材不是没有注意到伦理学学科的实践性，但大多自觉不自觉地贯彻伦理学主要是哲学或理论学科的理念，以至于在规划、阐释和叙述伦理学实践内容时，基本上在笼统和空洞的思维状态下谈论诸如道德自由、道德责任与道德选择、道德评价、道德修养与道德教育等问题，很少涉及、观照具体的现实道德问题的研究和解决。罗国杰特别提出：“从一定意义上看，‘圣人’和‘贤人’只是一个‘未能实现的崇高目标’，而‘所实现的途径’才是更加重要的关键。”这是非常重要的理论提示，其中“所实现的途径”从个人角度来讲就是“学”，既包括“学道”也包括“学文”，从伦理学功能来说就是强调理论落实于实践，化理论为实践，化德性为实有，也就是通过学道、学文以提高德性，即最终真正实现“学以成人”。

综上所述，罗国杰先生从德性主义视域诠释“如何学以成人”，他的解释重点在于：从德性和规范的统一定位“道德”概念，从德性与境界的统一建构梯级有序的道德结构，从德性论与世界观、人生观、价值观的统一要求化理论为品德，从学道、学文与德性修养相统一角度希求成圣成贤。这一从德性主义视域里诠释“如何学以成人”的理论，无疑可以看作是当代中国马克思主义伦理学对德性伦理做出的一项重要学术贡献。

参考资料

[1]陈来：《论儒家教育思想的基本理念》，《从思想世界到历史世界》，北京大学出版社2015年版。

[2][3][9][14][15]罗国杰：《伦理学探索之路——罗国杰自选集》，首都师范大学出版社2011年版。

[4]王文东：《德性主义的重叙和再建——罗国杰德性伦理思想简论》，《道德与文明》2016年第3期。

[5]罗国杰：《马克思主义伦理学》，人民出版社1982年版。

[6][7]罗国杰、马博宣、余进：《伦理学教程》（前言），中国人民大学出版社1986年版。

[8]罗国杰:《伦理学》,人民出版社 1989 年版。

[10]朱贻庭:《“本”“末”之辨说道德——当前道德治理必须关注的一个问题》,《道德与文明》2013 年第 2 期。

[11]李萍:《伦理学基础》,首都经济贸易大学出版社 2004 年版。

[12]张世全:《道德的漏洞——关于道德概念严密刍议》,《中学政治教学参考》2002 年第 4 期。

[13]马克思主义理论研究和建设工程重点教材“伦理学”编写组:《伦理学》,高等教育出版社、人民出版社 2012 年版。

[16][17][18][19][20]罗国杰:《罗国杰文集》(下卷),河北大学出版社 2000 年版。

[21]罗国杰:《罗国杰文集》(上卷),河北大学出版社 2000 年版。

[22]罗国杰:《罗国杰自选集》(中国人民大学名家丛书),中国人民大学出版社 2007 年版。

9

对大学生进行中华传统美德教育的思考[①]

中华传统美德是中华优秀传统文化的重要组成部分,是中华文化的精髓,对中国社会的发展产生了极其深远而重要的影响,在今天社会仍有其现代价值。大力进行中华传统美德教育,对培养大学生道德品质有重要作用。为达到教育效果,必须采取行之有效的方法。

一

一个民族的文化凝聚着这个民族对世界和自身的历史认知和现实感受,积淀着这个民族最深层的精神追求和行为准则。中华传统美德是中华民族优秀的道德品质、民族精神、气节、情感和礼仪的总和,是中华民族思想文化的重要组成部分,它源远流长,内涵丰富,已深深融入中华民族的血脉中,成为中华民族共同的精神记忆和中华文明特有的文化基因,对于民族心理有着

① 李桂梅,湖南师范大学道德文化研究院教授。

巨大的影响和作用。中华传统美德是中华民族的根和魂,是中华文化的精髓,几千年来哺育了一代又一代中华儿女,陶冶出千千万万的英雄儿女和民族精英。他们一个个都是中华传统美德的典范和化身,是国魂和民族魂。这些优秀人物的精神在推动历史发展的过程中,产生了不可估量的重要作用。

传统道德和现代道德是一个不可分割的整体,没有传统道德,也就没有现代道德。任何一个国家和民族道德的延续和发展,都是在既有道德传统基础上进行的传承、变革和创新。如果离开传统,割断血脉,就会迷失自我,丧失根本。离开中华传统美德,我们今天的道德建设也就失去了源泉。传统的道德有其特殊的历史内涵,但在不断发展的历史进程中,其优秀部分总是一脉相承的。因为人们的道德关系具有某种历史连续性,社会主义制度的建立,没有也不可能完全改变和取消过去所有的道德关系,这就是某些道德文化特别是优良道德文化传承的客观基础。就具体的道德规范而言,他们是具体内容和普遍形式的统一体,从具体内容来看,这些原则和规范都是一定社会的产物和阶级利益的反映,从普遍形式来看,这些原则和规范是人们对人类自身道德现象的认识,具有某种意义上的共同性。因而有些道德规范,它的具体内容随着时代的发展变化丧失了合理性,但其普遍形式却因具有认识价值而为后人承续和借鉴。

每个人都生活在一定的文化环境中,从出生起就必然受到中华传统美德的浸润。对于一定时代的人们来说,传统是一种历史性的存在,但它又作为一定社会文化系统中相对稳定的成分流传下来,渗入到现实的生活和社会文化中,发生着自己的影响和作用,甚至作为一种趋向和定势,引导和制约着人们的现实生活和活动,引导和制约着人的创造和自我创造。[1]中国现代和当代的所有英雄模范人物,也都受到了中华传统美德的滋养,他们的精神品质中都有中华传统美德的成分。像雷锋、焦裕禄、张海迪、孔繁森等大批具有时代特征的英雄模范身上,既体现了社会主义时代风貌,也展现了中华传统美德对今天社会道德风尚所产生的重要作用。中华传统美德激发了我们的民族自尊心、自信心,增强了民族的凝聚力,并且逐渐成为人们的一种共识,积淀成我们民族的共同心理，它影响了中国人的思想行为和人格境界，是个人成长成才的重要条件。

当今中国社会正处于一个急剧变化的社会转型时期，原有的伦理道德规范随着社会的转型而急剧变化，人们价值取向、道德标准也日趋多样化。传统道德权威弱化、理想信仰缺失等带来的精神与心理冲突，影响到人们对道德标准的选择。当代大学生也面临着同样的道德困惑。在这样一种社会环境下，对他们进行中华传统美德的教育有重要的意义。

二

对大学生而言，继承和弘扬中华传统美德，主要有以下几个方面的作用：

第一，弘扬中华传统美德中的爱国情操，有助于激发大学生的爱国情、强国志和报国行。

爱国主义是中华传统美德的核心，是“中华民族的民族心、民族魂，是中国人民和中华民族维护民族独立和民族尊严的强大精神动力”[2]。从战国“长太息以掩涕兮，哀民生之多艰”的屈原、唐朝“以国家之务为己任”的韩愈，到宋朝陆游“位卑未敢忘忧国”、明朝顾炎武的“保天下者，匹夫之贱，与有责焉耳矣”，古人的这些嘉言懿行无不表明爱国是一种意识、一种觉悟、一种责任、一种行动。中国人民有这种几千年形成的爱国主义精神和传统，是我们宝贵的精神财富，是我们国家和民族的精神力量和支柱。

即使在今天，爱国主义依然是推动我们社会主义现代化事业和祖国统一的巨大力量。当今时代，经济全球化浪潮席卷全世界，中国不仅要面对西方发达国家经济上的挑战，而且必然也要面对政治和文化上的挑战。西方国家利用其在经济科技等方面的优势，竭力输出他们的政治观、价值观等，力图主导经济全球化进程，把发展中国家纳入西方的发展模式和发展轨道。西方思想价值观念对大学生的思想产生一定影响,民族精神、爱国情怀受到不同程度的冲击,需要在大学生中开展弘扬民族精神、宣传爱国主义的教育。大学生是民族的希望、祖国的未来,担负着建设社会主义现代化国家和民族复兴的历史重任。大学生应培养强烈的民族意识和爱国意识,树立起为祖国的繁荣富强贡献自己全部力量的坚定信念,增强建设祖国、复兴民族的责任感。

第二,弘扬注重整体利益、强调对社会的责任和奉献精神的优良道德传统,有助于大学生坚持集体主义原则,自觉抵制利己主义的侵蚀。

中华传统美德强调整体精神,强调为社会、为民族、为国家的责任意识和奉献精神。《诗经》提出“夙夜在公”,《尚书·周官》提出“以公灭私,民其允怀”,墨子强调要“举公义”,贾谊的《治国策》提出“国耳忘家,公耳忘私”,等等,都不断强调着一种为整体而献身的精神。朱熹曾说:“凡事有两端,是底即在理之公,非底即人欲之私。”(《朱子语类》卷一三)因而奉公就必须克己,克尽己私便是公,亦即是天理。宋明理学家提倡的“义利之辨”“理欲之辨”,在剔除其为封建国家服务的消极一面之后,可以看到其中渗透着一种为国家、为民族的公利而应当牺牲个人私欲的积极追求,正是这种崇高、伟大、朴实的整体主义精神,使中华民族傲然屹立于世界民族之林。

在市场经济条件下,我们更需要这种责任意识和奉献精神。市场经济使利益主体多元化,追求正当合理的个人利益不再是不光彩的事,一味要求只讲奉献不讲个人利益也不现实。但是市场经济在对个人利益肯定的同时,也造成一部分人对社会利益、集体利益的忽视和淡漠,甚至为牟取私利,追求金钱,不惜从事制假售劣、坑蒙拐骗、贪污受贿等不法勾当来损害牺牲社会的长远利益和他人利益。凡此种种,对当代大学生产生了不良的影响。

我们应该培养大学生的整体意识和精神,使他们真正认识到全社会的整体利益同自身利益乃至自身价值的实现在本质上是一致的。帮助他们摆正个人与社会、集体利益的关系,在追求自身利益的时候,首先要维护社会和集体的利益,牢固树立集体主义道德情感和克己奉公、见利思义的价值取向。

第三,弘扬自强不息、勤奋好学的优良道德传统,有助于大学生树立远大的志向，刻苦学习。

“天行健，君子以自强不息”“地势坤，君子以厚德载物”。这是渗透在中华传统文化中的基本精神，是我们民族经受各种苦难而得以发展的伟大的内动力。千百年以来，从“女娲补天”“愚公移山”的神话故事，到“大禹治水”“李冰修堰”的历史事实；从孔子“发愤忘食，乐以忘忧”的行为风范，到屈原“路漫漫其修远兮，吾将上下而求索”的豪迈誓言；无不贯穿和昭示着自强不息的精神。“自强不息”，语出《周易・乾・象传》，“自强”可以说是讲一个人对待立志的态度。无论遇到什么情况，都不应丧失志向，而应自强不息地去实现自己的志向。志向就是奋斗目标，就是理想模式。“古之立大事者，不惟有超世之才，亦必有超世之志。”所谓“不患人之不能，而患人之不勉”“人惟患无志，有志无有不成者”，说的就是志向对于成就事业的意义。“头悬梁、锥刺股”的吃苦精神，凿壁借光、映雪囊萤的动人故事都是古人勤学的典型范例。我们不赞成古人的“万般皆下品，唯有读书高”的贵贱等级观念，但要发扬崇尚知识和勤奋好学的传统。

大学生正处于增长知识和才干的关键时期，必须通过各种方式和途径，全面提高自身的综合素质和能力，这样才能立足社会，成为对社会的有用之才。而在学习过程中必须要有中华传统美德中立志勤学、自强不息、不畏艰难、勇往直前的奋斗精神。否则，缺乏远大志向，就没有学习的动力，就没有坚强的毅力，就有可能在求学路上半途而废。

第四，弘扬艰苦奋斗、勤俭节约的中华传统美德，有助于大学生克服享乐主义思想，勇于面对困难，积极进取。

艰苦奋斗、勤俭节约作为中华民族中华传统美德中普及最广、传播最久的美德之一，是劳动人民在同大自然的斗争和生活实践过程中积淀而成的。中华民族正是依靠这种精神，排除万难，创造了灿烂的中华文明。我国古籍《左传》中就有“俭，德之共也；侈，恶之大也”的记载，认为节俭是一切美德的共同目标，奢侈是最大的恶行；墨子提出“节俭则昌，淫佚则亡”；诸葛亮脍炙人口的名言：“夫君之行，静以修身，俭以养德，非淡泊无以明志，非宁静无以致远。”诗人李商隐在《咏史》一诗中，总结了历代君王的经验：“历览前贤国与家，成由勤俭败由奢”。

艰苦奋斗精神和勤俭节约作风对当代大学生有重要的教育意义。大学生中有一些人家境优越，追求高消费的生活，鄙视劳动，追求即时的快乐感觉和物质享受。这种享乐主义的生活方式一旦蔓延，将会以一种不可抑制的文化氛围，影响到整个大学生群体，因而十分有害和危险。对大学生进行艰苦奋斗的精神教育，将促使他们逐渐克服贪图安逸、追求享乐、盲目攀比、铺张浪费的思想和行为，在生活中始终保持昂扬向上奋发有为的精神，不怕任何艰难困苦，不贪图安逸的生活，勇于通过自身的努力去创造美好的未来。

第五，弘扬中华传统美德中的“仁爱”“人和”原则，有助于大学生掌握基本的做人处事原则，提高文明素养。

中国传统伦理思想一直强调尊重人的尊严和价值，崇尚“仁爱”原则。“仁爱”是一种“利人即为，不利人则止”的利他精神，是一种“推己及人”“将心比心”的宽容精神。“仁爱”即“仁者爱人也”，是一种高尚的道德准则和理想，包括热爱人、尊重人、同情人、帮助人的人道主义精神。“仁”即是一种人我关系的准则。正是从这种仁爱原则出发，在人和人的关系上，中国传统道德强调“人和”“和为贵”等思想，强调“待人以宽，责己以严”“助人为乐”“舍己救人”等道德要求。这些传统人伦关系中，除应抛弃维护封建制度的糟粕外，其人伦价值观都包含有合理成分，对于协调人际关系、维护社会稳定发挥了极为重要的作用。

现代社会人际关系已成为事业成功的一种重要资源，只有遵循“仁爱”“人和”原则，才会有持久的人际关系和良好的人际交往，增加获取成功的机会。尤其在今天的信息化时代，科技的发展一日千里，社会的分工越来越细，仅凭个人的能力是很难取得事业的成功的，人与人之间必须进行精诚合作。学会合作，培养团队精神已被认为是21世纪人才的必备素质。联合国教科文组织的研究报告《学会生存——教育的今天和明天》指出：“教育的一个重要目标就是要培养情感方面的品质，特别是在人与人关系中的情感品质。系统的训练有助于人们学会彼此交往，如何在共同的任务中彼此合作。”

今天每一个大学生都应该弘扬仁爱的美德，注重自身修养，培养正直善良、诚实守信、团结友善的道德观念，形成正确的待人处世态度，建立和谐友爱的人际关系，为建构富强、民主、文明、和谐的社会奠定基础。

第六，弘扬中华传统美德中倡导自省与知行统一的修养要旨，有助于大学生形成良好的道德品格。

重视个体的道德修养和人格的完善，是中华民族的优良道德传统。在中国传统道德理论体系中，有关个体自我修养的内容十分丰富。自省与知行统一是中国道德修养的要旨。自省就是自我评价、自我反省、自我批评、自我调控和自我教育。孔子说："三人行，必有我师焉。择其善者而行之，其不善者而改之。"孔子的弟子曾参讲过 "吾日三省吾身"。这种自省是用社会道德规范评价自己，观察他人，警觉自己，检点行为，而个体修养更重要的内容在于行动。儒家伦理主张人们"行善积德""积小善成大德"，"勿以善小而不为，勿以恶小而为之"，要求人们做好事、善事，要从一点一滴做起，一旦成为习惯，就成为一个具有高尚道德的人了。在道德知识与道德行为之间，传统道德强调知行统一、言行一致，但更强调行。宋代伦理学家朱熹说："论先后知为先，论轻重行为重。"

《北大文明修身活动宣言》中有这么一段话："今天的时代不仅需要机敏的头脑，渊博的学识，同样需要高尚的人格和先行者的勇锐，需要他们去完善自己，发展自己，擎起这个世界的依托！正是基于此，我们呼唤北大人，思考起来，行动起来，从小事做起，从点点滴滴做起……"培养大学生的良好道德素质，不仅需要各种形式的灌输和教育，更重要的是培养和提高每个大学生自我道德修养与实践的能力。我们现在缺的不是说教，不是号召，而是行动。大学生必须从自己做起，从小事做起，持之以恒，才能使自己具有高尚的人格。

三

对大学生进行中华传统美德教育，必须结合大学生思想实际和心理发展特点，采取多种多样的形式和行之有效的方法，才能取得效果。

一是发挥思想道德修养与法律基础课程在中华传统美德教育中的主渠道作用。思想道德修养与法律基础课程是大学生思想道德教育的主渠道和主阵地，它对于提高大学生的思想道德素养有着不可替代的功能。思想道德修养与法律基础课程坚持以马克思主义为指导，以社会主义核心价值观为引领，中华传统美德教育系统地纳入教学计划中。并结合时代发展、社会实践和大学生思想状况，赋予中华传统美德时代新意。我们应不断探索大学生中华传统美德教育的新规律、新方法，切实增强教育的针对性和时效性。要从中华传统美德的知识教育入手，使人们具有中华传统美德的知识。每个民族的人应该首先了解并认同本民族文化。如果人们连中华传统美德是什么都不知道，他们何以继承发扬。教师应该结合自身丰富的社会实践和阅历，讲解自身对中华传统美德学习的心得体会，平等主动地与学生交流，切忌空洞而流于形式。虽然思想道德修养与法律基础课程在大学生中华传统美德教育中具有重要作用，但仅仅靠思想政治理论课程及部分教师是远远不够的，必须树立全员育人观念，将中华传统美德教育渗透到专业教学中，使各专业融会贯通，形成合力，发挥整体教育效益。所以高校应动用所有的教育资源来设计和安排美德教育，各专业教师不能单纯传授知识，还应担负起育人的责任，将教学与育人统一起来。

二是在社会实践和校园活动中进行中华传统美德教育。要使中华传统美德为学生所接受，除教化外，还需要践履。“行”是关键，是德育的最终目的。为此，我们坚持理论与实践相结合的道路，并成功地探索了一条在教师指导下，学生由校内走向校外的具有自己特色的实践性教学模式。校内实践是以课程教学为依托，指导学生对大学生自身思想道德的现状进行调查研究，以调研报告、PPT、DV剧等形式，完成实践性教学任务，对学生成果最后进行择优奖励。校外实践上，与当地政府建立了社会主义新农村实践基地、爱国主义教育基地，让他们在实践中提升思想道德素质。我们也与学校各个部门协作，指导或参与学生的社会实践活动和社团活动。如开展“青年志愿者行动”“三下乡活动”“青年文明岗”“保护母亲河”等活动，吸引大学生参与到社会主义精神文明建设的行列中来，推动大学生亲身投入到道德实践中去，弘扬社会正气，倡导文明新风，实践优良道德传统，推动高校的中华传统美德教育。还通过专题讲座、团队活动、主题班会、演讲比赛等丰富多彩的校园文化生活，让大学生在生动活泼的校园文化活动中，感知和领悟中华传统美德，使大学生认识到学习中华传统美德不是负担，对其自身成长和今后做人成才具有无可替代的积极作用，并自觉地将中华传统美德内化为自身的道德需要。

三是发挥榜样的影响力和作用。榜样以自身的道德行为，真实、具体的再现了民族的中华传统美德，给人以鲜活、直观的印象，深化了人们对中华传统美德的理解，是人们行为的标准和参照。在今天的改革开放和社会主义现代化建设实践中，各行各业都涌现出了许多先进模范人物，大学生中也有一批杰出代表。他们的平凡事迹中都体现着中华传统美德，结合这些先进人物的优秀事迹，去教育和感染大学生，就能更贴近他们的生活和实际，增强中华传统美德教育的说服力，提高大学生对它的认同度。从而使他们学有榜样，行有目标，使他们懂得没有良好的道德品质，就干不成超凡的事业，进而自觉地以先进人物为榜样，加强自身的修养。如我们在对学生进行教育时，就特别注意收集、整理近年来涌现的优秀大学生的事迹，如徐本禹、李春华、胡玲心、洪战辉、陈野平、王一硕等，尤其注重以本校的典型事迹来进行中华传统美德教育，取得了较好的成效。

四是营造弘扬中华传统美德的良好社会氛围。高校的中华传统美德教育只是一个子系统，它本身并没有完全的自立性，客观存在的成效还取决于另外一个大的系统，即社会环境对中华传统美德教育的影响。高校已不再是远离社会的象牙塔，它与社会的联系越来越紧密，已成为各种思想文化激烈碰撞的重要场所。尤其是当今我们已进入网络时代，以互联网为代表的新兴媒体，已成为各种社会思潮，各种利益诉求的集散地，成为社会舆论的放大器。大学生几乎都是网民，互联网对大学生思想观念和行为方式的影响越来越大、越来越广泛。当前，大学生中存在的许多不正确的思想观念都与社会和网络的消极影响有直接的关系。如果社会没有继承和弘扬中华传统美德的氛围，而去奢望大学生“举世浑浊而我独清”是不现实的。社会各界要努力营造良好的道德环境尤其是网络道德环境，发挥社会舆论的正确导向功能，建立一个扬善惩恶的社会伦理机制。有合理的制度环境和政策支持，中华传统美德就会变成一种现实的力量，成为一种促进社会良好发展的道德资源，大学生的思想道德素质就能在良好的社会氛围中得到进一步升华。

五是注重生活养成。中华传统美德教育不仅是知识灌输，而且是生活养成。人的德性的生成，一方面需要把人类在千百年来所形成的中华传统美德作为道德内容传授给德性主体，以此作为生成道德个性和德性主体的重要资源，重视德性的认知方面和德性的“灌输”。另一方面，也是更为重要的一方面是必须引导人们自觉地加强德性养成。陶行知曾说过“教育要通过生活才能发出力量而成为真正的教育”，同样，传统美德教育也必须通过生活发出力量才能成为真正的德性教育，日常生活是个体德性的养成之所。“生活养成就是学习者把个人道德理性与生活结合起来，在生活中验证、丰富、实践个人的价值理念，逐步形成稳定的道德行为习惯，形成个人在日常生活中稳定的道德思考、判断、选择、行动的基本方式。生活养成是学生作为生活的主体自觉地实践个人的价值理性，锻炼道德行为、养成行为习惯的过程”[3]。过去我们把传统美德教育单纯地理解为知识的传授，忽略了大学生的行为习惯的培养，其教育的效果大打折扣。其实美德的形成要靠在日常生活中持之以恒地陶冶。因此我们改革了考试制度，在进行考核时，就注重道德认知和实践行为、理论考试和社会实践调查、日常表现相结合。从考核机制上让大学生明白:传统美德的学习不是停留在知识的记忆上,而是融化在日常的生活中。

参考资料

[1]夏甄陶.《人是什么》,商务印书馆2000年版。

[2]中共中央国务院印发:《新时代爱国主义教育实施纲要》,《人民日报》,2019年11月13日06版。

[3]唐凯麟、刘铁芳:《价值启蒙与生活养成》,《当代青年研究》2005年第3期。

10

个性化德育与青少年个人品德培育[①]

个人品德建设是公民道德建设的重要内容和落脚点，青少年是新时代公民道德建设的重点群体之一。学校德育要切实发挥对青少年个人品德培育的主导和引领作用，必须着力于尊重道德成长需要、唤醒道德成长自觉、化解道德成长冲突、促发道德成长省思，实现从规范化知性德育向个性化发展德育的转型。

在我国社会转型期的复杂道德生态背景下，道德重建需要有宏阔的理论视野和科学的制度设计，但更要回归道德主体——现实的人。作为公民道德建设的主渠道，学校道德教育对于个体道德成长的意义不只是规范，更重要的是促发与引领。成长于改革开放时代进程中的新一代青少年，其思想观念和道德行为呈现出独立性、差异性、多元化等显性特征，这是学校德育无可回避的事实。因此，理性面对、积极顺应，以个性化德育引领青少年道德成长，是学校德育创新的应然选择。

---

① 胡菊华，哈尔滨师范大学马克思主义学院副院长、教授、博士生导师。

一、道德成长需要：个性化德育的原点

苏联教育家苏霍姆林斯基曾经指出："人的个性是一种由体力、智力、思想、情感、意志、情绪等炼成的最复杂的合金，不了解这一切就谈不上教育。"[1]心理学研究表明，在人的个性系统构成中，需要居于重要的基础地位，是人的个性倾向性乃至整体个性形成和发展的基本动力。其意是指个体在生活中感到某种欠缺而力求获得满足的一种内心状态，是个体对内外环境的客观需求在大脑中的反映。从对象的角度可分为物质需要和精神需要，其中对道德的需要就是一种精神需要。苏联心理学家波果斯洛夫斯基指出："需要——这是被人感受到的一定的生活和发展条件的必要性。需要反映有机体内部环境或外部生活条件的稳定的要求……需要是人的思想活动的基本动力。"[2]通过探寻人类道德的起源，马克思主义认为，道德是人们在劳动中对自己与他人或集体形成的不同利益关系有了较为明确的自我意识，继而产生了调节利益矛盾的迫切要求时产生的，道德是人类文明进化的自觉需要。这一科学结论也适用于个体，个体对道德的需要并非外在预设，而是"人们基于道德于人的生存和发展的意义的认识而产生的对于一定的道德环境、道德规范、道德行为和自觉完善自我道德人格的心理意愿"[3]。具体而言，同一个体的道德需要既有稳定性又有可变性，而不同个体既有共同的道德需求，又有独特性的道德需要。

当代青少年的思想道德状况具有鲜明的时代性特征，总体呈现积极向上的主流发展态势。但是在快速发展、深刻变化的社会现实情境中也存在诸多道德困惑和道德行为失范问题，青少年正处于道德成长的重要节点上，不仅接受学校的道德教育，而且社会和网络的影响日益广泛和加深，呈现出积极与消极、自主与盲从、自律与失范、健康与颓废等多元交织的道德个性生态。学校德育尽管在理论层面对学生的主体地位已有充分认识，"以人为本"的德育理念也已确立，但落实到实践层面，无论是思政课教学还是日常教育和管

理,都没有认识到学生自身的道德需要所具有的教育初始意义,没能有效发挥道德需要在青少年道德成长中的内在驱动作用。如此,就难以触及学生真实的内心世界,教育效果难有实质提升。这是目前学校德育存在的盲点,也正是个性化德育的起点。

二、道德成长自觉:个性化德育的关键

个体的道德成长需要道德教育,但道德教育如何作用于个体并实现由外向内的深层转化,这是学校德育的核心问题,事关德育的实效与价值。查阅、梳理相关文献资料可知,学界关于这个问题的研究,始终存在着一个突出的偏向,即无论是理论研究和教育实践都是从教育者的角度切入,而对受教育者如何将外在的道德教育转化为内在的道德成长未给予足够重视。因此,个性化德育将探索一个新的研究路向,从个体的道德成长经历中探寻转化的内在规律。

“任何一种道德学说,不管它的内部说服力或外部权威如何,如果不在人的道德本性中找到自己的牢固支点,都将是苍白无力和毫无结果的学说。”[4]学校德育要深入学生的精神世界、促进其道德成长,也要找到内在支点,这个支点就是学生的主体道德自觉。自觉即自己有所认识而觉悟,主体道德自觉就是个体对自己在道德教育中的主体地位和作用有明确认识,能够积极、主动地接受道德教育,自觉将社会道德规范和要求转化为个人品德和道德行为,在实践中不断检省、反思,努力以持续的道德成长趋向道德人格的完善。可以说,青少年的主体道德意识是德育过程的内外链接点,是德育内化的关键点。

主体道德自觉从何而来?个性化德育着力于此,有助于推进学校德育“低效”困局的实质突破。马克思认为,人的主体道德自觉是在实践中形成和达到的。这一科学论断为我们实施个性化德育、促进青少年道德成长,奠定了重要的理论基础。

主体道德自觉意识缺失是影响青少年道德成长的突出问题。在市场经济衍生的功利主义、实用主义思潮的渗透和作用下，学生的成长被切割成片段，中学时被量化为分数，大学时被具体化为好工作和高收入，家庭和学校不重视对学生主体道德自觉意识的内在激发和积极唤醒，“道德主体”长期缺位，其结果必然导致学生道德生命的“空心化”成长。有的学生把道德成长等同于道德理论知识的掌握，缺乏对道德现实的积极关注和独立思考；有的学生则随波逐流，回避对自身品行的评价和审视；还有的公开宣称“道德与我无关、不讲道德我照样活得好”，表现出种种道德失范行为，如言行不一、迟到旷课、考试作弊、论文抄袭、损毁公物等。主体道德自觉意识缺失的结果，是青少年道德成长的迟滞、随意、偏向乃至失范，这是影响其道德成长的内在障碍。消除这一障碍，仅靠思政课教学和事务性的学生管理工作难以奏效。必须基于青少年既往的成长经历和现实状况，分析其个性特点和具体问题，在矛盾冲突情境中找准切入点，启发其道德自觉意识，引导其在道德实践中深化、养成。

三、道德成长冲突：个性化德育的契机

个体的道德成长是一个长期的过程，具有阶段性和连续性。当前，青少年群体所展现出来的道德个性生态，是其既往成长历程在现实境况中的延续和扩展，是历史与现实、主观与客观、个体与社会、家庭与学校等多种因素共同作用于个体所形成的综合反应，存在多种道德矛盾和冲突，这正是个性化德育发挥作用的契机。

个体的道德成长或个人品德的形成，是在一定的外在环境作用下，人的道德认识、道德情感、道德意志和道德行为等要素的相互作用、整合发展的动态生成，是一个发现矛盾、解决矛盾的过程。多年来，学校德育坚持以思政课教学为主渠道，教师努力钻研教材理论知识和改进教学方法，但这还是知性化或知性与感性结合的德育模式。教学中采用的案例尽管也来自现实生活，

有真实的道德冲突,但对听课的学生而言还不是其自身所处的道德情境,与切身利益的关联度不高。尽管能够提升学生的理性认知和情感认同,但其作用还是外在的、有限的,不能帮助完成自身品德持续的内生性成长。笔者在德育课教学的课后交流中发现,学生的道德困惑源自现实生活。如与人交往,真诚还是虚伪?路有拾遗,还或是不还?监考不严,抄还是不抄?身处险境,救人还是自保?利益当前,诚信还是说谎?不良风气,抵制还是同流……种种困惑展现的是学生内心真实的道德冲突。每个学生的道德困惑都是在一定的生活情境中形成的,都内含个性因素,蕴含直接的道德教育价值。如果得不到及时、有效的引导,问题存留或导致矛盾激化,或行为选择出现偏差,或茫然迷失,错失道德成长的有效期。个性化德育就是要创设一个民主、宽松、平等的情境,使学生愿意充分展现内心的道德冲突,教师认真倾听,并与学生展开真诚的对话交流,分析判断学生道德冲突形成的节点。事实上,道德冲突产生的前提是学生在道德认知层面知道应当如何行为,但受限于对客观环境和行为结果预期的不确定性,而出现选择上的犹疑、矛盾。此时,教师若给予及时引导,强化其道德认知,提供更为有利的环境支持,道德冲突就能得以缓解乃至消除,学生就会表现出良好的道德行为,从而实现道德成长。

当前,青少年道德成长的外部环境发生深刻变化,影响因素日趋复杂、多元。青少年自身的道德认知、道德情感、道德意志等品德要素的发展还处于不平衡、不协调、不稳定的状态,未能形成促发道德行为的内部动力,不足以化解和应对来自外部的种种不良影响,亟须进行教育和引导。因此,必须坚持以人为本的育人理念,将关爱、尊重学生落实到生活细节,引导学生在解决道德冲突的过程中,疏导不良心理,培育积极道德情感,磨炼道德意志,将德育的外力作用转化为道德成长的持续内动力。

四、道德成长省思:个性化德育的主线

道德冲突的解决并不意味着青少年道德成长的最终完成,个性化德育不

仅要关注需要、启发自觉、化解冲突，而且还要引导学生关注内心世界、学会省思。归根结底，个性化德育对青少年道德成长所发挥的引领作用是一种外在的介入性引导，其最终指向是要完成向自我教育的转化，即实现个体的自主性道德成长。内省与反思，是其自主性道德成长的心理机制。

在我国，内省是指在内心省察自己的思想、言行有无过失，儒家以此作为认识自己的内心世界、自觉提高道德修养的一种方法。在西方，苏格拉底倡言“认识你自己”，引导人们探求自我精神世界，努力成为道德完善的、真正的人。德国心理学家威廉·冯特于1879年在莱比锡大学建立了世界上第一个心理学实验室，并将内省实验法引入到心理学的研究中。他请对方向内反省自己，更仔细和完善地来看待自己。美国心理学家乔治·凯利基于自我认识、自由选择及自行负责的理念提出人格理论，确定了人的理性活动在人格中的位置，强调人的主动的认知活动对行为的指引作用。虽然内省在东西方文化语境中的内涵界定不同，但共同指向人的内心世界，强调人对自我的理性认识，对人的自我成长与发展完善具有重要意义。反思，即思考过去的事情，从中总结经验教训。这原是近代西方哲学的常用概念，现在教育学、伦理学等学科的应用也较普遍，特别是关于教育教学实践的实践性研究。不过，目前在学校德育的理论研究和实践应用还没有广泛展开。

长期以来，内省与反思对青少年道德成长的重要作用并未引起足够重视。个体的道德成长被简化为教师传授道德知识—学生接受道德知识—学生实施道德行为的单向流程。课堂教学进一步将其压缩为教师传授—学生接受，没有启发学生省视内在的道德成长需要，激发其主体道德成长自觉。至于学生在现实生活中是否付诸行为、如何付诸行为也无从督促、考评。学生把德育等同于接受知识，没有把自我融入其中，并通过内省与反思实现从知识到信仰的转化。面对真实的道德矛盾和冲突，有的茫然不知所措，不会分析、辨别，做出正确选择；有的受不良风气熏染，直接将功利、实用、利己奉为行为准则。知行不一乃至背离，是道德成长过程断裂的现实表现。出现如此状况，责任在于教育。显然，青少年道德省思意识与习惯的培养，需要落实在知、情、意、行各个环节，贯穿于德育过程的始终。

近年来，笔者基于对个性化德育的思考，探索实施了培育青少年省思意识和习惯的实践策略，收到了一定效果。一是结合教学内容，设计课堂问卷。问题的表述多以“我”的口吻提出，由教师提问转换为学生自问自答，引导学生将思考转向自己，养成自我省思意识。二是选取典型的道德冲突事例，精心组织开展案例讨论。选取的道德冲突事例来源于真实的大学生活，学生们在表达、讨论甚至争论中增进彼此了解，更重要的是学会了思考自我、认识自我，从而使教师的因材施教、因势利导由应然变为实然。三是抓住时机，与学生进行深度交流。经常有学生在课后主动表达道德困惑，希望得到指导帮助，这是开展个性化德育、促进学生探索自我道德成长的最佳时机。除了面对面的交流，笔者通常会让学生把真实想法写出来，使学生养成内省反思的习惯。马克思曾说：“人们的社会历史始终只是他们的个体发展的历史。”[5]新时代的中国需要新一代理性开放、勇于创新、敢于担当的青年人推动中国特色社会主义伟大事业、实现中华民族伟大复兴伟业。在这种背景下，个性化德育只有积极顺应时代进步、国家发展和人的发展需求，才能彰显自身的时代价值。

参考资料

[1]顾明远:《素质教育的理论探讨》，中国和平出版社 1996 年版。

[2][苏]波果斯洛夫斯基著，魏庆安等译:《普通心理学》，人民教育出版社 1979 年版。

[3]黄明理:《个体道德需要的含义及其特征———道德研究的新视角》，《淮阴师范学院学报・哲学社会科学版》1995 年第 2 期。

[4]王岳川:《东西文化评论》，北京大学出版社 1992 年版。

[5]《马克思恩格斯全集》(第 27 卷)，人民出版社 1972 年版。

第二部分

实践探索

11

科学、工程与德育课程统整的实践架构①

随着科学和工程技术的发展，人类社会对自然世界的改造需要发挥它的正面作用，正视并抑制它的负面影响，这就需要发挥道德的作用，让科学和工程渗透道德的元素。具体到教育领域，需要设计跨学科的课程。科学、工程与德育课程的相互融合，需要在人文德育课程中融入科学精神，构建具有梯度的工程设计与德育统整课程模式，重视当代科学与工程实践情境统整课程的学习驱动，通过“虚拟工程探究”教育活动增强学生历史感和民族责任心。

随着地球上人口越来越多，可开发利用的自然资源越来越少，人类科学与工程事业在21世纪将面临更大的挑战。因此，21世纪的科学与工程和人文道德的联系会越来越紧密。科学和工程教育不是简单的对自然世界的理解，而要结合新时代社会需求，以科学精神为基础，开展体现人文道德的工程设计。人类活动的目的无论是认识世界还是解释世界，其最终的落脚点一定是改造世界。而人类改造世界的专门知识领域就称为工程技术，这一领域不

① 万东升，江苏第二师范学院教务处副处长、教授。

仅需要认知参与，更需要具有强烈社会责任感的人文道德情怀。在课程设计上要注意根据社会需要引领学生进行工程设计与应用，增加学生动手制造蕴含德育内容的科技“产品”的机会。本文就如何统整科学、工程和德育课程，使其相互融合和贯通，达到既培养学生科学精神和工程思维，又能形成良好的社会责任、人文精神等德育领域的情意，提出了三条具体的实践架构路径。

一、在人文德育课程中融入科学精神

根据社会主义核心价值观的要求，我国人文学科教育需要构建全新的教育目标、内容和方式，以培养与科学理性精神一致的人文精神。例如，我国高中语文课程标准在目标和内容上也明确要求学生“养成独立思考、质疑探究的习惯，增强思维的严密性、深刻性和批判性”。教育方式上，胡适说过，“国文教育”应使学生“能使用古文书籍”，而不是把古文书籍当作“金科玉律”。[1]因此，针对古代文学作品，应该组织学生采用历史和国际的眼光来客观理性批判地分析和讨论，挖掘和发扬符合时代特征的人文成分。同时根据人类社会发展需要，我国人文教育需要增加描写客观自然世界和人类社会世界问题的内容，尤其选择具有弘扬科学、民主、自由、平等、公正和法治等与社会主义核心价值观一致的内容，增加说明文、图表等非连续文本体裁，突出培养学生客观准确表达文本内容的能力以及基于客观求真基础上的批判性思维。一项中国、美国语文教材比较研究发现，中国语文教材单纯“以情动人”内容较多，采用拟人和抒情手法的呈现方式较多；而美国教材较多采用生态环境、资源使用、人类健康和伦理道德等问题的讨论内容，多采用报道、对话等呈现方式，传递基于客观分析来解决人类现实世界问题，培养学生的社会责任感。[2]因此，我国人文学科教育需要防止出现大量非写实性的“以情动人”的教育内容而削弱客观分析的“科学性”成分。这种缺乏科学精神作为内容的德育，也必然导致学校德育的主体(施教主体是教师，受教主体是学生)长期处于价值冲突和矛盾之中。[3]所以我们需要将科学精神贯穿到人文德育课程中，构建其与科学精神一致的人文德育课程内容和目标。

二、构建具有梯度的工程设计与德育统整课程模式

在低年级阶段学生应能懂得“工程问题”事关人们想要去改变现状的问题;能够使用工具和材料去解决一些简单的工程问题;能够比较不同的解决方案哪个更好。在高年级阶段,学生应该有机会参与事关社会和全球意义的复杂问题;将复杂问题分解成简单问题来一一解决;根据量化的标准和给定的条件,从社会效益和环境效益的角度,权衡利弊,比较不同的解决方案的优劣。工程设计侧重于引导学生通过自行设计或修订已有的设计来解决问题,强调科学与技术之间的链接,鼓励学生应用所学的科学知识,采取自己的设计或修订他人的设计去解决现实中的实用性的问题。这个过程除了需要学生高层次认知活动的参与,还涉及社会责任等人文德育内容。根据问题解决的限定条件和困难,具有梯度的统整课程,可以细分为三个不同层次要求的课程设计。三个不同层次课程设计的案例如表 1 所示:

表 1　　三个不同层次课程设计的案例

三个层次	案　例
层次 1(中小学低年级):利用一些简单的材料设计一件物品以展示对某科学原理的应用	例如,学生们被要求应用牛顿定律知识设计一个水车;然后在讨论中激发学生提出新的问题,如何加快水车的转动速度
层次 2(中小学高年级):仍然是设计一件物品但材料的用量和特性上受到限制	例如,同样是设计水车,可能要求节约材料用量,或者有坚固性、环保、美学上的要求
层次 3(大学阶段):针对一个具体的社会需求或环境问题做一项解决问题的设计	案例选择最好是可以激起学生社会责任心或同情心的情境,例如,有一位杰出的园林工人,左手因工受伤,不能再像从前那样从事他热爱的工作了,需要同学们为他解决这个问题

层次 1 是最直接简单的课程设计,在科学概念和它们的应用之间提供了明确的联系。层次 2 和 3 有可能让学生超越概念理解,围绕一些复杂性的技术设计,考虑驱动设计的经济因素和美学因素,并考虑材料使用对环境的影

响,从而解决一个具有限定条件的设计问题。因此,设计应用类型旨在让学生面临一项改变现实问题的任务,基于给定的条件和标准,体现人文精神,提出实际可行的解决方案。[4]在此过程中还包括能够评估多个不同的备选方案,以确定最终采纳的方案,以及根据既定方案着手构建模型并优化方案。其实发达国家在其课程标准中也重视"设计应用"的学习要求,例如,美国《下一代科学教育标准》中对于三年级"天气和气候"主题下的第3条考核标准,即学生的"预期行为表现"(performance expectations)表述为:"做一个关于减少天气引发自然灾害的设计方案并阐明其可行性"[5]。

科学是社会实践和认知实践的综合,具有科学和工程素养的人不仅要能够理解科学和工程的认知价值,更要在社会实践中根据社会需要运用逻辑推理进行科学决策或利用科学和技术来设计方案用以解决社会生活问题,体现社会责任和人文情怀的德育理念。[6]

三、重视当代科学与工程实践情境统整课程的学习驱动

科学、工程和技术课程的教学需要重视基于当代科学与工程实践来构建真实社会现实问题课程情境,强调科学的社会功能以及社会对科学的影响。基于社会需求的当代科学与工程情境具有社会迫切性、个人相关性和情境熟悉性特点。例如,抗疟疾、禽流感、埃博拉病毒传播、航天科学技术事业发展等。近年来,研究者们以基于社会需求的科学与工程实践为情境,开展科学、工程与德育相互统整的课程设计,培养具有社会责任感、具有环保理念以及能够做出基于科学与伦理道德决策的合格公民。其设计过程如图1所示。

科学与工程实践作为一种理科统整课程情境,强调在科学和工程教育中渗透和贯穿情意领域的品德教育。J. Gallagher最早在1971年提出,"在未来的民主社会,理解科学技术与社会的关系和理解科学的概念与过程一样重要。"[7]1997年,加拿大教育部颁布的全国科学教育文件中明确规定:"科学、技术、社会和环境必须成为科学教育主要驱动力,从而使学生的学习更加有

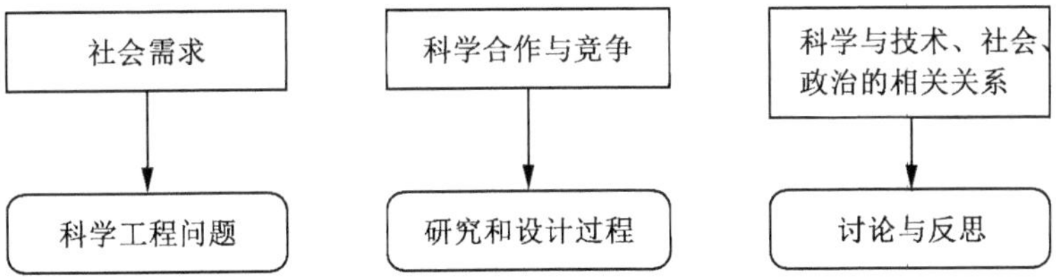

图 1 基于社会需求的科学与工程实践活动过程

针对性和有意义”[8]。科学与工程实践情境统整课程不仅包括培养学生科学认知，而且还可以塑造学生德育内容的情意。有些研究者认为当代科学与工程实践就是“提倡一种能够保证地球的可持续再生能力、维持和促进人类福祉的生活方式”[9]。当代科学与工程实践问题确实反映了中国现阶段工业化进程中的突出矛盾，它不仅构成了重要的教学内容，也应该是我国德育课程与教学的有效的切入点。

当然，不同的国家有不同的当代科学与工程问题。例如，由于荷兰海拔位于海平面以下，几百年来，潮汐以及不断上涨的海平面水位都威胁着荷兰居民的安全，荷兰人通过填海造陆，建防水堤坝，应用抽水系统与海争地，但由于人口的增长和气候的变暖，他们觉得与海争地的想法需要改变。于是从20世纪90年代开始，荷兰人不再与水为敌，而是化敌为友，与水结盟。荷兰的建筑设计人员想出了解决这个问题的方法——把房子建在水上。引导学生开展以“把房子盖在水上这一真实社会问题”驱动的探究，不但可以发现物体沉浮的规律，而且还让学生思考科学与生活的联系，进而思考如何建立管道排除生活污水等环保问题，更可以思考人如何与自然相处，这些德育内容和工程教育相互统整，培养学生公民意识、社会责任感、环保理念等。对于近年来，科学界开展的克隆羊和转基因生物等现代科学技术对生活的影响，我们完全可以从源头上让学生明白为什么要进行生物上的克隆和基因改造，让学生知道和认识到现代生物基因技术与人类生活的关系。这样的科学、工程、技术与德育课程整合的模式，不仅可以促进学生高级认知思维，还可以促进学生理解工程技术对增加人类福祉的重要价值。

例如，展示近代人类对于疾病病因和治愈的科学和工程实践活动过程，都是很好地让学生理解科学与社会及文化的相互关系的话题，可以培养学生关心人类社会需求，形成社会责任感。以 2002 年猖獗的“非典”(SARS)事件为情境，设计真实的社会现实问题的科学教学设计思路如表 2 所示[10]：

表 2　以“非典”(SARS)事件为情境的科学教学设计思路

步骤	教学片段	具体教学活动与情境	科学教学目标
1	整体回顾 SARS 事件发生的社会现状以及科学研究的必要性	观看介绍 SARS 事件的纪录片、对科学家的采访、当时的新闻报道，概述性展示科学家对 SARS 的病因以及传播机理的研究需要，同时也展示当时西方与中国香港、广东和北京等地科学界和公众对该事件的反应（例如，中国公众购买板蓝根和醋来预防 SARS）	理解：科学受社会文化影响（中西方医学观念的差异）、科学知识基于实证和逻辑推理（住院病人感染医生和护士，从而寻找传染的途径和推理可能的传染方式）、科学影响政治决策（来自感染区的公民以及感染者被隔离、乘客需要被执行体温检查等）
2	科学家对 SARS 病毒产生原因的研究过程以及对 SARS 冠状病毒的基因测序过程	观看对参与研究的科学家进行的采访视频和当时的新闻报道，模拟 DNA 测序动画鉴定 SARS 病毒，然后通过小组讨论、角色扮演、反思与辩论教学活动，了解科学家起初认为 SARS 是衣原体感染和最后如何找到新的证据来确认引起 SARS 的病原体是冠状病毒，以及理解科学家开展 SARS 病毒研究和基因测序所包含的合作与竞争	理解：根据新的证据，科学知识有可能修改，技术进步促进科学进步，科学的合作性和竞争性
3	讨论和反思 SARS 与社会、政治、文化的相互影响	学生游戏模拟病毒传染的途径和速度，讨论 SARS 传染期间人们生活与饮食习惯变化。访谈视频展示政府采取哪些措施应对 SARS 病毒（包括对科学研究的支持，简报展示科学发现导致政府对野生动物的管理）	理解：科学与政治、社会和文化之间的相互影响（政府提供资金支持科学家开展科学研究，科学知识改变饮食习惯，例如，分餐、不吃野生动物）

四、通过“虚拟工程探究”教育活动增强学生的历史感和民族责任心

除了当代科学和工程实践情境问题驱动，还可以让学生重新经历科学发现的历程(包括当时的社会、文化等历史背景)——虚拟工程探究。组织学生模仿和重演一个已经被确证了的科学与工程理论的历史发展过程：学生通过扮演不同的科学家和工程师角色，重现科学家和工程师们在当时历史社会情境中的争论和冲突以及理解他们的观点如何受到当时社会文化的影响等。显而易见，这对学生理解科学和工程实践具有重要的作用。

当然由于中西方社会文化的差异，其社会需求等方面有所不同，西方的社会文化情境对于中国学生而言可能是陌生的。因此，科学和工程教育还可以从中国古代和科学工程有关的文学作品中寻找教育资源。例如，关于水的浮力，中国历史上存在着“曹冲称象”的真实问题情景。我们不妨构造这样一个情境：假设当时曹冲与韩国做生意，将满载货物的货轮从长江口驶向韩国。他发现当海轮逐渐离开江口时就渐渐上浮起来。这时曹冲可能组织起一个研究小组，研究怎样能够运送最多货物量以提高利润。在这个情境中学生们自然会自己提出与浮力定律有关的问题。不过，编造这个时空穿越的童话故事的意义不仅仅在于引人入胜，也不仅仅在于给学生提出科学和工程问题搭建一个“脚手架”，更重要的是要引导学生各抒己见，深入思考这样一个跨文化的问题：为什么曹冲没有像阿基米德那样从称象的活动中抽象出浮力定律来？其影响因素可能包括中国古代大河流域的自然环境及农业文明的生活方式。大河流域为古代人民提供了尽管单调但可以自给自足的生活资料，因而难以产生向海洋探险的社会需求，商业活动不发达。郑和下西洋只是外交活动，可以不计成本。也就是说，产生浮力定律至少需要两个条件：第一，从淡水驶入海水的船舶；第二，从不计成本的外交活动转为讲求利润的商业活动。这是一种对中西文化自然演化的历史过程进行创造性的“虚拟工程探

究”。相对于杜威提倡的以实际“经验”进行实验、探究的模式而言，“虚拟工程探究”是一种“思想实验”，应该成为全球化时代重构教育内容的“先行组织者”。对于“虚拟工程探究”而言，可以通过这样的探究活动，提高学生对科学发现和工程设计与中国古人擦肩而过的社会历史原因的认识，树立起学习科学的民族责任心。

而且，在进行虚拟工程探究的同时，中国文化的优秀传统部分也将得到更有效的展示。21世纪社会资源环境问题将要成为约束人类进步的关键因素。那么，以擅长调整人际关系和生产关系，共同分享有限资源为特点的宽容忍让等德育内容的中国文化，将是对一味问鼎自然的西方文化有益的补充。社会发展模式不仅要依赖科学技术对自然资源的开发，而且要向具有丰富优良德育内容的传统文化要资源。

五、结语

科学、工程与德育课程内部以及学科间的整合，需要立足自身文化，发掘具有本土特色的跨学科课程资源，在人文德育课程中融入科学精神，将科学精神贯穿到人文德育课程中，构建其与科学精神一致的人文德育课程内容和目标，在工程教育中，构建具有梯度的工程设计与德育统整课程模式，重视当代科学与工程实践情境统整课程的学习驱动，通过“虚拟工程探究”教育活动增强学生历史感和民族责任心，呼应并补充科学与工程实践导向跨学科融合的变革思潮，在树立文化自信的同时为世界贡献中国智慧。

参考资料

[1]唐德刚：《胡适口述自传》，广西师范大学出版社2005年版。

[2]赖秦江、张红霞、万东升、李敏谊：《从批判性思维培养的视角看中美语文教材的差异——PISA测试结果的启示》，《基础教育》2014年第5期。

[3]李英林：《高校德育主题价值取向的矛盾及其文化解析》，《社会科学战线》2008年第3期。

[4]NGSS Lead States,2013,*Next generation science standards*:*For states*,*by states*,Washington,DC:Achieve,Inc.

[5]刘克文、李川:《PISA2015 科学素养测试内容及特点》,《比较教育研究》2015 年第 7 期。

[6]J. Gallagher,1971,“ Abroader base for science teaching”*Science Education*.

[7]Council of Ministers of Education, Canada, 1997, *Common framework of science learning outcomes*,*K*—12:*Pan*—*Canadian protocol for collaboration on school curriculum*.

[8]Lloyd,D, &Wallace,J,2004,“Imaging the future of science education: The case for making futures studies explicit in student learning”,*Studies in Science Education*.

[9]万东升、魏冰:《以当代科学实践为情境的科学教学模式初探》,《课程・教材・教法》,2016 年第 12 期。

[10]Wong,S,L, & Hodson,D,et al,2008,“Turning crisis into opportunity:Enhancing student-teachers,understanding of nature of science and scientific inquiry through a case study of the scientific research in severe acuter espiratory syndrome”,*International Journal of Science Education*.

12

理工类大学课程文化建设的着力点及价值意蕴[①]

实现育人目标和课堂教学的一致性需充分发挥课程文化的作用和功能。理工类大学的课程文化建设的着力点：一是通过供给侧改革教学内容提升课程文化的育人功能；二是以产业学院、项目课程、立荣誉学位等教学实践为受教育者提供良好的心理氛围和潜在的精神动力。推动理工类大学的课程文化建设是实现课程思政的有效路径，有利于推动学生核心素养的养成，提高本科人才培养质量。

课程文化是通过课堂教育实践有意识、有目的地引导学生的行为，是课程实践中的文化形态。课程文化建设事关高校"培养什么样的人"的育人目标、"怎样培养人"的育人方法。课程文化是学校办学品质的体现、办学水平的标志，也是学校育人的重要载体。找准课程文化建设的着力点，有利于实现育人目标和课堂教学的一致性，有利于提高学校立德树人的整体效能。

① 卢萧，上海理工大学党委宣传部副部长；刘道平，上海理工大学党委副书记、纪委书记、教授。

一、理工类大学课程文化建设的指导思想

我国现代大学起步较晚，为加快现代大学的建设，推动学科的发展，当前理工类大学的建设普遍存在重视科研、教学的建设，倡导独立、客观、进步的科学精神，课堂文化追求科学研究的独立性和客观性。大学课堂作为育人的最前沿，最基本单元，除了灌输科学知识，还担负着人格塑造、道德教育、素养提升等思想政治教育功能。理工类大学的课堂文化建设在围绕科研、教学中心之外，还应通过顶层设计，围绕立德树人的根本任务，把社会主义核心价值观融入课堂中去。

(一)理工类大学课程文化建设应坚持习近平新时代中国特色社会主义思想

马克思主义立场观点是对自然界中某种具体规律的抽象，它反映客观世界本质和规律的最高层次的理论抽象。缺乏正确的世界观和方法论的指导，科学研究就会失去正确的方向，甚至陷入混乱和失败。当今，习近平新时代中国特色社会主义思想是马克思主义的中国化，是为了发现和解决具体问题的高次元思维，是马克思唯物主义开放体系的发展。坚持习近平新时代中国特色社会主义思想就是坚持马克思主义。

(二)坚持正确的价值导向，强化理论认同

理工类大学课堂教学的专业性强，在鼓励创新、敢为人先的文化氛围中，还应重视科研背后的意识形态。众所周知，科学是没有国界的，科学家是有祖国的，发挥课堂文化育人的功能，必须牢牢掌控意识形态的话语权。意识形态是与一定社会的经济和政治直接相联系的观念、观点、概念的总和，不同体制国家的意识形态反映的内容和形式各有不同。我国主流意识形态是以马克思主义为核心内容和理论指导的社会主义意识形态，它起着维护社会稳定、促进社会变革和引领社会发展的作用。高校作为意识形态工作的前沿阵地，抓课程文化建设有利于避免意识形态工作游离于教学科研中心工作之

外，抓课程文化建设有利于避免意识形态工作脱离师生工作学习实际。

（三）坚持工程教育与人文教育有机结合

课程建设的基础性作用就是育人，课程文化实施的目的是每个学生得到全面发展而不是单一的知识灌输、经验移植。理工类大学更重视学生创新精神和学习能力的培养。创新精神和学习能力是个体综合素质的体现，包括思辨能力、认知能力、系统思维能力、想象力、对新生事物的兴趣等。为实现工程教育与人文教育有机结合，课程文化建设的初级阶段是教学中的主体与客体的交互过程，培养学生以德性认知、实践为逻辑链条的自我建构能力，激发其在自发状态下充分地、有效地展现潜能。高级阶段则是教师主体的学识和风骨激发学生的内生动力，同时又蕴含德性因子，使学生作为道德主体愿意参与其中，达到启动主体内驱力的作用。

二、理工类大学课程文化建设的着力点

大学课程是大学生在大学内受到教育最基础、最前沿的平台，课程文化建设直接影响到学校培养人才的质量。这种影响如同一条数轴的两个方向，或是负的影响，或是正的影响。[1]因此，找准理工类大学课程文化建设的着力点，有助于课程文化建设的良性发展。

（一）通过课程供给侧改革，提高课堂教学的育人功能

当前信息传输、处理、整合和储存等方式已经发生了巨大的变化，课程也从被视为先定性的存在转变为被视为理解的产物。[2]课堂教学就是教育资源的供给，在科技日新月异、瞬息万变的时代，学生对知识体系多样化、个性化的需求也逐步提升，要满足时代的发展就要加强教育供给侧结构性改革。例如，在现有课堂模式基础上尝试引入以解决问题及学习成果为导向的探究式教学、项目式教学、任务型教学、研讨式教学、案例式教学等。[3]对培养方案、专业体系课程设置、课堂授课方式方法、考试环节评价等方面做出根本性改变，尤其是理工科课程，不少教材出版的时候就落伍了，因此要探索科学经典

和最新发展的契合点，将新旧知识、经验相互作用实现认知结构的重组，及时将最新的科学发展成果结合进课堂教学内容。理工类大学的教材应该是开放的体系。理论基础只能作为教材的一部分，不能作为全部。教材应该以结合自身学科专业建设规划，注重专业配套，在满足新修订培养方案需要、满足新办专业需要的同时，针对学校优势学科、特色专业和新办专业不断更新，形成良性循环的生态体系。当然，在倡导教材与日俱新的发展中，还应建立教材质量监控机制，对教材编写内容、知识体系、教材形态、教学技术应用程度等方面进行出版前后、使用前后的定期检查评估。尤其是引进的国外原版教材，还必须关注是否存在意识形态的渗透，价值观的导向等问题。

理工类大学教师中，有相当一部分教师并非师范院校毕业，他们在科研领域得心应手、驾轻就熟，研究成果具有很高的信息含量、知识含量，并逐步形成个人的学术风格和学术特点。但在课堂教学上却缺乏提升教学效果，点燃学生的求知欲、创造欲的方法。如何提升课程文化的课堂育人功能？需要改变传统课堂教学单一的知识传授，单一课程教学模式的“疲劳性”会产生边际效应递减。灌输和启发相结合是开启“学”和“习”并重的模式。改变传统教学中的“统一内容、统一进度、统一标准”的大一统要求，将教师的供给与学生的需求无缝对接、精准匹配。学生的需求是教师供给的出发点和落脚点，不然就会“供大于求、产能过剩”；教师的供给要从单向度到交互性，否则学生不喜欢，导致供求失衡，很容易丢失第一课堂。

（二）设置荣誉学位，分层分类教育

社会转型期间，我国经济发展突飞猛进，目前正面临结构转型与效益提高关键时期。[4]经济文化的发展对高等院校毕业生提出了更高的要求，拔尖创新型人才需求也急剧增加。与社会需求相反，高校扩招后，大学教育逐步从精英教育过渡到大众教育。由于学生的来源地不同、原生态家庭教育不同，学生对学习的态度、学习方法、学习目标、领悟能力也存在差异。学生分层分化现象日益显著，理工类大学中，少数优秀的本科生已经能够以第一作者发表入选 ESI 前 1%的高被引论文，相反，也有一部分学生将本科教育延长到六年依然在为学分不够无法毕业苦恼。在现有教育模式下，如何有效地满足社会需求？在高等教育大众化阶段，如何加强精英教育？荣誉学位的设立不是简单地按照学生的绩点重新分班，而是指根据学生的思想、智力、心理发展的特点和规律，采取分类教育的办法，以取得综合教育效果的教育方式。分层分类教育是基于能力、个性差异，从学生实际需要出发，最终使每个人的才能品性都得到发展。荣誉学位设置的目的一方面有利于重点突出，体现侧重性，一方面有利于逐步推进，体现系统性，既充分尊重学生的差异性需求，根据学生的知识储备、能力甚至生理与心理状况展开有所侧重的教学，使不同层次、阶段和专业的受教育者能够顺利接受。最终聚焦所有学生解决复杂工程问题的能力培养，塑造具备创造性思维和创新人格，面向未来科技革命和产业革命的精英工程师。

（三）设置产业学院，培养学生综合职业能力

产业学院是为了有效实现工学结合人才培养，由高校和具有相当规模的企业在理念、机制、模式、条件上形成产学研一体化深度合作、互动双赢的校企联合体。设立产业学院有利于促进学校与企业在人才方面实现共享，在资源方面实现共用，在信息方面实现互通，促进校企合作向深层次发展。产业学院以师徒制为核心，校内的理论学习和企业内的实践学习同等重要，即使在偏理论为主的校内学习，也可以由企业中的师傅和学校的指导教师共同协商，企业的师傅将行业最新发展和校内的理论学习相结合。以培养创新人才、突破关键技术与核心工艺及增进新颖产品市场供给的多维收益为目标，有利于整合教育链、创新链和产业链的关键环节，促进管理、技术、人才、设备、资本和营销等优势资源互补与共享利用，实现技术发明、产业发展和创新人才培养的协同演化和网络式开放创新。

产业学院的设置能有效打通高校和企业的壁垒，创新人才培养模式。通过高校与企业共同规划专业发展、开发项目化课程、组建教学科研团队、搭建实践教学平台、创办技术创新机构，紧扣产业发展趋势和实践优势，为毕业后从事技术服务、管理或研发等提供个性化培养，使其具备足够的发展潜力。

提前为企业发展储备了大量的优质人才，达到教育与产业、人才与市场、学业与就业无缝对接。

（四）设置项目课程，培养学生的创新创造能力

项目课程是指高校教师将科学研究与本科教学有机结合，将科研项目研究内容转化为本科生课程教学资源，学生通过项目实践促进相关课程的自主学习，从而提升学生科研素养和创新能力，具有科研学术性或产业前沿性的新型课程。项目课程的目的是针对学科课程存在的知识单一、片面和相互割裂的问题从课程内容和资源、组织实施等方面将两种或两种以上的学科课程内容融为整体实现学科知识融通提升综合应用能力的一种课程形态。[5]

教师以科研项目为载体，把项目研究中蕴含的科学问题、研究内容、涉及的基本理论、前沿技术和研究方法与手段等融入课程教学，传授学生从事研究、创新的方法与技巧，学习项目立项、文献检索、申报论证、制订研究计划、实施研究过程和论文写作、提交成果等，培养学生发现问题、分析问题和解决问题的能力。课堂教学与科研项目相结合，及时更新补充反映最近产业或学科前沿技术和最新发展的教学内容，弥补新技术迅速发展而教材滞后的不足。通过对学生进行科学思维的引导，使课程体系的学科烙印更趋浓厚，学术含量更高，促进学生自主学习，激发学生科研兴趣，培养学生的创造力。将科研项目与课程设计、毕业设计相结合，结合提炼的科研课题，让学生围绕科研任务和工程实际，解决学科或行业产业中的实际问题。将科研项目与创新性实验课程相结合，引导学生发现科研项目中的问题，并以问题为核心，鼓励学生自主设计实验，自主完成实验，在项目实践中逐渐掌握思考问题、解决问题的能力。

三、理工类大学课程文化建设的价值意蕴

理工类大学课程不能为了满足自身的主体地位，而忽视了学生的主体地

位。[6]课程文化建设的目的是培养能担当民族复兴大任的时代新人，锻炼学生的学习能力和思辨能力，提升科研和创新能力。

（一）通过供给侧改革教学内容，是理工类大学实践课程思政的科学路径

课堂教学是落实传播知识、传播思想、传播真理、塑造灵魂、塑造生命、塑造新人的本环节。课堂教学的首要目的是育人，其次才是知识的灌输、经验的传授等。离开育人育德的教育犹如童子操刀，盲人骑马，故而忽视育德的课堂文化建设是舍本逐末。习近平总书记在全国高校思想政治工作会议上特别强调："要用好课堂教学这个主渠道，思想政治理论课要坚持在改进中加强，提升思想政治教育亲和力和针对性，满足学生成长发展需求和期待，其他各门课都要守好一段渠、种好责任田，使各类课程与思想政治理论课同向同行，形成协同效应。" 课程文化建设是"将高校思想政治教育融入课程教学和改革的各环节、各方面，实现立德树人润物无声"，[7]即充分挖掘各科教学中专业知识与思想政治教育内容之间的关联性，运用德育的学科思维，提炼专业课程中蕴含的文化基因和价值范式，并在课程开展的过程中，将思想政治教育的相关内容融汇于学科教学当中，将其转化为社会主义核心价值观具体化、生动化的有效德育实践，形成专业课程与思想政治理论课程的协同效应，实现教书和育人的无缝对接。

（二）构建新型的课程文化体系，推动学生核心素养的养成，提高本科人才培养质量

党的十八大提出了全面建成小康社会的战略部署，并向全国人民发出了向实现"两个一百年"奋斗目标进军的时代号召。全面建成小康社会，科技是关键，人才是核心。理工类大学作为第一生产力/科技人才的主要培养地，应契合实现中国梦出创新创业人才的需求，展现专业特色价值。所谓有教无类，理工类大学在研究生的培养上已经有了明显的学术硕士和专业硕士之分，但是在本科生的培养上基本还处于统一教学管理的模式，理工类大学的学生不仅学习课程内容，还应侧重学生智力建构与社会性发展

的综合过程。

课程文化建设是以课堂内容供给侧的改革为主阵地，通过荣誉学位的管理体系，项目课程的科研体系，产业学院的实践体系构建具有新工科前景的全新课程文化体系。这一课程文化体系从重视教学中学科知识体系的科学性和完备性，转向重视学生核心能力和素养的生成；从重视学生知识结构转向促进学生能力提升和全面发展。荣誉学位的设立有利于实现学生对自己的科学定位，对专业知识和实践的合理分类，规范教学的过程管理，实现人才培养的多样化。产业学院以提高学生的创新创造实践能力为主要目标。产业学院的模式不是简单的校企合作，而是高校专业教学和专业应用的高度融合。产业学院犹如临床实习，学生不仅能将所学知识运用到实践环境中，还有机会了解行业发展动向，学科最新发展资讯，提升学生专业教育的针对性和工作能力的适应性。项目课程以导师的科研项目为载体，鼓励学生尽早接触科研工作。理工类大学的学生发挥科技进步和国家战略的功能和价值体现在其系统的工科思维、缜密的逻辑推理等独特因素。项目课程的设置使学生对科研项目的开展有一个比较前卫的了解，不仅可以激发学生对科学研究的信心，也对其继续在该领域的深造打下基础，同时也增强了对科研后备力量的厚积。一个课题组的共同交流，朋辈之间联系紧密，师兄师姐的带教既促进了学生间的交流学习，也营造了浓厚的学术氛围和团队合作精神。

参考资料

[1]杨志成:《做好新时代中国特色学校课程文化建设》,《中国教育学刊》2018 年第 8 期。

[2]欧阳文:《大学课程的建构性研究》,湖南师范大学出版社 2007 年版。

[3]钟秉林、方芳:《“慕课”发展与大学人才培养模式改革》,《中国高等教育》2015 年第 2 期。

[4]中国工程院“创新人才”项目组:《走向创新——创新型工程科技人才培养研究》,《高等工程教育研究》2010 年第 1 期。

[5]孙鹏等:《整合课程教学在医学教育中的历程与展望》,《中国高等医学教育》2012 年

第 5 期。

[6]丁昭:《课程文化自觉的意义、问题及实现路径》,《教学与管理》,2019 年 11 月 20 日。

[7]高德毅、宗爱东:《课程思政:有效发挥课堂育人主渠道作用的必然选择》,《思想政治教育理论导刊》2017 年第 1 期。

13

人工智能技术融入高校工程伦理教育的问题及对策①

人工智能技术为我国教育行业注入了新的活力。但高校工程伦理教育相对滞后，课程体系和教育者的数量、质量难以满足社会需求，教育者对于人工智能在课堂中的应用和自己的角色定位持怀疑态度，使得人工智能技术在工程伦理教育中的运用几乎可以忽略不计，同时由于人工智能在高校中的应用处于萌芽阶段，规章制度尚不规范，在教学中呈现的也是无序状态。因此必须建立一个完整的以人工智能为技术依托的教育体系，推动多学科融合发展，培养专业研究人才与应用人才，形成良好的工程伦理教育生态。

高校工程伦理教育是科技人才成长、成才过程中不可或缺的一部分。大学生工程伦理教育有三大目标：培养工程伦理意识、掌握工程伦理规范、提高工程伦理决策能力。[1]在人工智能背景下，科技为人类带来了更多福祉，但两者之间的冲突也无法避免。特别是在人的主导下，人性的弱点可能会凌驾于

---

① 郭明哲，上海理工大学马克思主义学院副教授；贾玲，上海理工大学马克思主义学院硕士研究生。

伦理道德与法律规范之外，使得科技这把“双刃剑”背离原有价值。因此，增强工程科技人才的工程伦理意识，提高工程决策能力，掌握工程规范，是高校教育中永不过时的课题。

一、工程伦理教育目前存在的问题

随着智能时代的到来，人工智能技术已经破解了社会各行业的诸多难题，但在教育领域，刚刚呈现出新生之势。特别是在工程伦理教育这一体系内，专业教育者稀缺，课堂教育参与者对人工智能的应用存怀疑态度，人工智能技术甚至没有作为一种教学媒介发挥应有的作用。

（一）工程伦理教育数量与质量不佳，人工智能技术价值有待发挥

一方面，在高校工程伦理课程设置上，无论是开设本课程的高校数量还是部分高校所开设的课程数量，都远远满足不了人才培养需求。从目前高校开课情况来看，工程伦理教育尚未形成完整的授课系统，不少高校只开设了常规的政治必修课“五件套”，由思想政治理论教育者承担教授工作。但实际上，作为人工智能关键技术的机器学习是一个始于大量数据的统计学过程，其试图通过数据分析导出规则或者流程，用于解释数据或者预测未来数据[2]，因此智能技术的应用来自大量的数据基础，只有跟踪记录完整的课堂数据，才能为技术应用提供足够的背景资料和数据支持。但在工程伦理教育领域，课程数量的不足造成教育者在教育过程中和教育对象在学习过程中产生的数据并没有被完全记录在智能信息库中，智能终端也无法整理和归纳相关数据和信息，从而技术运用针对性不强，完全没有发挥出人工智能的功能。

另一方面，在工程伦理教育质量上，主要存在两个问题：一是教育主体责任不明确，二是知行不一。

根据有关调查研究显示，仅有少部分高校开展工程伦理教育课程，但也尚未形成新的完整体系。开展工程伦理教育的教师主体主要包括以下四类，即理工科专业教师、思想政治理论课教师、各院系辅导员、专业工程伦理教

师。理工科专业教师一般侧重于工程专业知识,对工程伦理教育内容往往在案例中一带而过,不会进行深入教授;思想政治理论课教师在思想道德修养与法律基础、马克思主义基本原理概论等课程中会讲授专题内容,如科研诚信与学术规范专题,但是面对全体学生,且覆盖内容广泛,针对性不强;各院系辅导员从学生的日常行为规范和思想教育入手,教育学生遵守伦理规范,缺乏专业性,且组织零碎。这三种主体之间联系松散,缺乏沟通,不成体系,因此,专业工程伦理教师的存在就十分必要了。正是由于各教育者责任不明确,教育学生的侧重点不同,所以人工智能技术在工程伦理课程中的应用不能引起相应的重视。

此外,目前各高校开展的工程伦理教育继承了我国政治教育的方法论,就是以思想教育为主,以道德伦理思想武装头脑,增强学生的道德伦理意识,提高学生的道德理论水平,而忽视了实践过程中的教育。事实上,在实践中进行教育效果会更为显著。实践不仅包括工程活动的实地进行,也包括课堂上的案例教育。有些学生经过理论教育认识到了工程伦理的重要性,但面对现实情况,仍然会选择利润和利益。一部分原因是因为在教育过程中,忽视了引导学生对实际案例加以深刻的哲学思考和现实的伦理关切。

(二)工程伦理教育者对于人工智能技术存在身份角色与应用价值的双重怀疑

人工智能技术在教育行业内的涌入让许多教育者猝不及防,特别是对于非专业的工程伦理教育者而言,习惯了信息技术的广泛应用,又要重新接受智能技术的挑战,从而对自己的身份存在产生了怀疑,对智能技术的应用价值产生了怀疑。

随着时间的推移,教育者的角色认同感会逐渐加强。但在工程伦理教育方面,教育者的身份认同感是否建立起来还存在疑问,大多数教育者仅仅认为自己是专业课教师、是思政课教师、是辅导员。人工智能技术的出现,使得本就不深的认同感更岌岌可危,教师认为自己的地位受到了挑战。在课堂上,人工智能技术可以在课前制定与实际情况相匹配的教学目标,在上课时运用图片、视频、模型等丰富教学内容，在课后为教育者批改作业，解决教育者的重复性工作，使得工程伦理教育活动更有针对性，更有效率，从而提高教学效果。在这样的对比之下，一方面，工程伦理教育者对于自己的角色转换更加无所适从，更加怀疑自己的教育者角色，从而无法和人工智能技术相互配合，相得益彰。另一方面，大多数教育者对于人工智能技术在工程伦理教育课堂上的应用价值也持有怀疑态度。依据技术接受模型理论，感知有用性和感知易用性均影响着教育用户对人工智能教育应用价值的判断。[3] 进入21世纪以来，大多数高校已陆陆续续转变成为数字化校园，为人工智能技术的引入奠定了良好的基础，但目前来看还存在三个问题：一是基础建设还需在原来的基础上增建，二是部分设备还需更新，三是需要建立新的数据系统，因此能否完全发挥智能技术的价值还有待商榷；此外，对于教师而言，目前大部分工程伦理教育者是“兼职”工程伦理教育，其本身所具有的教学能力和素质能否完全驾驭人工智能技术的应用也未可知，对于教学是否有益也需要进一步考虑。

（三）缺乏伦理教育与人工智能技术的专业专家，人工智能技术融入课堂进程缓慢

2017年，国务院印发了《新一代人工智能发展规划》，文中提出“要在中小学阶段设置人工智能相关课程，推动人工智能领域一级学科建设，把高端人才队伍建设作为人工智能发展的重中之重，完善人工智能教育体系”[4]。众所周知，教师是教育过程的执行者，决定了教育政策的执行和教育效果的好坏。一支高素质的教师队伍和一份完备的课程体系才能直接有效地作用于工程技术人才培养。从目前情况来看，无论是师资队伍还是相关课程体系，对于人工智能技术在工程伦理教育中的应用都没有达成共识和良好规划，人工智能技术融入课程进程缓慢。与此同时，由于师资力量的不足和课程体系的不统一使得人工智能技术在教育中的应用缺少理论支撑与案例实践，从而应用专业人才培养难度增加。

（四）人工智能应用不规范，导致教育不规范

众所周知，人工智能运行需要以大量的数据为基础，无论是数据库的建

立、数据的收集还是数据的使用,都需要一定的原则制度来规范。但在工程伦理教育领域,缺少事实使用为依据,使得人工智能技术的缺陷在此领域也未能避免。首先,隐私泄露问题。在工程师的手中,只要拥有一台电脑,就能从数据库中快速获取无数数据片段,从而整理出用户个人信息,在工程师的眼中,用户犹如在数据库中"裸奔"。其次,数据滥用问题。实际上,大多数人工智能工具现在和将来都掌握在追求利润的公司手中,掌握在与数据亲密接触的工程师手中,并且全球联网,部分还共享共用,所以不容易管理或控制。对于数据的不规范收集和使用,造成教育者在课堂上也无法输出相关知识,只能自行探索,教育内容缺乏规范约束。最后,算法偏见问题。所谓"算法偏见"是指在看似没有恶意的程序设计中带着设计者的偏见,或者所采用的数据是带有偏见的。出现这种偏见的原因主要是因为工程师必须自己对数据进行分类、识别和汇集,全程参与算法的构造、设计、编码、模型和数据使用。这一套完整的步骤实施,都是工程师的主观选择,个人的偏见会有意或者无意地编入程序中,使之代码化。在这个过程中,工程师担任了最重要的角色,在信息的存储、运输、调取和展示中发挥了不可替代的作用。如果没有坚定的道德伦理观做支撑,那么设计程序的运行就不是完全客观的,反而带上了人的主观性的烙印。

二、高校工程伦理教育问题存在的原因

(一)工程伦理教育尚未引起足够重视

在高校中,无论是从师生自身的重视程度还是高校自身制订的人才培养方案来看,工程伦理教育都没有引起足够的重视。当前高校工程教育和思想政治理论课课程体系中,主动指向工程伦理教育的课程并不多;各高校之间缺乏沟通交流平台,缺少统一的教学设计和系统研究,因此教育效果也是参差不齐。在社会中,企业招聘多从工程技术人才的专业技术和工作能力方面加以考量,对于其思想品德素质关注不够,缺乏对人才工程伦理方面的考察。

在这样的工作要求指向下，学生也更加注重自己能力的提升，而忽略了自身的品德约束，在正式走上工作岗位以后，很有可能会因为自己的一念之差而违背道德伦理和法律规范，走上不归路。

人工智能技术在教育行业的应用尚未完全覆盖所有课程，对于不受重视的工程伦理教育来说，人工智能技术更无用武之地。在课堂教育中，只能服从所有课程的普遍性，如备课中的语音自动识别和输入、远程课堂交流、仿真实验等普遍运用的教学媒介，针对工程伦理的智能技术运用几乎还不存在，因此人工智能技术在此领域中的应用价值还有待开发。

（二）人工智能技术在教育领域的应用尚不充分，说服力较低

总体上来看，人工智能教育应用创造了新的教育生态，如使工程伦理教育资源来源更加广泛，教育者可以随时借助智能设备搜索自己所需的教学资料；教学方式更为灵活，可以借助 VR 等技术，通过理论与实践相结合的方式，革除知行不一的弊端；教学环节和流程得到了优化，如根据学生的需求和环境变化，控制课程时间。同时在教学过程中，人工智能为智慧教育提供了技术支撑，智能批改、基于案例的推理等新兴的机器学习为教育注入了新鲜的血液。机器阅卷减轻了教师的负担，教师能够腾出更多的时间和精力关注学生互动、教学设计、专业发展和教育质量。[5]但尽管拥有全新的教学思维、先进的教学理念和全面的技术支撑，人工智能教育活动仍然是不成熟的，在教育中取得的成果大部分都集中为某一特殊课程，如电子信息技术，并且只是个案的成功，目前在通用性方面还未取得突破性进展，无法广泛应用，遑论在工程伦理教育课堂上的专业应用了。

（三）课程体系不完善，不能推动人才流入

改革开放以来，我国经济飞速发展，促使高校培养工程人才也是以技术课程或经济课程为主。但随着时间推移，工程伦理失范事件层出不穷，这种培养模式的弊端也逐渐显露，社会更要求全面发展的工程技术人才。因此工程伦理学课程应运而生，如清华大学的生态伦理学课程，西南交通大学和福州大学的工程伦理学课程。且不论开设课程的质量高低，在全国范围内，开

设类似课程的也是少之又少。大部分开设了工程伦理学课程的高校，虽有这门课程的存在，但缺乏相应的制度保障，也没有从教育决策上探讨本课程的运作机制和具体实施方法，从而导致了教育内容和方式不够创新，[6]教学效果不佳。这种不完善的人才培养制度也导致了无法培养人才、吸引人才，后继人才不足，兼有"工程技术"与"伦理教育"的教育工作者十分缺乏等问题，最终形成了恶性循环。

三、解决高校工程伦理教育问题的措施

人工智能技术的普遍应用已是不可阻挡的时代潮流，工程伦理教育者应该摆正自己的心态，积极迎接新技术的到来；相关专业的学生应该主动接触人工智能技术，自觉学习工程伦理知识，培养工程伦理意识；在政府与高校的顶层设计方面，应该建立完善相关制度，推进多学科交叉融合发展。

（一）推进多学科交叉融合发展

首先，人工智能是一门新兴交叉学科，要积极推进人工智能技术在工程伦理教育课堂的应用，就要广泛开展跨学科探索研究，既要推动脑科学、认知科学等学科的交叉，也要推动教育学、伦理学等学科的融合，为未来工程伦理教育的发展助力。

其次，工程伦理学也是新兴的交叉学科，是工科课程与文科课程的典型融合，既是工科专业课的内容也是文科公共课的内容。因此除了开设专业的伦理学课程外，在公共课中加入工程伦理内容，在专业课中通过案例分析等强化工程伦理教育，使得工程伦理教育渗透每个课程，潜移默化地帮助学生树立工程伦理意识。

（二）优化社会氛围，建立人机信任机制

在传统的工程伦理教育中，学生所接受的教育一般来自学校课堂，在步入社会以后，很少会接触到专业的工程伦理教育，但实际上社会环境与终身教育对于工程伦理意识的养成也十分重要，社会对人的影响不可小觑。如果

长期处于恶劣的社会伦理环境中，那么工程技术人才就会受到影响，逐渐淡忘所接受的工程伦理教育。因此，必须在全社会范围内重视起工程伦理教育，利用各种人工智能终端，普及道德伦理教育，让工程伦理教育在社会上有立足土壤；同时，重新制定行业标准，将道德素质纳入招聘制度中。

人工智能技术可以有效整合学校教育与社会教育，是实现终身教育的有力武器，因此要建立起人机信任机制。首先，由国家建立教育领域内的人工智能数据信息库，对课堂教育进行追踪记录，录入教育和学习数据，并进行总结整合和深度分析，全面了解工程技术人才的伦理意识变化情况，发现有不利现象时立即对其加以督促改正。其次，要优化教育领域内人工智能设计体系，将工程伦理标准嵌入智能活动中，建立起人机信任机制。最后，建立人工智能工程伦理教育服务系统，嵌入工程技术人才信息库，从学习者的需要出发，推送工程伦理教育资源。

（三）加强人工智能与工程伦理问题的综合研究，建立一支专业人才队伍

一方面，需要加强课堂教学研究，规范教学内容。目前我国工程伦理教育模式尚未建立，教学方法和教学大环境也没有成型，教学效果不理想，因此必须挖掘出工程伦理与人工智能融合的教育模式，形成系统的教育体系，规避人工智能的数据泄露与滥用等风险。目前我国已有部分高校开展了工程伦理课程，可以这部分高校为试点高校，建立起融合了人工智能的工程伦理智慧课堂，利用人工智能技术，引入在线课堂，尝试创新教育手段，让专业课教师和伦理学教师或两者兼有的工程伦理学教师有一个沟通合作的平台，并利用案例教学、情景模拟、课外实习等方式，增强学生参与度，在丰富学生理论知识的同时，在实践中巩固课程实效。

另一方面，要建立一支工程教育与伦理教育兼有的专业人才队伍。工程伦理和人工智能都是社会科学与自然科学相互交叉、相互融合的学科，面对的问题是综合性的、复合型的，不限于工程等社会科学，同时还包括伦理学、社会学等多种社会科学。因此，需要高校内人文社科教育者与理工科教育

者、不同类型的高校之间以及高校与企业之间，通过各种研讨会、工程合作项目、论坛等途径加强教学沟通与科研交流，保证高校内工程伦理专业人才数量多、质量高，从而以点成面，使工程伦理教育覆盖到每一位工程人才。

工程伦理教育是一项涉及面广、影响深远的复杂系统工程，对我国高等工程教育体系的完善和工程实践的发展具有不可忽视的重要作用。[7]重视工程伦理教育，就是重视我国科技事业发展的未来。

参考资料

[1]龙翔、盛国荣:《工程伦理教育的三大核心目标》,《高等工程教育研究》2011 年第 4 期。

[2]White House(2016). Preparing for the Future of Artificia lntelligence[EB/OL]. [2018—01—25]. https://obamawhite-house. archives. gov/blog/2016/05/03/preparing-future-artificial-intelligence.

[3]杨现民、张昊郭等:《教育人工智能的发展难题与突破路径》,《现代远程教育研究》2018 年第 3 期。

[4]国务院(2017a). 国务院关于印发新一代人工智能发展规划的通知[EB/OL]. [2018—01—25]. http://www. gov. cn/zhengce/content/2017—07/20/content—521. 1996. htm。

[5]罗万丽、王蕊等:《人工智能在教育领域的应用探析》,《数字教育》2018 年第 6 期。

[6]吴放:《土木工程类大学生工程伦理教育问题与对策探究》,《教育改革与发展》2018 年第 3 期。

[7]杨斌、张满等:《推动面向未来发展的中国工程伦理教育》,《清华大学教育研究》2017 年第 8 期。

14

自主打造高校正能量“网红”[①]

——新媒体时代高校思想政治教育新模式研究

随着互联网信息技术的发展，传统意义上的思想政治教育模式遭遇育人话语效力孱弱的困境，年轻一代话语体系的重构倒逼高校思想政治教育因事而化、因势而新。在此语境下，高校应善用新媒体时代特征，自主打造正能量“网红”，使网络 IP 为思想政治教育赋能，探索新时代高校思想政治教育新模式。

近年来，随着互联网产业的迅猛发展，有别于报纸、广播等传统领域的传播，网络新媒体已成为高校立德树人的重要渠道之一。根据中国互联网络信息中心发布的第 42 次《中国互联网络发展状况统计报告》，截至 2018 年 6 月，我国网民规模为 8.02 亿人，手机网民规模达 7.88 亿人。网民中以 20—29 岁年龄段占比最高，达 27.9%，而在此年龄段中，大学生为主力军。由此可见，互联网已成为高校育人新阵地，而作为互联网产物之一的“网红”也对大学生的人生观、世界观、价值观产生越来越重要的影响。

---

① 王雨亭，上海理工大学党委宣传部。

一、“网红”的发展与特征

“网红”即“网络红人”，是指在互联网媒介中，依托某事件或内容输出而走红于网络，获得网民关注的群体。“网红”现象可溯源至网络写手、资深文字工作者，如撰写《第一次亲密接触》的痞子蔡、第一代网络写手宁财神，均为初代网红的代表人物。梳理“网红”进化史，可以发现其发展遵循“七年跃迁”的规律，即以七年为一个周期，“网红”就会进化一次。[1]其核心动力是互联网技术的不断更替。如随着传播媒介的发展，网络群体的活跃阵地从门户网到社交媒体再到移动社交媒体，“网红”活跃的平台也从贴吧等网络社区到微博、微信等新媒体平台，直至目前的短视频平台。“网红”的角色也从网络写手逐渐发展为草根红人、电商模特、段子手、社会知名人士等，其特征也逐渐发生改变。目前，一般意义上可持续发展的“网红”的主要特征有：

（一）内容以原创为主，风格独树一帜

秉持个性即卖点、事件即传播的观念，早期“网红”，尤其是草根网红为代表的群体主要依靠雷人的话语、无厘头或恶搞作品、不按常理出牌的行为爆红网络，博取舆论关注。然而随着网民的逐渐成熟，这样通过“博眼球”而走红的方式最大的缺陷在于，单一的表现方式无法持续赢得网民关注，想要持续走红难以为继。因此，以原创为主，兼具独特风格与持续性的内容输出成为当下“网红”的主流生产方式。

（二）传播注重交互性，话语特征亲民通俗

在持续生产原创内容的前提下，注重传播的交互性是“网红”聚集粉丝的关键。这里的交互性除了指“网红”与粉丝的互动之外，还指利用社交媒体平台所实现的“网红”与“网红”之间、粉丝与粉丝之间的互动。[2]另外，“亲和力”是吸粉的重要条件。诙谐幽默的表达，通俗易懂的语言，使“网红”区别于传统偶像，具有了更接地气、更立体化的“人”的形象，塑造出“可接触”的魅力人格。

（三）以流量变现为目的，营销方式多样化

2016 年，“papi 酱”的走红以及其所获得的资本支持引爆了“网红经济”这一话题，尽管一直以来，基于网络生态的内容产出多以谋求实现现金收益为主要目的这一现象已屡见不鲜，但如何复制“papi 酱”的成功，通过多样化营销实现流量变现已成为当前“网红经济”的主要研究方向。

（四）团队协作代替单兵作战，逐渐走向产业化

与初代“网红”的单兵作战相比，当前“网红”由于与资本关系日益紧密，逐渐迈向团队协作，甚至规模化、产业化运作的方向，各地网红经纪公司逐渐涌现，享受早期粉丝红利的超级“网红”们在发展成熟之后纷纷成立公司，一方面运作自身业务，另一方面进一步打造新一代“网红”，以公司为主体谋求持续发展，可以说，“网红经济”已逐渐发展成为立体化的商业模式。

二、高校正能量“网红”应具备的特质

“网红”对大学生的影响力不言而喻，那么如何借鉴这一网络现象，提升思想政治教育的实效性？近年来，围绕习近平总书记在全国高校思想政治工作会议上强调的要“提升思想政治教育亲和力和针对性，满足学生成长发展需求和期待”这一要求，高校纷纷做出有益探索，打造了一批“网红”思政课，树立了一批“网红”教师标杆，其正能量与亲和力为高校思想政治教育的华丽转身提供了有效支撑。那么，高校正能量“网红”应具备哪些特质？

（一）具备正能量网红的基本特性

对于传统意义上的“网红”而言，支撑其持续产出内容的根本动力在于流量变现，因此，精心策划话题、重点打造事件、坚持树立形象等营销手段最终都是为了流量。为了流量，一些“网红”不惜一再突破下限“博眼球”“博关注度”，这导致“网红”一词在许多人眼中负面含义较多。何为正能量“网红”？区别于一般意义上的“网红”，正能量“网红”的基本特征在于：一是其是否以营利为目的，二是其是否能给网民提供健康乐观、积极向上的动力和情感。

高校正能量“网红”应具备正能量网红的基本特性，并在此基础上更进一步，坚持正确的思想引领，以培养担当民族复兴大任的时代新人为使命，不忘立德树人的根本任务。

（二）兼具“知识网红”的知识性

随着互联网向深水区发展，受众分层化趋势显现，用户对于“内容”和“知识”的付费意愿与消费观念也在发生变化，对优质内容的渴求及满足精神成长需求的内在动力让“知识网红”不断兴起。[3]高校正能量“网红”在知识性方面与“知识网红”具有共同点，他们或以别开生面、幽默风趣的方式向大众普及政治、经济、文化等方面的知识，或专精于某一领域，以垂直化、专业化的方式对某个细分领域的知识进行解读，使知识分享成为一种新时尚。

（三）借鉴传统“网红”的主动性

尽管传统“网红”的出发点与目的性与高校育人理念相悖，但其对于网络舆论场风向的敏感性和积极适应并探索掌握话语权的主动性仍值得借鉴。习近平总书记曾指出，“人在哪儿，宣传思想工作的重点就在哪儿”。在抢占网络舆论高地方面，高校正能量“网红”应思考借鉴传统“网红”，化被动为主动，以建设促进网络文化繁荣发展。

三、高校自主打造正能量“网红”的路径

要使教育产生实效，就必须采取有利于受教育者接受的形式和方法。因为受教育者不是思想和理论的吸纳容器，而是具有主观能动性、能对教育者传递的教育内容和信息进行主动认识、自主选择和积极反馈的教育主体。[4]在新媒体时代的背景下，不少高校顺势而为，自主打造正能量“网红”。

（一）围绕“知识演绎”，提升内容生产力

从“网红”类型的不断进化可以看出网民的综合素质也在不断提升。对于“95后”“00后”这些网络原住民来说，网络除了休闲娱乐的功能之外，也是其获取信息的主要渠道。网络深入大学生生活的方方面面，成了他们的生活

方式之一，大学生网民对于具备专业性、知识性的高校正能量“网红”十分欢迎。这些正能量“网红”教师均具备较强的“知识演绎”能力，其具备深厚的知识底蕴，同时又懂得如何将有意义的事情说得更有趣，并将其转化为适应新媒体时代的内容生产力。

（二）重构话语体系，增强信息传播力

随着互联网平台向纵深发展，网民根据自己的兴趣爱好和关注点，逐渐发展出各式各样的小群体，由此带来“圈层化”现象，以短视频为例，“鬼畜”“吃播”“美妆博主”等均为网络圈层化的产物。网络圈层化的发展使得网民之间的联系更加紧密，但随着交流的逐步加深，产生只有本圈层内的人才明白的网言网语，话语体系的不同使得传统思政教育止步于圈层壁垒之外。因此，一个具有生命力的话语体系必须通过适度的开放才能达到内容的增量更新和体系的完善发展。[5]思政工作者能否重构话语体系，关系着高校思想政治教育能否突破圈层壁垒，关系着思政工作者能否有效传递价值引领与思想引导的意涵。重构话语体系的前提是走进网络、熟悉网络，感知青年学生输出思想的内在逻辑，体会他们表达自己的情感需求。在利用网络与大学生交流的过程中，用趣味化、人性化的表达，讲学生乐于接受的语言，说学生容易懂得的道理。

（三）打造“网红”IP，培育意见领袖

自主打造正能量“网红”IP 对维护网络安全，抢占网络意识形态高地具有重要的意义，目前，已有部分高校师生通过自主探索活跃于网络空间。与此同时，高校也要在平台建设、机制鼓励等方面做足思考，可通过网络评论大赛、网络文化节等活动，发掘校内有影响力、有潜力的师生个人自媒体账号，并加以培育，变“堵”为“疏”，以“建”促“管”，使师生个人自媒体这个最大变量成为网络文化建设的最大增量。

参考资料

[1]腾讯研究院:《papi 酱何以拍出 2 200 万》,《2016 网红元年深度解读报告》,2016 年 4

月 22 日，https://www.tisi.org/4583。

[2]王学俭、冯瑞芝:《“网红”现象对高校思想政治理论课的启示》,《党建与思想教育》2017 年第 3 期。

[3]吕婷婷、王文杰、丁三青:《“知识网红”模式对高校网络思想政治教育的启示》,《煤炭高等教育》2018 年第 11 期。

[4]陈万柏、张耀灿:《思想政治教育学原理》,高等教育出版社 2016 年版。

[5]肖薇薇、陈文海:《社会主义核心价值观青年认同的话语赋能》,《中国青年社会科学》2016 年第 1 期。

15

从挑战到优势：上海理工大学“科学与工程伦理”直播课教学实践探索[①]

随着科学、技术、工程的发展，人类社会对自然世界的改造需要发挥它的正面作用，正视并抑制它的负面影响，这就需要发挥道德的作用，让科学、技术和工程渗透道德的元素。作为以理工科为特色和见长的高校，上海理工大学2020年春季学期开设了一门新课程“科学与工程伦理”，力求将这样一门跨学科的必修课，作为学校推进工程德育的理论基础与实践特色。上海理工大学马克思主义学院刘科教授和陈东利博士首先开设了这门课程，本文旨在为新时代高校工程德育教学实践探索提供一些经验。

上海理工大学传承发展“信义勤爱、思学志远”校训，以校训涵养社会主义核心价值观，培养具有学识抱负的合格公民；以立德树人为根本，目标在于培养厚基础、强实践的工程型、创新性、国际化高素质人才。随着科学、技术、工程的发展，人类社会对自然世界的改造需要发挥它的正面作用，正视并抑

① 陈东利，上海理工大学马克思主义学院讲师、博士；刘科，上海理工大学马克思主义学院教授。

制它的负面影响，这就需要发挥道德的作用，让科学、技术和工程渗透道德的元素。作为以理工科为特色和见长的高校，上海理工大学是教育部“卓越工程师教育培养计划高校”，2020 年春季学期，马克思主义学院刘科教授和陈东利博士开设了一门新课程——“科学与工程伦理”，力求将这样一门跨学科的必修课，作为学校推进工程德育的理论基础与实践特色，本文旨在为新时代高校工程德育教学实践探索提供一些经验。

一、科学伦理与学术道德教育的价值与意义

科学界并不是一个纯而又纯的圣地，科学活动并不是与伦理道德无关，科学的良性发展需要伦理引导，学术研究需要道德规范。科学是探索未知世界的活动。要避免科学探索产生消极后果，必须发挥科学伦理的作用，增强科学工作者的社会责任感和伦理观念。关心怎样组织人的劳动和产品分配这样一些尚未解决的重大问题，用以保证人们科学思想的成果会造福于人类，而不至于成为祸害。（引自 1931 年爱因斯坦对加州理工学院学生的讲话）

科学伦理与学术道德教育，是大学开展通识教育的重要组成部分，是科学工作者的基本思想素养。很多科学家的高尚人格和道德情操，是人类精神文明的宝贵财富。倡导科学伦理，弘扬学术道德，是现在和未来的科学工作者的共同责任。要最大限度地发挥作为科学家的影响力，用最有益于人类的方法促进科学的发展，防止对科学的错误利用。当代科学技术与工程实践就是“提倡一种能够保证地球的可持续再生能力、维持和促进人类福祉的生活方式”[1]。

科学与工程伦理教育可引导未来科学家与工程师把伦理作为重要因素融入工程实践中去，使工程不仅追求“真”，还要向“善”的方向发展。

当前中国拥有世界上最大规模的高等工程教育，每年培养的工科类工程技术人才数量国际领先，但是不少高等工科院校在对未来工程师的正确、全

面的工程观与工程文化的塑造方面仍是“短板”。对于中国未来工程师来说，在秉承历史传承的原则下，必须要对生态环境、公众健康、安全和人文等社会影响有足够的认识，具有高度的社会责任感，正确的价值观、利益观和强烈的伦理道德意识，尤其是对专业工作进行道德价值判断的能力。

我国已成为全球仅次于美国的第二大经济体，但前期经济的增长是以高能耗、高污染、低技术和劳动力密集得来的。我国是人才大国和人才培养大国，但与此同时又是人才流失大国。我国高等教育投入最大的无疑是清华和北大，而高科技专业的毕业生，大多数去了美国，有数据统计清华大学 80%、北京大学 76%的高科技人才流失到了美国。美国 Science 杂志将清华和北大称作“最肥沃的美国博士培养基地”，这不得不说是一种可悲。在目前各种高新技术得到不断发展的前提之下，相关的法律法规甚至伦理道德方面的研究都没有得到相应的发展，同时存在许多漏洞，这也是今后我们在科技的发展中不断要注意的问题。所以要培养国家需要的高素质、高层次、高科技的高端人才，在拥有较高的科学文化素养和丰富的知识储备之外，首先要培养学生具备较高的社会责任感，心系家国社会，胸怀人民大众；其次要培养学生具备良好的道德素养，坚守道德底线，在伦理道德的框架约束下进行科学技术与工程的研究与实践。

二、“科学与工程伦理”课程教学方式初步探索

“科学与工程伦理”是我校在 2020 年春季学期开设的通识—综合素养类课程中的一门新的必修课，它隶属于“科学探索与持续发展”版块，是我校围绕“工程型、创新性、国际化”人才培养定位不断优化的课程体系，辅助在新工科背景下我国工程教育认证而展开的本科生工程德育的一项特色环节。我校马克思主义学院承担这门课程的教学，由思修教研室中研究方向为应用伦理学及工程伦理学的刘科教授、陈东利博士组建新课程的教学团队。选课之初早已有不少同学好奇地问这是一门什么课？恰逢全民“战疫”的特殊时期，

宅家的同学们又纷纷议论这门课会怎么上？面对新课程、新形式、新情况的多重挑战，如何打响工程伦理学教学的第一枪？为了让充满好奇心和求知欲的同学得到工程伦理学的专业系统学习，刘科教授和陈东利博士通过创新课程设计、团队在线直播、信息技术投屏互动，把这一挑战变成了机遇和优势，让“科学与工程伦理”的课程现场成为信息技术与伦理学交融的硬核展示区。

因为是首度开设本课程，两位老师在寒假期间做了大量的准备工作，多次讨论打磨，并在超星平台搭建好了完整的教学框架。前两次授课还没有使用教室的多媒体智能直播平台，以录播为主。在上课前，精心分配了课程教学的时间，确保学生全过程在线。第一节课下来，学生们纷纷点赞，总结如下：首先，干货满满。老师充分利用国家精品课程视频、个人讲授重点难点、辅之以文章和视频配合教学，多管齐下，从工程伦理的界定及伦理学的基本概念谈起，用案例分析的方式探讨工程伦理教育意义，重点讲解工程伦理的必要性和分析框架。内容充分，三节课下来，学生收获满满。其次，趣味多多。老师从学生喜欢的热门科幻电影谈起，进行“人工智能能否超越人类”“科技奴役人类还是人类奴役科技”的讨论，设置了“黄禹锡案例”在线自测，不仅有助于学生更好地理解科学伦理和学术道德，更是极大地激发了大家的参与热情和对这门课的兴趣。再次，反思性强。第一节课上，老师就抛出了人工智能、大数据、区块链、基因工程、纳米技术等前沿术语，以及这次“新冠肺炎”疫情带给大家的思考。这门课关注的不仅是单纯的科学技术理论，还引导大家思考这些科学技术会带给人类和社会哪些风险或不公，以及如何避免这些问题，启发学生树立高度的社会责任感和伦理意识。

调整为学校多功能智慧直播教室上课之后，为使同学们在家就能收获更好的课堂体验，刘科、陈东利两位老师教学团队设计了一套“双人教学”的在线直播脚本，用一周时间筹划一堂课的能量密度，精心打造了科普版的“脱口秀加综艺”“科学与工程伦理”课程，开拓了以“谈话节目”为主导，诙谐、幽默、质疑、反思为特色的“互联网＋课堂”升级模式，将抢答、问卷、辩论等环节通过师生现场连线接入直播间，活泼热闹的形式让学生大呼过瘾。

三、“科学与工程伦理”课程教学实践经验总结

（一）团队教学量体裁衣，枯燥教案变剧本

刘科、陈东利两位教师一方面致力于自身的道德哲学和应用伦理学的研究，另一方面一直保持同其他学院教师频繁的跨学科交流。陈东利博士曾开设“应用伦理学”课程，积累了较丰富的技术伦理的教学经验，刘科教授也在同其他学院教师合作开展区块链和纳米材料的伦理问题研究。就开课背景而言，科技伦理的课程曾经陆续在国内 20 多所高校开设，由清华大学、大连理工大学、东北大学等 8 校组成的科技伦理研究联盟在共同推进工程伦理课程的建设。但据中国科协 2017 年的一项调研结果显示，工程伦理课在高校的开设并不普遍，我国理工科学生在更普遍的学术道德和工程技术等常规技术方面伦理意识的缺失比较突出，将近 50％的理工科学生对技术活动中的伦理要素缺乏足够思考。这也是很多同学一开始对这门课不了解的原因。因此，我校的“科学与工程伦理”课程在借鉴 8 校联盟的课程建设经验基础上，有针对性地根据上海理工大学的专业特色向同学们讲授技术设计活动中的伦理要素和基本道德 。目前随着“新工科”背景下创新品德教育的需求不断强化，同时作为科技伦理审查不可或缺的基础，高校开设工程伦理类课程也越来越受到关注。

在正式授课前，为使学生更早更快地理解这门课的独特性，授课团队第一时间将教师个人的课程空间在超星平台上合并，让彼此的学生共享教学音频、视频和国内外参考文献。学生从预习阶段就已经在平台上了解到“科学与工程伦理”这门课的总体图景和发展历程。

备课阶段精炼主题、紧抓特色。工程伦理涉及较多伦理制度和政策，内容枯燥，学生不易接受，团队就将教案制作的过程全部转变为台词和脚本的编排，琢磨因主题不同而产生的话语风格转变，甚至细化到教师站位和肢体语言的衔接。工程伦理的讲述分为高新技术和常规技术两大部分。团队在

高新技术部分主要侧重于话语风格的未来感、学术性，甚至加入了认知哲学的头脑实验，比如人的社会行为动机被大脑的下视丘外核影响，从而在“相互比较”中获得虚荣满足，这也是“奢侈品和特权”格外容易让人心醉的原因，然而纳米技术可以刺激大脑的下视丘外核，建立双赢和多赢模式让人重获满足感，那么这种技术的道德风险何在？而常规技术部分则偏重日常生活段子，突出设计、质量、安全等技术伦理的问题意识，团队在设计中加入小品、表演等方式再现工程活动主体的道德困境。刘科教授负责思路阐释、内容设计、文稿撰写，陈东利博士负责资料编辑、视频整理、网络技术指导。两位教师在每次开播之间都提前进行多番试讲和演练，最终敲定对话内容和分工形式，将教学内容所涵盖的集成电路、人工智能、生物医药领域中针对行业道德标准、从业者的职业操守的种种讨论转化为一期又一期的节目，引导学生从一般性道德直觉逐步上升为工程伦理的专业思考。

（二）谈话节目碰撞思想，情景教学再现生活

课程直播通过在线面对面拉近了师生之间的距离，教师团队也在学生们的一片在线叫好声中越来越有干劲。很多同学反馈，看自己的老师在线直播感觉比观看网络精品课更吸引人。尤其是两位教师同时出现在讲台上，她们在现场的思想火花的碰撞，让同学们既觉得新鲜特别又倍感亲切。两位教师把课堂变成了电视台直播间，互为主讲和嘉宾一唱一和，事先设计好的辩论和反驳让课堂教学饱满流畅，而网上观战的同学则更是看得起劲。三节课下来课程的重点难点，比如“柏格森的创造进化论何以阐释工程伦理的必要性”“怎么看功利主义道德原则与英国疫情中那些令人费解的神操作”“如何读懂高新技术中的克林格里格困境”等命题都通过主讲和嘉宾的默契合作，让同学们恍然大悟。除了谈话节目的设置，两位教师还运用小品形式来模拟案例场景。在直播教室中，两位教师为呈现工程活动中的道德困境模拟了一个工程监理人面临着商家销售代表利益诱惑的场景。陈东利博士秒变陈监理，刘科教授扮演产品供应商百般给出利好，连番轰炸之下“如果你是陈监理，是否会动心接受贿赂”同学们在饶有兴致地欣赏小品的同时，展开了场内连线和

现场投屏辩论。

（三）手机投屏高大上，智慧教室神助攻

应两位教师的要求，教务处贴心地配给了一间互动型多功能智慧教室。如果没有全新技术嵌入的直播教室和多功能投屏设备，上述教学设计与师生互动的热烈氛围是完全不敢想象的。两位教师用手机把各自班级的群聊界面投在“智慧”教室的两个分屏幕上，两队的立场和观点会通过手机投屏从分屏幕再切换到主屏幕上，同学可以看到全程战况。运用直播教室的三面屏幕，两位教师既可以比较两个阵营的问卷结果，也可以发起讨论让现场“舌战”成为可能。两块分屏两个 PK 阵营，一时间隔空对战，气氛紧张热烈。

技术的运用旨在强化思辨的过程，在讨论主题中针对“中国是否有必要因疫情向世界道歉”“英国群体免疫策略应该牺牲年轻人还是老年人”“贿赂的道德量表应该侧重于程序还是侧重于决断者”等问题，两个班的同学都表现出极大的兴趣，在超星平台上积极发言。两位教师掀起的头脑风暴就此展开，针对同学们在讨论和互动过程中暴露出的问题，她们用“苏格拉底提问法”一边探讨一边让学生自己发现漏洞，尝试解析和纠正。智慧教室作为嵌入师生生活的新技术，在疫情期间无声地改变了传统的授课方式，以新鲜高效的客观条件激发了作为传授方和接收方的师生的主观能动性，也恰恰成就了“科学与工程伦理”这门课中可称为现象级的一个教学案例。

（四）亦庄亦谐，学思相长，认同引导，价值为王

“科学与工程伦理”这门课程尤其强调了有中国特色的工程德育理念，注重对学生进行国家制度的认同教育和理性爱国的价值引导。无论是从现场讨论争辩的效果，还是从课后作业的完成度来看，价值引导的最终目的在教学创新的过程中是收获喜人的。比如，刘科教授从公共卫生伦理的角度客观分析了英德两国的群体免疫法、美国的特朗普对待疫情的变脸记、意大利作坊式口罩制作现场等西方各国在抗疫措施上的成败，让同学们充分体会到中国的制度优势和大国担当。同学们在课堂发言中由衷地表达了自己对社会责任感的理解。

再比如，陈东利博士在直播中向同学们展示了常规技术的设计和安全的伦理问题，以超市投币车的设计、汽车减速带的设计为例，讲解了什么是“道德物化”以及如何运用训导技术将价值导向“写入”人工技术物中。虽然讲授中依循的是科学与工程技术的伦理向度，但是在抽象伦理观念和技术结合的过程中，特别注重将具体的社会主义核心价值观，如平等、公正和法治引入科技发展中，强调它们在当前技术进步中的重要性。两位教师的教学过程基本按照工程伦理概念和理论阐释，列举案例并发起争论，现场指出问题对症下药这三个版块进行，然而这三个版块都有效地设计了对中国特色和核心价值观的思考和融入。它将同学们从习得工程伦理知识的层面推进到知识寓于现实的二重反思，不仅实现了课程中“学”的环节落地，而且也将“思”的活动无形中放大，“学思相长”在学生中间变得更加活跃。

总体上，从贯彻和普及工程德育的效果来看，此次“科学与工程伦理”课程的在线直播让学生们清晰地了解到课程的主旨，调动起学生要求解答科学技术背后的伦理问题的刚需，推动这门新课在全校本科生中深入人心。就教学任务的执行度而言，这门课程实现了从单兵作战到团队教学的创新，同时在直播和录播中贯穿起问卷、讨论、抢答、课后作业的网课闭环，将疫情期间保证教学质量的挑战逐步落实为运用网络技术强化“三全育人”的后发优势。由此，抗疫期间直播教学的实践，既促成了团队中教师个体的自我能力提升，也为本科生教学改革以及工程德育的路径创新带来更多机遇和启发。

参考资料

[1]Lloyd, D, &Wallace, J, 2004, “Imaging the future of science education: The case for making futures studies explicit in student learning”, *Studies in Science Education*.

16

新文科视域下工科人才伦理素养的课程培育体系探讨①

"新文科"是在"六卓越一拔尖"计划 2.0 启动过程中逐渐走进高校视野的,新时代育人模式为工科人才的伦理素养培养提出了新的要求。从"新文科"视角探讨并设计工科人才的伦理素养的课程培育模式是大德育体系的一部分。但相对于高校思政教育的研究而言,具体针对工科人才培育模式的创新研究尚为数不多,尤其是面对近年来新一轮科技革命与产业变革的突破,工科人才培育的方式方法研究亟须与高科技人才的创新驱动相匹配。工程人才培育在课程体系建设中既强调培育目标与新科技的精准对接,又突出了科技与人文融合过程中的价值引导策略。这里以人工智能中的"深伪"技术为例,详细阐发了技术伦理在思考维度与教学步骤层层深入的对应性。最终通过论证价值引导在工程德育体系中的权重,清晰呈现工程德育课程建立模式模型、确立主题分类的逻辑依据,从而在教学实践的路径上丰富了工程德育的内涵与核心精神。

---

① 刘科,上海理工大学马克思主义学院教授;魏丽媛,上海理工大学马克思主义学院硕士研究生。

一、新文科提出的时代需求与新的问题意识

关于新文科，这里有一个“六卓越一拔尖”计划2.0启动，要全面推进新工科、新医科、新农科和新文科的建设，提高高校服务经济社会发展的能力。其中，新文科被认为是发展社会主义先进文化的重要载体，要推动哲学社会科学与新科技革命交叉融合。但在这四个“新”中，它被讨论得并不多。那么，新文科到底“新”在哪里？新文科的突出特征，即新导向、新融合、新培养。

新文科运用的是跨界思维，使用“文文互鉴”“文理交叉”“文工融合”的思维方法解决问题。但从传统观念来看，这种思维方式还很可能被扣上“不务正业”的帽子。事实上，我们的工作，鼓励各院系打破传统的课程设置方式、人才培养模式和团队构建体系，为新文科开辟新的实验区；或者干脆在学校层面建设新文科中心、新文科学院等创新管理机构，让新文科团队能够“不拘一格降人才”，实现跨界组合，设计出更能适应当下和未来社会发展需要的课程。更加强调实践问题导向。多学科交叉和跨学科融合，不仅打破了近代学科划分形成的学术结构壁垒，而且有利于填补单一学科微观研究领域的空白，更有利于释放人文社会科学研究活力，促进人文社会科学知识在更高和更深层次上的重组，在整体上推动知识创新。

新文科更加强调跨学科融合。我们广泛地提倡融合，但就是在真正要融合的时候往往不尽如人意。长时间地围绕着一个问题在理论上绕来绕去，笔者认为高校需要在新文科建设中首先改变一种思维方式，比如工程伦理就是从伦理学理论的高度落到一个形而下的具体问题中，从而试图解释这个具体问题。事实上，新文科是一种真正回归人文本性的提法，就是对任何实践应用中的事物所产生的出来的问题给予解释。知识的生产和创新都是源于实践。新文科建设要面向中国在治国理政、经济建设、生态文明等领域的创新实践，以及在实践中遇到的新问题，以新方法、新理论、新思想有效地去解决这些问题，在总结中国经验、阐释中国理念、贡献中国智慧的同时，引领人文

社会科学知识体系的创新发展。由此可见,新文科的提法恰恰改变了传统文科高高在上的观念,相反,今天更提倡一种以新文科的方式理解工程伦理,就是尊重和依托工科主体的学科规律,从其技术革新和社会实践中产生的伦理问题才是工程伦理在以新文科视角下的学科站位。

新文科更加强调实践培养人才。过去的哲学社会科学基本都是通过学科的知识体系来培养人才,所培养的人才不了解鲜活的社会实践,更无法在生动的社会实践中总结和创新理论。新文科的人才培养应以社会实践为核心,将社会实践与理论教学结合起来,在实践中学习理论,利用理论解释指导实践。

传统意义上的文科,主要是人文科学和社会科学的简称。旧文科的病症,主要是“过度西化”和“过度量化”。文科中很多学科的基本概念都来自西方。必须承认,中国哲学、社会学、政治学、经济学、管理学和传播学等文科研究对西方学术有一定的依赖性。如果学者从理论、方法到思维表达都是西方的,参考文献也全是西方的,那也值得反思和忧虑。推出新文科应该不仅仅局限在西方价值和思维的视角下,也不是东方的,而是世界的。目前提出新文科的意图,乃是直接对标中国的工业发展,产生配套的创新思维,以及具有中国特色的文化标识,从而站在文化强国的高度看待今天新形势下的科技创新和百年变局。

在这个时间提出新文科的意义:中国一直主张世界多极化、文化多样化、人类命运一体化和全球整体化。新文科的提出恰是我们对于人类命运共同体思考的思维的重组;是世界历史发展到今天,一种非西方视角的回望。

二、为什么是新文科视角

我们强调新文科视角并不是把它同工科对立起来,也不是认为文科比工科更具优势,而是想说明在工程伦理素质的培育过程中,文科的视角在解决问题时职能和角色有所不同。

其一,新文科能够提供价值参照系。人文教育本身的功能提供价值,而不是要试图统摄全部科学领域,但提供价值这是工科的自身本质不能取代的。作为技术的研究学科本身无法内在具有人文价值,而是需要人的主体性赋予的,比如大数据的广泛应用是生活中的技术常态,但是它在现实应用中也有一些致命痛点,就是对相关性和逻辑因果的无法证成,也就是说这一技术必须在技术之外寻求价值和终极目的,因而在涉及技术和人的问题上只能诉诸人的主体性。笔者是这样解释价值引领的内涵的。

其二,我们需要重新思考新文科同工科的关系并寻求主动占位。的确从研究和实践的对象来说,需要在实现美好生活的目的之下完成对新文科的理解。为什么仅仅有科学技术的发展不足以实现美好生活,在现实生活和科技活动中,我们试图实现的是一些具体的目标筹划,但这些具体的目标并不能被化约为"美好生活"或快乐这样一种满足。工程技术能够表达一种单一量化指标的加总和结果,但是人参与的工程活动并不仅仅是个人利益的满足,乃至他人利益的满足,这其中包含着种种筹划和追求是难以被分配和计算的。人不仅关系工程技术活动的具体成就和加总成就,而且在其中还有使生活充满意义的其他更多样化的价值。这里的关键问题并不是,"你是否同意工科思维的答案",而是"你是否真的接受工科思维看待问题的唯一方式"这是新文科视野给笔者提出的根本启发。

探索领跑全球工程教育,2018 年教育部印发了新工科研究与实践项目的通知。对主动应对新一轮科技革命与产业变革,支撑服务创新驱动发展,"中国制造 2025"等一系列国家战略,自 2017 年以来就不断推进新工科建设,并连续下发通知,探索领跑全球工程教育的中国模式和中国经验。政府工作报告指出要加快制造强国、创新型国家建设,来一场中国制造的品质革命,在这一过程中新工科的建设意义尤为凸显。

从教育的角度来说,推行新工科的口号叫响了,但是下一步怎么走,如何解决难点问题。具体在于教材建设、教师素质、体系融合、基地建设,把这些问题解决好,中国工科教育前景非常广阔。当前的一个显著问题是,产业技术提升快，产业应用技术发展，但是教材落后于技术，学校培养的知识落后于产业发展，因此有必要通过新工科教育构建工科创新人才培养平台，加强校企紧密联系。随着第四次工业革命的推进，产业变革速度快，新工科建设尤为需要加强与企业的合作。

三、当代工科人才培养中伦理教育如何与新技术对接

（一）技术革命与技术反思的伦理进化

工程人才的伦理素养培育要尊重技术变革的自身规律。工程伦理以及工程人才伦理素养的培育并不是个静止的方案，而是根据不同时代不同技术革命对世界的影响，以及对每个技术革命所产生的问题采取有针对性的伦理培育。

对技术的反思正如一场场的伦理进化，在工程技术经历的四次革命以来，人类已经进入了人工智能的第五次技术革命。在人工智能技术改变我们的思维方式的同时，基因工程、网络技术、环境危机和气候变化都加速了人类伦理进化的必要习惯。在这个时代所提出的工程伦理德育则基于人工智能技术在社会生活中的广泛应用。

自1950年计算机与人工智能之父图灵提出图灵测试以来，关于人工智能的研究就一刻也没有停歇，1956年美国召开的“达特茅斯专题研讨会”(Dartmouth Conference)更是对人工智能的研究做了实质性的推进。回顾从图灵测试以来的半个多世纪，关于人工智能的研究历经了萌芽期、启动期、消沉期、突破期、发展期、高速发展期等多个阶段，尤其是2016年随着“阿尔法狗”的问世，人类对人工智能的关注空前高涨，大家在叹服人工智能给我们带来的诸多惊喜的同时，也为人工智能对人类隐私、生命乃至公平正义造成了巨大威胁和全面挑战颇为担忧，为化解技术风险，迎接挑战，工程师需要勇于担责，[1]谋求人机和谐共存之道，最终实现工程造福人类的良好目标。

（二）工程伦理的课程设计面临理论与课程对接的问题

科技哲学与工程伦理学为我们提供了剖解技术的伦理支撑，但是这些理

论支撑如何有效对应工程伦理的课程设计，应该如何思考。笔者的策略是以理论多级反思带动学生伦理意识的逐层认知，通过分析式演进使理论与学生在工程技术上的道德责任和道德创造力一一对应。笔者之所以采取这样的做法，就在于普遍而言的伦理知识，包括道德责任、工程师的义务，以及工程设计中对生态保护的责任，这些都可以泛泛而言。但重要的是需要进一步培养这些未来工程师的人文反思习惯和在工程活动中进行正确选择的惯性和实践智慧，这种正确选择的习惯依赖于工程技术人才对一项技术的伦理认知，但是目前在课程设计中人们往往忽视了进一步观察工程技术在哪些方面或者何种意义上对人很重要，以及这种重要性同工程人才伦理素养要达成的阶段性目标如何对接的问题，这方面的关联始终处于不明确的状态中。

（三）以人工智能为例的分析思路

当然笔者可以借鉴工程伦理近年来的政策进展，相关国家、部门、企业甚至个人都提出了新兴科技产品研发的道德准则，比如在人工智能技术上，韩国政府拟订《机器人道德宪章》、美国信息技术产业委员会（ITI）颁布《人工智能政策原则》、美国电气电子工程师学会（IEEE）发布第二版《人工智能设计的伦理准则》、欧盟出台史上最严的《通用数据保护条例》，等等。

为回应智能时代对人类生命的威胁，履行关爱生命的伦理责任，工程师应该做到：了解和反思智能技术本身的特性和潜在风险，有责任向公众解释和通报其中潜藏的不确定性，这是对人工智能技术进行前瞻性的伦理预测和评估。对智能产品开展道德代码和伦理嵌入研究，使机器"算法"遵循"善法"，但更重要的是技术系统和人的社会生活系统的交互作用，其目的是在主动性层面将人主导机器的关系落实在实践中。

如何得出上述要求的？因为起初技术伦理就源于人们对技术的恐惧和担忧，所以才有半个世纪之前阿西莫夫的机器人三大定律。并且人工智能相对于其他技术而言，是一种更具自动化和主动性的技术，且它不是单一技术，而是今天这个时代的技术体系的核心，换言之，它是技术革命的关键使能技术（enabling technology）。也就是在操作中，人工智能技术的落地，是以大数据技术的成熟为基础（目前强烈依赖核心算法的数据驱动），从而能够结合所有可能的领域，比如无人驾驶、自动控制和遥感、机械制造的结合，以及和医疗技术、人机结合的穿戴技术。进而言之，即使人工智能如此强烈依赖算法，但从人的美好生活的终极愿望出发，笔者必须承认工程伦理所要做的工作更要侧重技术系统与人的社会生活系统的交互。因为，“道德”算法需要将实践交互的效果作为价值依据，同时也需要获得社会生活系统中伦理规范的价值引领。否则，我们将在未来的技术世界中丧失人机关系的主动权。

既然得出上述要求，我们要在怎样的理论阐释中将上述要求嵌入工程人才伦理素质的培养模式呢？笔者认为主要以技术为主体，在对技术问题进行描述的过程中逐一揭示问题。

以“深伪”（Deep Fake）为例，所谓“AI 换脸术”，是基于人工智能的人体图像合成技术，生成的假脸（通称 Deep Fake）。笔者认为可能需要做到三层反思，且这三层反思能够有效地同学生接受的伦理价值一一对应。

第一层反思，人脸就像指纹一样是一个人的重要身份认同的标志，一旦这些数据被恶意利用，对个人和社会都会造成极大破坏。在社会影响上，某些重大政治场合，以假乱真的新闻对于民众的误导，带来的负面影响更是不可估量的。2018 年 5 月，美国总统特朗普宣布中止全球气候变化协议，随后被比利时某政党利用 Deep Fake 篡改，做了一个“特朗普宣告比利时政府也应退出”的假视频，引起比利时民众的公愤。可以想象，如果类似的假视频被用在投票、骚乱、战乱误导民众，煽风点火，后果可能是灾难性的。众所周知，由此技术涉及的个人隐私必须得到保护，那么技术设计和技术操作人员则应该始终具有保证隐私不外泄或者控制人脸识别的信息使用权限的道德责任，也就是要强调工程师应该严肃关注人的财产安全、名誉安全等这一道德底线。

第二层反思，尽管我们讨论一项技术的伦理问题其初衷源于对它的风险的恐慌，但也不能忽视该项技术被人们热捧的社会原因，也就是这项技术对人们需求的某种满足，而不是一味地从负面来思考影响和对策。从安全认证来说，人脸识别运用于生物特征认证技术已经从研究阶段进入应用阶段，的确出于更加安全、快捷和方便地考虑。当用户需要访问系统时，首先需要将自己的生物特征信息通过系统的验证，从而获得访问系统的权限。计算机网络身份认证系统需要联机实现生物特征信息的搜索与处理，可以快速方便实时地获得认证。从娱乐应用而言，如果说国外的 Deep Fake 和国内 zao 的手机应用通过人脸识别这项技术获得了大众娱乐的追捧，其原因定是它满足了人的某种需求。这个需求反映了人本能对自由的需求。在换脸技术出现之前，人脸是基因的自然产物，人的身份认同也限制在了一种稳定的界定下，但在换脸技术出现之后，人可以通过虚拟的画面短暂摆脱被“限制在”特定容貌的身份认同，而“自由地”出入于任何身份之间。这种技术与其说在一定程度上满足了人们对自身理想形象的重塑，对于实现其他社会身份的意淫，乃至于为了享受新鲜感的刺激等，不如说是一种对自由的无限欲望。身份认同的幻象普遍出现在我们生活中的技术——手机美颜。手机美颜通过算法重新处理了人脸作为身份认同的重要标志，重塑了虚假的美好，事实上大部分用手机拍照的人都会产生某种程度的美颜依赖，无法摆脱被算法重组后的形象认知，从技术依赖的角度反而构成了一种“自由”的丧失。前后对比的意义在于，它揭示了一种技术依赖背后的冒险，恰恰是人类试图通过技术为实现自由，反而陷入不自由的悖谬中。从这个意义上，在教学中就涉及了“自由”这个话题，工程师的职责并不是完全意义上关照自由，那是哲学家的思考，但是他们仍然有必要在技术的广泛运用和研发中，掌握基本的道德能力去反思人与科技、人与工程的关系，以及这其中发展出对人的“主体性”的道德意识。

当然，工程师对人的自由发展持有一定的道德意识是必要的，但并不是充分的，如果不是充分的，那么他们需要在何种程度上保持这种人文情怀和社会责任感呢？这虽然是很难量化的，但却是可以继续思考的。对自由的思考已经触及马克思的技术批判理论，但这并不意味批判了技术，事情就结束了。真正的问题是，科技和工程在何种层面、何种领域被批判了，应该根据它们对社会生活影响的深浅程度做出更精准的识别。比如哈贝马斯就已经为我们提出上述的建议，对技术的批判更要关注它们在社会发展过程中不同的影响力和不同的领域。而这一点在很大程度上，取决于一项技术系统与人类社会生活系统交互渗透的关系。我们根据该项指标来衡量人工智能技术和其他技术之间对人的“控制”程度，以及对人的“自由”的便利程度。这就是我们强调交互的生活实践，而不是以“算法”作为人工智能技术更根本的依托。算法与其他技术一样具有价值负载，在算法中选择什么参数、优先考虑哪些价值和利益，与设计者的道德敏感性和价值取向有非常大的关联。因此，人工智能技术的设计者更需是一个审慎的创造者和价值权衡者。从这个意义上，我们把安全、自由作为一种价值引导在具体技术应用的问题中传达给学生。

第三层反思，按照哈贝马斯的建议，对技术的批判应该分清它对社会的影响程度和不同领域的影响来分别对待。这在对科学和工程技术的反思上做到更加精准，但是判断的标准在哪里？技术产生的哪些问题要严肃对待，哪些问题不需要过度恐慌？也就是说哪些是伦理问题，哪些还算不上伦理问题？这个答案，工科本身无法给出，只有依赖于伦理学的思考。就以人脸识别技术来说，当它在个人银行和商务系统中作为生物识别身份标志起到了安全作用，我们将它同以前的传统密码输入方式同等对待，要严加防范人脸被复制和信息外泄的可能；当人脸识别技术放在 App 娱乐中，放在手机美颜程序中，尽管某种程度上人们放弃了一些自由，我们也认为这是技术带给我们的有趣体验。但随着人脸识别技术同大数据等强大运算模式贯通成为系统时，刷脸支付、人脸信息在各种领域的身份验证时，你的脸就同你的银行账户、消费水平、社交网络、体检报告、身体信息、个性取向、人际评价等所有指标挂钩，通过计算机视角技术扫脸就可以一下确认你的社会地位。Blippar 是一家融合增强现实、人工智能和计算机视觉技术的应用开发商，其旗舰产品 Blippar App 本是一款探索发现类应用，人们可 Blipp（扫描）感兴趣的对象，解锁有趣的内容。自 2011 年在英国推出以来迅速扩张，与世界上知名的品牌和媒体达成了合作，其中包括联合利华、宝洁、百事、亨氏、可口可乐、环球影业和捷豹等。用户在扫描到这些企业的产品或广告时，就能触发预置的营销策略，看到产品拓展信息、收到奖励等，国内支付宝也是如此。曾在电视剧 Black Mirror 中出现的扫脸打分程序，这种技术已成现实。只是没有用在给每个人的社会地位和阶层打分上，但是它完全可以根据你的脸部特征，在万物互联的基础上搜索到你所有的生活记录，从而得到不同打分的人在社会分工、资源分配、社会福利、能力机会等各方面就承受到不同的待遇，人们被人为操作划分出等级和阶层，这直接挑战了平等和正义的社会伦理准则，从科学技术在社会公平上产生的巨大影响而言，必须根据伦理依据来制定政策法规，限制技术应用的边界。

当然最后落实到技术上，对风险的控制也同样是技术研发的动力，在如何辨别 AI 换脸术的问题下，科学界正在应对这个问题，而主要“杀手锏”则是同样运用 AI 技术进行辨真。例如，假脸极少甚至不会眨眼，因为它们都是使用睁眼的照片进行迭代和训练的。研究人员表示，伪造视频往往忽略了“自发的、无意识的生理活动，例如呼吸、脉搏和眼球运动”。至少在目前通过人脸的眨眼频率可以识别真假的成功率达到 92%。

四、价值引导在工程伦理课程培育体系中的权重

科学与工程伦理作为一种理工科学科体系统合下的课程情境，强调在科学和工程教育中渗透和贯穿文科领域的伦理教育。我们的课程设计的培育体系从新文科的视角出发，侧重于跨学科的人文关怀如何渗透和贯彻进入工程和技术的世界。新文科的视角的优势在于：一方面能够在科学和工程中捕捉具有普遍人文关怀和公共价值诉求的问题，另一方面又能归纳特定政治、文化和社会关系的逻辑脉络，从而将工程和技术的发展创新导向具体的社会需求。1997 年，加拿大教育部颁布的全国科学教育文件中明确规定：“科学、技术、社会和环境必须成为科学教育主要驱动力，从而使学生的学习更加有针对性和有意义。”[2]科学与工程实践情境统整课程必须包括培养学生对科

学技术的社会伦理认知，而且要以认知打造德育内容的价值和信念。因为科学与工程技术的终极目的是“提倡一种能够保证地球的可持续再生能力、维持和促进人类福祉的生活方式”[3]。在我国，工程伦理教育更集中体现为工程人才的品德教育和工科的课程思政的教育模式。当前科学与工程技术的发展反映的是我国现阶段工业化和新技术革新进程中的突出矛盾，德育课程在教学内容中不仅包括对科技伦理的阐释，也应该关注我国当前工程技术发展的现状。

因而，新形势下体现中国特色的工程伦理教育，其课程体系的设计我认为应该有如下几个问题需要考虑。

(一)课程设计的定位及对标

本课程在当前科技创新与发展的具体案例中提出工程德育的新理念，我国的新工科教育有别于目前英美的工程伦理教育，它在理论建构上符合新形势下中国特色的社会发展要求的工程德育要求。作为智能时代的工程伦理既具有未来感和时代导向，也蕴含着社会主义核心价值的设计能力。工程德育的新思路，既聚集于人工智能技术、大数据技术、物联网技术的应用方法，又将工科思维的培养寓于人文德育之中，在本文中凝聚为思想政治教育结构性改革和制度性成果。工程德育的新实践，自身作为思想政治教育中层方法论的模式，工程德育设计出了科学精神教育的实践环境，在“三全育人”理念下大中小一体的全过程育人的环节，以及上述实践策略中总结的经验和制度保障。

对标上海及长三角一体化战略中的科技创新与发展。截至目前，国资委管理的1/3的央企搬迁至上海，搬迁至上海落户的央企的主要研发都涉及信息技术改变的传统行业。上海当前的定位在于打造全国的科创中心，这其中包括集成电路、人工智能和生物医药三大版块是科创中心架构的重点。尤其央企搬迁以后，再加上外资与合资企业在上海的共分公司的功能调整，各企业都纷纷把涉及研发和技术的重要人才集中在上海。基于此背景，上海高校的人才培养，尤其是对工程技术和高科技人才的培养更应对标于上海发展社会主义的国际大都市的战略目标，其关键点在于高科技发展背景下人才的人文道德素养和思想政治素质的提升，这就需要在高校人文课程中拿出有针对性的思路以引导科学技术人才的价值培养和形塑。

此外，随着科技加速对社会加速的带动，新技术的诞生及快速应用都频繁引发新的伦理冲突和各类社会思潮。无论从总目标来说，上海将在未来十年努力兴建智慧城市、智慧大脑的高端定位，还是具体目标来说，在生物医药、人工智能、工业设计等方面的深度推广，都需要我们人才培养从伦理职责，制度意识乃至法律思维等方面与科技发展同步推进，在关键的时间点拿出有效方案。因而，工科院校在德育过程中不仅要回应最新的伦理问题，并且要在此基础上推出最新的工程技术人才伦理素养认证的教学培养方案。这不仅是当前技术革新背景下人才培养的急迫需求，而且是从新时代科学家精神和诞生科技变革的未来先锋等目标来定位人才培养的。

（二）课程主题分类的逻辑依据

按照工程和技术的不同学科划分看似清晰，但实际上不现实，因为现在高新技术都是以跨学科的方式发生融合创新，很多新的伦理问题都产生在跨学科研发中，所以很难在具体某个专门学科进行专项技术的伦理教育。由此，我们认为恰当的做法正处于一种探讨当中，从某个工科学校的最强学科的特色为出发，比如上海理工大学侧重光电能动、机械、计算机技术，又比如上海电力学院侧重能源等，以工科的学科优势为主体，以伦理学的不同要素为分支在科技和工程伦理教育中进行主讲的专题分类。从而笔者的课程设计虽然在每个主题上以技术名称命名，但是贯彻不同技术的是一条明确伦理主线和核心价值观的各个要素，甚至以每个不同价值作为该项技术的侧重点，按伦理规则、伦理德性、伦理背景、伦理要素、伦理风险和建设性创想等不同版块设计课程。

（三）课程培育体系的阶段性目标和效果评估

其一，教学和评估团队的构成以两套班子相互配合的模式进行，马克思主义学院的专职教师主要提供价值观和伦理阐释，学校其他工科院系的专家提供对科学和工程技术的普及性介绍，在双方互学互助中达成共识，对评估体系进行理论完善。

其二，评估体系以学生在工程技术学习中的问题为依据，通过他们自身工程技术专业中的学习体验，在实践报告中反思具体技术可能引发的工程伦理问题，从而在实践摸索中找到工程技术行为的界限，以及培养有效的伦理意识。

其三，阶段性目标的设立和学生的反馈相结合。该课程的设立要让学生在思想上发生何种变化。这种从认知、情意到信念的过程如何把握。目前可能让学生对工程伦理的认知在模糊中达到逐渐清晰程度，在从无到有的过程中，能应对和自我解答工程技术中的伦理困境；在需要做出选择和判断的时候怀有强烈的伦理意识和家国情怀。

这种课程培育体系的最终效果将落实在两个层面：一是向学生揭示新技术、新发展背后的伦理问题，向学生阐释技术背后的哲学思考和人文价值，提出具有社会责任感的伦理回应和倡议；二是强调工程伦理课程的中国特色，弘扬科学家精神，贯彻新时代科学技术发展的道德规范，普遍提升学生对科学和工程技术的伦理认知和创新思维。

参考资料

[1]邱德胜：《智能时代工程师的伦理责任》，《光明日报》(理论版)，2018 年 9 月 3 日。

[2]Council of Ministers of Education, Canada, 1997, *Common framework of science learning outcomes*, K—12: Pan—Canadian protocol for collaboration on school curriculum.

[3]Lloyd, D, &Wallace, J, 2004, "Imaging the future of science education: The case for making futures studies explicit in student learning", *Studies in Science Education*.

17

新工科背景下研究生创新素质培养系统研究[①]

本文借鉴已有心理学、教育学研究成果，研究生创新素质结构分为创新生理、创新意识、创新心理品质、创新能力和创新知识五类要素，通过问卷调查分析当下研究生创新素质结构培养中存在的问题，从研究生教育改革、培养质量监控体系建立、导师队伍建设以及创新型校园文化打造等方面展开系统研究，为提升和培养研究生的创新素质提供切实有效的对策建议。

提高自主创新能力，建设创新型国家是我国发展战略的核心。新工科的核心要求就是培养学生的创新素质。21 世纪以来，教育部以及各高校开展了研究生教育创新计划实践，各校正在形成相应的模式，尤其是 2017 年以来，先后形成"复旦共识""天大行动"和"北京指南"新工科建设的"三部曲"，奏响了人才培养主旋律，开拓了工程教育改革新路径。

---

① 彭宗祥，上海理工大学马克思主义学院党总支书记、副教授。

一、研究生创新素质培养的必要性与迫切性

国家竞争力是一个国家拥有生存和发展的各种力量和条件的总和，其强弱不仅反映了一个国家的发展水平和解决国内问题的能力，关系到国家的兴衰成败，而且还决定了其在国际上的地位和影响，关系到对人类社会文明进步所起作用的大小。创新人才的培养是一个国家政治、经济、社会发展不可缺少的条件，离开人才的支撑，发展将失去动力。创新人才不是天生的，是高等教育的成果。高等学校及科研院所作为担负着最高学历层次研究生的培养任务，作为培养高素质创新人才实施知识传授和技术创新的基地，应责无旁贷地挑起培养具有高度创新能力的高素质人才的历史重任。研究生群体是高等学校中最为活跃的生力军，也是未来建设创新型国家的重要力量，他们的创新能力直接影响到国家整体的自主创新能力。研究生教育的质量和水平已经成为反映一个国家或地区专业技术队伍整体水平的重要因素，直接影响着一个国家或地区科技、经济与社会的发展。抓好研究生教育的质量，是培养高层次人才的关键。

然而当前的研究生教育仍然暴露出很多的问题。招生数量急剧扩大，教学过程过于强调知识的灌输，教学内容陈旧老化，教学方法过于单一，只注重教师的主导作用，抑制了研究生积极参与、主动学习、大胆创新的想法，削弱了研究生的创新精神和创新意识。与此同时，过于细致的学科专业划分，过于注重专业知识的训练，研究生所掌握的知识虽然系统、扎实，但知识面却相对较窄，一定程度上限制了创新过程中科研活动的开展，这与我国现行的教育模式和课程设置有着千丝万缕的联系。科学研究不仅仅受到导师和研究生个人因素的影响，更会受到学科专业的影响。学科专业对研究生的发展起着一定的规范作用，是进行科学研究的基础。由于受学科边界和传统专业设置的限制，加上研究生在进行科学研究时缺乏经验，容易受某一理论的约束，不利于创造性思维的形成。我国的研究生中存在的普遍问题如实践能力较

差、创新能力不足、知识面较窄等都严重影响了研究生教育的水平和质量。创新人才的培养直接向我国的研究生教育提出了明确的要求。我国研究生教育推行的是“导师负责制”，由于连续扩招导致研究生数量剧增，导师数量严重不足，造成了导师没有足够的时间和精力对所有研究生进行精心的指导。同时由于导师的个人偏好、固有观念以及研究领域的限制，习惯于按传统的、固化的思维方式去考虑和解决问题，相当一部分研究生的研究兴趣、创新思维得不到导师的认同，从而挫伤了研究生进行研究的热情，导致研究生的创新能力、科研创新无从谈起。面对如此挑战，研究生创新能力的现状却不容乐观，研究生科研创新动机不强、服从权威、缺乏冒险性等因素成为创新性成果产生的重要障碍。

可见，如何构建研究生创新素质培养系统已成为切实而紧迫的任务。

二、研究生创新素质的组成结构研究

研究生已具备一定的专业基础知识和研究方法，且是以研究、创造出新知识、新产品为主要任务的群体，其创新能力的素质结构在基本的心理特征以外，又有其特殊性。在此，本课题组借鉴已有心理学、教育学研究成果，尝试提出研究生的创新素质结构。

(一)创新素质的内涵

所谓创新素质是指在人的心理素质和社会文化素质基础上，在环境和教育的影响下形成和发展起来的，在创新实践活动中全面地、较稳固地表现出来并发挥作用的身心组织要素的总称。它包括个体的创新素质，又包括群体的创新素质。

创新素质形成的基础，主要是指人的素质结构中后天形成的心理素质和社会文化素质这两个层面，创新素质是心理素质和社会文化素质经过重新组合、归并的结果。这就意味着，作为人的心理素质和社会文化素质基础的人的先天禀赋，只能是创新素质形成的间接基础；人的先天禀赋在转化形成为创新基本素质的过程中必须经过两次以上的加工和转换。从教育的角度看，低一级的教育所形成的个体的素质都将作为高一级教育培养高级素质的基础。也就是说，在大学里开展创新教育，就是在小学和中学的基础上，对受教育者已经形成的一般素质发展水平进行再度的开掘和提高。

创新素质与人的一般素质一样，也是在环境和教育的双重影响下形成和发展起来的。在大学里，环境既包括学校管理制度、校园文化等软环境，又包括实验条件、场地、经费等硬环境；教育则特指能够影响创新基本素质形成和发展的一切教育活动和方式，尤其是指在创新实践活动中的主动性学习活动和自我教育活动。

创新素质只有通过主体在创新实践活动中进行主动性学习和自我教育，才能得以形成和提高；同时创新素质也只有在创新实践活动中才能表现出来和发挥作用，离开了创新实践活动，创新素质既无法表现，也无法测度，就失去了存在的意义。因此，创新素质与创新实践活动的关系是密不可分的。

(二)创新素质基本要素的划分

创新素质是在创新实践活动中较稳定地发挥作用的主体多种素质的总称。以前人们进行研究时，一般将其划分为智力因素和非智力因素两大类。这种划分确实简明，而且不易引起争论，但是这种划分却没有使我们搞清楚创新素质的内涵，也没能有效地指导我们进行创新素质培养的实践。因此，有必要对其重新研究。在此，我们根据各种素质在创新实践活动过程中的地位和作用，将创新素质细分为五类要素，即创新生理、创新意识、创新心理品质、创新能力和创新知识。这五大要素在创新实践活动中均有其独立的地位和功能，其作用和价值无法由其他因素替代。假如有一个要素残缺不全，都将会影响其他要素的形成和发展，影响其他要素功能和作用的发挥，最终影响创新实践活动的进行。

并且，这五大要素又是紧密相连、密不可分的，即创新素质的五大要素一般是按一定关系组合和联结起来，形成一个相互依赖、相互作用的特定结构，在创新实践活动中发挥作用。因此，结构的方式是否合理，是否具有较高的组织程度，从整体上决定了主体创新素质水平的高低。

具体来讲，创新生理是一个身体正常的大学生都具备的，是创新实践活动的物质系统，只是在性别、先天禀赋等方面不同对创新实践活动的方向和领域有一定的影响。创新意识是指主体自觉进行创新的心理倾向。根据创新意识在创新实践活动中自觉程度的高低、指导力量的大小和持续时间的长短，可以将创新意识分为创新需要、动机、兴趣、理想、信念和世界观六种表现形式。创新意识支配着人们对创新实践活动的态度和行为，规定着态度和行为的方向和强度，具有较强的选择性和能动性。创新意识是创新素质的动力系统，是其最重要的组成部分。创新心理品质是指在创新实践活动过程中，对人的心理和行为起调节作用的个性特征。从广义上讲，创新心理包括创新意识，但是因为创新意识在创新实践活动中具有特别重要的地位和意义，因此，将其单列为创新素质的一个要素。创新心理核心是指主体的情感品质和意志品质。为了能够具体把握创新实践活动所要求的情感品质和意志品质，我们可以将其具体转换为独立性、敢为性、坚韧性、自控性和合作性五个个性心理品质。创新心理品质是创新素质的调节系统，其对创新实践活动中人的心理（态度）和行为的调节作用主要是通过意志过程和情感过程来实现和完成的。心理品质对人的创新行为的调节主要表现为保证创新主体的心理安全和心理自由。创新能力是指影响创新实践活动效率，促使创新实践活动顺利进行的主体心理条件。主体的创新能力主要包括基本能力（如观察能力、注意能力、记忆能力、想象能力等）、创造性思维能力以及综合性能力（如合作组织能力、公关沟通能力、实践操作能力等），其中最核心的是创造性思维能力。创新能力与创新意识、创新心理品质不同，它并非间接作用于创新实践活动，而是直接影响和制约着创新实践活动的进行，是创新实践活动赖以启动和运转的操作系统。创新知识，是指对创新实践活动过程具有工具和手段意义的主体的知识系统及其结构。在创新实践活动中经常发生作用、直接产生效用的知识主要包括基础知识、专业知识、综合性知识和方法论知识。创新知识是创新素质结构中的工具系统。它在创新实践活动中可以直接作用于创新实践活动，但更多的是与创新能力结合在一起，以组合的方式，共同发挥作用。

衡量主体创新素质质量水平的客观标志，是创新实践活动的结果（如取得专利、发表论文、产生经济效益等）。

三、研究生创新素质现状的调查研究

问卷调查以初步探索的创新能力构成为理论框架，以某理工科高校一、二年级研究生为调查对象，发放问卷 1 800 份，回收 1 698 份，其中有效问卷 1 650 份，并对部分研究生进行了访谈调查。

基本情况呈现如下特点：

(1)在创新意识动机方面，表现为进行创新的价值导向基本正确，但创新动力不足，创新意识相对淡漠，问题意识缺乏；多数学生具有广泛创新兴趣，但不能有效利用。

调查显示，34.3%的学生认为，创新应该“具有社会实用价值，以推动社会进步为导向”，只有少数学生（约 11%）认为“一切创新均有积极价值”。学习动机表现出较为实用的态度，对物质的需求较为重视，79.5%的学生学习是“为了找到好工作”，仅有 35%的学生表现出较强的求知欲，追求在科研上的成就。有 18%的研究生经常会产生新想法，73%的学生偶尔会有新创意；在创新兴趣方面，仅有 25%的学生能够有效地确定创新兴趣。

(2)在创新思维方面，研究生在寻求便捷性方面表现相对较好，思维的流畅性和发散性方面表现不太明显，尤其是在综合思维能力方面表现尤为欠缺。

调查显示，有 31%的学生经常会“试图寻找解决问题的捷径”，仅有 13%的学生善于能够在短时间内迅速找出多种思路，思维表现出一定的流畅性和发散性；多数学生经常会受到思维定式的影响；在综合思维能力方面，仅有 17%的学生能够经常实现学科知识和解决问题途径之间的迁移，76%的学生不善于找到事物之间的关联性。在思维创新性和新颖性方面，只有18%的学生经常会有不同于他人的新创意识。

(3)创新精神方面，学生从事创新的冒险性、敢为性方面呈现一定的分化，问题意识和质疑权威的勇气相对较为缺乏。

有22%的学生具有尝试、冒险的精神，并有29%的学生会直接或间接指出老师的错误。与此同时，21% 的学生比较保守，从来“不敢尝试棘手问题”。有22%的学生从来不会质疑，表明学生的质疑能力有待提高。学生的独立性有一定体现，但服从性仍较为明显，有29.8%的学生表明“会服从导师观点”；在研究冲动和信心方面，“面对新的课题”，25%的学生“会充满信心”，具有较强的研究创新冲动。在学生的个性特征方面，35%的学生合作性较好，并愿意与他人合作，19%的学生易于疲劳，需引起关注和重视。

(4)在创新灵感或想法转化为创新实践的过程中，仅有9%的学生能够坚持实现，35%的学生从来不会付诸实践，缺乏创新实践的意志力和创新的技能方法。在现有活动中，有11%的学生参加过学术类竞赛活动(挑战杯、数学建模等)，23%的学生经常参加学术报告活动，16%的学生从来不参加学术讲座活动。这表明，现有的学术竞赛活动、学校学术报告以及导师课题研究等创新实践活动未能被大多数研究生充分利用。

(5)在调查中我们发现，自我评价调控能力是学生未能充分意识到的因素。对创新过程的自我认知和调控能力较弱，自我个性评价相对较高。在访谈中，多数学生“在方法、进度、研究可行性等方面主要按照导师的指导来做”，认为“自己把握不了”，也不会有意识地反思研究进程。

四、研究生创新素质培养系统的构建

在以上理论研究和实证调查的基础上，本文将从研究生教育课程改革、培养质量监控体系建立、导师队伍建设以及创新型校园文化打造等方面展开系统研究，为提升和培养研究生的创新素质提供切实有效的对策建议。

(一)推进研究生教育课程改革

根据现代课程论的大课程观,可以将目前国内外有关创新教育课程体系的设置的实践探索结果,大致分为四种基本形态:学科课程、活动课程、环境课程和创新实践活动课程。也就是说,创新教育的方式和途径有以下四种载体。

学科课程具体的有以下三种层次:

第一层次是开设专门的创新教育学科课程,单科或综合,必修或选修,一般具有明确的教学目标、系统的教学内容、固定的教学课时、特定的开课方式。如开设"创造性思维""创造发明案例分析""创造工程""创造性设计""创造型人才思想品德修养""工程创造心理学"等选修课。

第二层次是以某门学科课程为依托和载体,在教学内容中系统安排创新教育的内容,将创新教育内容与该学科课程内容融为一体,同步进行,如开设"机械制造原理及方法"就是通过研究机械制造这门学科中的创造规律来培养大学生的创新素质。

第三层次是在各门学科课程中,结合教材内容和教学特点,相机渗透创新教育的内容。这种做法许多教师都有过尝试,可惜大多没有"一以贯之"。

活动课程:就是利用各种课外活动培养大学生的创新素质。如在学科活动(做实验等)中培养大学生的观察能力、操作能力;在体育活动、文艺活动中培养大学生自信、勇敢、合作等心理品质;在各种社会调查,社会实践中培养大学生的独立性、拓宽他们的知识结构。尤其值得一提的是,在大学生中进行"五小"科技活动更能综合的培养他们的创新素质。如成立"大学生兴趣小组" "大学生发明协会"和"大学生科协"等组织。

环境课程:它又称隐蔽课程,指在学校形成有利于培养大学生创新素质的环境。具体来讲,在学校制度层面上,形成创新教育的舆论、氛围和价值观念;在校园文化层面上,树立起创新的校风、教风、学风;在班级环境、校园环境等物质环境建设上,不同程度地体现创新教育的主旨和目的;在网站、宣传栏、墙壁上形成创新教育的人文环境等。

创新实践活动课程：这是创新教育对传统教育课程观的突破，在创新教育中具有特殊功能、地位和运作方式。

创新教育的四种方式和途径，各有特点和长处，也各有弱点和局限性，它们形成一个整体，共同为实现创新教育的目标、任务——培养和塑造大学生创新素质，而结构为教育教学的操作体系。

但是，由于各类课程的设计是针对不同教育因素以不同方式进行整合而来的，因此，每一类课程都有自己的特点、规律和要求，相应的，每一课程对教育的目标和内容的操作，即对大学生创新素质四大因素的培养都各有其侧重点。具体来讲：

学科课程为学生掌握和习得系统的知识提供了有利条件和有力保证，因而它主要与创新知识结构的形成相对应；当然学科课程中也能形成技能和能力，但主要是一种学科性的能力和技能。

活动课程的实践性、活动性、操作性，不仅为学生形成各方面的能力提供了良好的条件，而且为学生的心理发展提供了十分宽广的时空背景，因而它主要可以与创新能力、创新心理品质、创新意识的培养相对应；当然活动课程也能获得和掌握知识，但与专门的学科课程相比则并非其主要特点。

环境课程主要是通过各种物质的或精神的、制度化的或非制度化的、显性的或隐性的教育影响来作用于学生的思想观念心理发展，因而它主要可与创新意识、创新心理品质的形成相对应。

而创新实践活动课程，由于其影响和作用的综合性、实践性、开放性，可以全方位提高学生的创新基本素质，因而可以与每一个方面的教育内容相对应。

为了简明起见，我们可以用表 1 表示创新素质各因素与不同的课程之间的对应关系。

表 1 创新课程与创新素质各因素对应图

目标与内容	方式与途径			
创新意识	—	活动课程	环境课程	创新实践活动课程
创新心理品质	—	活动课程	环境课程	创新实践活动课程
创新能力	学科课程	活动课程	—	创新实践活动课程
创新知识结构	学科课程	—	—	创新实践活动课程

（二）建立研究生培养质量监控体系

我国研究生培养是在导师指导下，通过一定的课程学习和科学研究，使研究生的知识、素质、能力得到提高和增强，成为合格的高层次人才的活动过程。研究生培养过程主要由六大环节构成，其中：三大培养环节——课程教学、科学研究以及学位论文撰写；三大考核控制环节——考试考核、科学研究成果以及学位论文评审和答辩。在此笔者试图从各培养环节及其相应的考核控制环节中寻找关键影响因素，并确定关键控制点。笔者认为教学方式、导师对研究生的指导是影响研究生培养质量的关键因素，而教学、科学研究、学位论文撰写以及学位论文评审和答辩是关键控制点。

(1)关键控制点的监控组织。督导制度是培养单位在其内部建立的一种对其研究生培养质量起监督和评价作用的机制。督导组由所属各学科、专业的资深教授、分管领导组成。督导组在本单位研究生教育分管领导指导下工作，负责对研究生培养过程中的关键控制点实施监督、检查，定期提出工作报告和工作建议。

(2)关键控制点的监控方法。教学环节应建立以下制度：第一，听课制。要求学院领导、督导组、系领导每学期均要到研究生教学课堂听课 3－4 次，及时了解教师教学、教师与学生的互动等情况，解决教学过程中存在的问题。第二，教师讲义、课件评审制。要求具备任课资格的教师每年要向督导组上报自己的讲义、教学计划、教学目标、教学内容以及教学方式。由督导组组织具有丰富教学经验的资深教师、同行业专家或者聘请社会专业人士对其上报材料进行审查、评价。材料被评议为满意的，教师才可上岗任教，对材料被评为不满意或者需要修改的，则要求教师修改完善直至满意为止。第三，学生评教制。每学期通过问卷调查的形式，由学生作为课程教学评估的主体，对教师的教学质量进行匿名评估，学生是评价主体。

在科学研究及学位论文撰写环节，应由督导组定期督导导师对学生的研究指导以及学位论文指导，检查研究生的学位论文进展情况以及学位论文完成的质量情况，并对该关键控制环节进行评议，找出影响培养质量的主要因素，并及时把收集到的有关信息反馈给督导对象，与之交换意见和看法，共同发现问题、分析问题，共同探讨如何解决问题，以增强导师的责任感。同时，要把督察人员对导师的评价作为导师评职称和评优的重要依据之一。

在学位论文评审与答辩环节要建立和完善以下制度：第一，建立淘汰机制，逐步形成宽进严出的机制。在实际操作中可以规定一定比例的淘汰率，在执行中造成一定的氛围，克服各种干扰和不正之风，排除一切困难，下决心使不合格者被淘汰，从而提高研究生培养质量。第二，实行“双盲”评阅制度。这样可以打破导师自己选择评阅人，论文答辩也是按照导师意愿聘请答辩委员这样的惯例。对于硕士研究生每年从预答辩的学生中按一定比例随机抽查学位论文，由学校统一进行送审，对送审的学位论文实行“双盲”评阅，而对于博士生则全部采取“双盲”评阅制度，并建立学位论文抽查制度，将抽查结果直接反馈到各院系。

（三）发挥导师在创新素质培养中的作用

导师是研究生培养的第一责任人。一支高素质的导师队伍，是培养具有创新能力的高素质研究生的师资保障。研究生导师不仅要以课程教学为主要形式向学生传授知识，还要指导研究生开展科学研究，培养其科研能力和综合素质。具体来讲，要指导研究生明确学习目的，制订学习计划，传授治学方法，通过科研过程培养学生科研能力和科学精神。

在美国、德国、日本等国研究生教育中，非常注重研究生指导教师在培养研究生创新能力中的作用。美国为了增强研究生的知识结构，采用个体与集体相结合的培养方式，把专职导师指导和指导委员会指导相结合，导师不仅对研究生的各项学习环节加以指导和督查，还有义务接受研究生的咨询，并把这当作是一种荣耀。而且为了体现因材施教的原则，研究生甚至可以更换导师。而德国研究生导师是专职的教授，教授除了平日对研究生严加要求外，在论文指导上还经常征求同行和其他专家的意见，然后再反馈给研究生进行改进，实际上也兼有美国集体培养的实质精神；日本的导师则是以教授为核心的研究室团队，是典型的集体导师制。

而我国研究生大多是采用单一导师负责制，虽然目前部分大学研究生培养机构名义上也采用导师小组的方式对研究生指导，实际上到最后论文写作阶段分工指导，结果又演变成为单一导师制。而且导师在对研究生的指导环节中发挥的作用显然不如上述三国充分。比如，有的文科研究生导师常常以教学科研忙为由，对研究生疏于指教甚至放任自流，俗称"放羊"，没有尽到导师的基本责任，更遑论培养创新型人才。因此，我国目前的研究生教育要改进创新能力培养薄弱的状况，就必须首先在师资上下功夫：首先，做好指导教师的选聘工作，严把质量关，做到宁缺毋滥。这一点可以借鉴德国严格的导师资格认定制度经验。其次，加强对导师责任的监督和管理。当前一些指导教师漠视自己的责任，这与监督约束机制的软化和激励机制的弱化有关。大学要在这两方面寻找症结加以改进。再次，加强指导教师之间的合作。我国当前指导教师相互之间的合作意识不强，特别是不同专业间。打破专业和学科界限，促进导师的合作才能有利于研究生取长补短，丰富和优化自己的知识结构，促进创新。

（四）打造创新型校园文化

确立创新人才培养的校园文化建设目标。校园文化的形成是全体师生员工的经过多年的努力打造而成，并非一个活动、一个讲座，短时间内一蹴而就的。要形成培养创新人才的校园文化，要根据学校实际，有目的、分阶段地进行。

在初期阶段，主要建设以创新人才培养为核心的校园文化。开展多种提高学生创新素质和实践能力为重点的校园文化活动，通过组织参加高质量的社会实践、科技竞赛等活动，将爱国主义热情转化为学生振兴中华的使命感和责任感。培养创新人才的校园文化建设的最高目标是打造以创新人才培养为核心的校园精神。创新作为现代大学精神的基本内容之一，体现着鲜明的时代感。以创新为核心的学校精神一旦形成，必将对创新人才的创新意识、创新动机以及创新精神的形成与发展起到直接的推动作用。

参考资料

[1]朱辉荣、王平义、白榕：《研究生创新素质测评体系在复试中的构建》，《黑龙江高教研究》2012 年第 6 期。

[2]林崇德、罗良：《建设创新型国家与创新人才的培养》，《北京师范大学学报》（社会科学版）2007 年第 1 期。

[3]方芳、钟秉林：《在建设一流学科的进程中着力加强创新人才的培养》，《江苏高教》2017 年第 1 期。

[4]陶富源：《大学生创新素质养成与创新人才造就》，《安徽师范大学学报》（人文社会科学版）2017 年第 7 期。

[5]郭卉、刘琳、彭湃、杨文娇：《参与科研对理工科大学生创新素质影响的实证研究》，《高等工程教育研究》2014 年第 2 期。

[6]王武东、李小文、夏建国：《工程教育改革发展和新工科建设的若干问题思考》，《高等工程教育研究》2020 年第 1 期。

[7]潘海生、彭乾刚：《工程教育学科建设：美国的经验与启示》，《高等工程教育研究》2019 年第 3 期。

[8]林健：《新工科建设：强势打造“卓越计划”升级版》，《高等工程教育研究》2017 年第 3 期。

18

新工科人才的工程素质及其培育路径[①]

新工科建设是新时代高校工程教育应对国家发展新战略、产业发展新趋势、国际竞争新形势做出的积极回应，其实质是提升工程人才培养质量，重点是明晰工程人才的素质新结构，探索工程人才培养新规律。与传统工科人才培养相比，新工科人才培养在定位上更加注重培养能够引领全球工程教育的人才。新工科背景下高校工程人才工程素质的培育，要以面向未来、面向世界、面向工程发展需求为前提，分别从人文教育融入、专业教育改革、工程教学方法创新、合作育人共同体建设等方面着手，培育新工科人才的工程素质，提升高校工程教育支撑服务产业发展的效能。

近年来，教育部从服务国家创新驱动发展、“中国制造 2025”“一带一路”等重大战略高度出发，主动应对新一轮科技革命与产业变革，按照“新的工科专业、工科的新要求”积极推进高校新工科建设，先后制定发布《关于开展新工科研究与实践的通知》《关于推荐新工科研究与实践项目的通知》《教育部

① 夏小华，上海理工大学马克思主义学院党总支副书记、讲师。

关于公布首批“新工科”研究与实践项目的通知》等文件，力争成为新一轮全球工程教育改革的引领者。国内高校顺应工程教育发展潮流和需要，先后推出“复旦共识”“天大行动”“北京指南”等，聚焦未来新兴行业产业领域，主动改造升级已明显不符合时代需要的传统工科专业，加快培养工程创新型人才。新工科建设背景下，明晰工程人才的素质新结构，创新工程人才培养模式，探索工程科技人才培养新规律，已成为国内高校工程教育亟待解决的重要课题。

一、新工科人才培养目标定位面临转型

新工科提出的主要原因在于，我国传统工程教育培养出的工程人才与当前社会经济发展新需求不相适应，迫切需要通过工程教育转型升级来培养新型工程人才，为我国从工程教育大国向工程教育强国转变提供支撑。目前，我国已走过“站起来”“富起来”的发展阶段，正在“强起来”的道路上砥砺前行，这要求高校工程教育培养出的不再是被动适应世界工程工业强国的跟跑型工程人才，而是能够引领全球工程教育的卓越人才。只有站在全球工程教育的制高点，转型升级人才培养目标和方向，才能确保培养的新工科人才符合当前和未来产业发展需要，甚至引领全球产业的发展。

（一）人才培养价值导向由注重工具理性转向工具理性与价值理性兼具

任何事物都不可避免打上历史的烙印。由于受到工业文明的影响，传统工科背景下工程教育的工具主义色彩浓厚，工程人才培养过于追求所谓的科学化，教育目的逐渐异化为“培养工具理性的工程师”。传统工程教育模式下培养的工程人才，可能在专业教育上能够满足所在时代的发展需求，但“仅有工具理性的工程师是具有诸多明显缺陷的，比如在工程设计中单纯考虑经济因素而不关注生态环境保护，在工程决策中仅仅考虑小团体利益和短期利益而不顾公众利益和长远利益等”[1]。作为面向产业、面向未来的新工科，工程

教育应对传统模式进行反思，主动对接时代赋予的新内涵，平衡未来工程人才所需的价值理性和工具理性。我国高等教育的社会主义性质，决定了我们培养的人才是社会主义事业的建设者和接班人，服务人民群众对美好生活的需要是应有之义，这涉及“为谁培养人”的根本性问题。新工科人才培养的价值导向也要遵循这一根本要求，努力由传统的注重工具理性转向工具理性与价值理性兼具。这种人才培养价值导向的转向，要求我们在新工科建设过程中，要教育引导未来工程师在工程实践中要胸怀人类社会的整体发展，关照国家和民族的利益，不仅要考虑工程建设的经济效益，还要考虑对社会环境影响及人文、伦理等方面的因素。

（二）人才培养理念从学科导向逐步转向成果导向

在传统工科建设视野下，工程人才培养主要遵循学科导向，人才培养模式相对僵化，人才培养方案注重从学科和当时的经济社会发展需要进行设计；专业设置严格按照既有学科划分，应对产业发展需求相对滞后；教学内容倾向专业知识的教学，学生知识结构追求学科知识体系的系统性和完备性，缺少跨专业交叉融合的视野和培养路径，一定程度存在重专业知识教学轻综合能力培育、重理论知识传授轻实践实习训练等问题。“新经济需要新工科人才，新工科人才的培养需要新理念引导。要实现从传统工科学科导向的培养理念向成果导向转变”[2]，注重学生学习成果要通过教育过程取得，并成为教学设计及其实施的目标。新工科背景下工程人才培养借鉴“国际工程教育”理念，结合当前和未来经济社会和新产业、新业态发展需求，注重学生工程素质、学习成果导向等方面的培养，让通识教育、专业教育和跨学科知识有途径和平台进行交叉融合。

（三）人才培养方式由注重知识习得、认知能力训练转向更加注重工程思维

经过多年的探索，工程教育更加注重“回归工程”，这逐步成为业界的共识和今后改革的发展方向。新工科人才培养更加注重以需求为导向，面向未来工程发展所需推进新一轮工程教育改革。麻省理工学院（MIT）主张，“未

来产业界将会更加注重工程人才的学习能力和思维等方面的表现，原来强调知识习得与认知能力训练为重心的工程教育将会受到挑战。”[3]因此，新工科人才的培养不仅要传授基本的工程知识，更重要的是培养学生的工程思维，让学生在未来工程实践中面临各种未知与复杂问题时能够灵活运用、妥善解决。

（四）工程人才素质结构更加注重跨界思维与整合能力

随着最新科技的迅猛发展，移动互联网、大数据、云计算、人工智能等新技术层出不穷并逐步运用，这不仅对包括工程实践在内的人类生产生活逐步带来了重大影响，还对工程人才的培育也提出了新要求。一方面，新技术、新产业的出现，让现代或未来的综合性工程所需要的跨界能力成为一种新常态。“现代工程特别是大型复杂工程的建设，早已超出了挖土盖房、铺路架桥等传统土木工程技术的范围，而需要跨学科、多领域的科学技术的综合运用，需要材料、电子、通信、能源、信息等相关技术的支撑，从而呈现出各种专业技术相互渗透、相互支持、相互促进的局面”[4]。新时代新工科人才的培养就是要克服传统工科人才狭窄的专业局限，敢于把由于工程实践需要的各种事物同步考虑，力求在工程文明与人文精神的交叉发展中寻找突破口。另一方面，与传统的工程体系相比，新工程体系基于面向未来发展的需要，在集成整合、复杂融合等方面特征更为突出。新工科培养的工程人才要将工程当成一个整体来看待，从系统的、整体的全局观出发，综合运用科学、技术、经济和人文等跨界知识去进行整体性考虑，去解决工程实践中碰到的综合性复杂问题，解决好传统工程人才“头痛医头、脚痛医脚”的弊端。因此，新工科建设过程中，要更加注重如何将跨界思维融入工程教育中，不断提升工程人才的整合能力。

二、新工科人才的工程素质结构

工程素质结构是新工科人才培养所需要的核心素养，是工程技术人员在从事工程创新活动或解决复杂工程问题时，所应具备的各种专业知识、实践能力、创新思维和品德修养等整体体现。基于新经济、新产业对工程人才的需要和人才培养目标定位的转型要求，新工科人才的工程素质结构理应涵盖人才品格、工程知识、工程能力三个层面的素质。这些素质各有侧重相互区别，但又相互联系、相互作用，整体表现为工程人才的综合素质。

(一)积极向上的工程人才品格

1. 以爱岗敬业为核心的家国情怀

立德树人是高校的根本任务，重在以德为先。工程人才培养要积极引导学生认真学习习近平新时代中国特色社会主义思想，自觉践行社会主义核心价值观，处理好国家、社会、个人的关系，协调好社会价值、个人价值的有序实现，自觉将个人青春梦置于民族振兴"中国梦"之中，让两者有机相融。

2. 恪守工程伦理与职业操守的社会责任感

当前，信息技术、生物技术、新能源等新技术的融合发展成为经济社会发展的趋势，这些新技术的创新必定会带动产业变革，人类社会面临的发展新机遇与新挑战并存。工程造物实践主要是为了服务于人类社会的发展和人的需求，任何偏离了正确价值导向的工程行为，都可能产生价值异化，甚至违背科技伦理道德，对社会发展产生不可估量的负面影响。因此，重视对学生的价值观塑造，即始终以价值引领作为新工科人才素质培养的首要目标，特别是要培养工程人才关注社会需要、服务人民福祉、呵护生活环境的人文情怀。

3. 基于工程认同的自信和进取精神

工程的实质是改造自然的造物实践活动，有其内在规律。现代工程体现出的复杂性、长期性，需要工程人才在长期繁重的劳动过程中保持一种积极向上的健康心态。要通过案例的讲解、实践的体验等形式，注重培养具有一种执着向上、坚忍不拔的进取精神，内化为其持续进行工程创新的内在动力。这种精神不仅是一种对事业的执着追求和喜爱，更是一种敢于向最高峰攀登的进取心、实现价值的强烈创新创业热情和坚忍不拔的意志品质。

(二)综合交叉的工程知识

1. 集成整合的工程知识

工程既不同于科学,也不同于文学,它是在科学和文学的基础上形成的跨学科的知识与实践体系,具体体现为以科学为基础,对各种技术因素、社会因素和环境因素的集合。[5]具体来说,工程知识内涵广泛,是科技知识、管理知识、经济知识、社会知识、文化知识、法律知识、伦理知识、环境知识、民俗知识、审美知识等众多知识的系统集成。这种复杂综合系统结构由多种制约因素共同构成,在工程技术问题解决过程中不可避免需要综合运用多领域、多学科的知识和方法。高校工科生要想成为卓越工程师,就需要具备集成的工程知识背景,不能拘泥于所学专业领域,尽可能了解或掌握涉及各学科的综合知识。

2. 自拓展的知识结构

除了上述集成整合的工程知识的学习外,卓越的工程师还要善于将获取的知识融会贯通,让知识结构以工程知识为核心向外进行拓展。传统工程教育也非常注重学生知识结构的搭建,其主要方式是通过增加相关的课程予以丰富。客观来说,通过单纯增加课时课程的方法,对丰富学生的知识结构能够起到一定的作用,但成效不理想。其弊端在于,在制订和实施培养方案时,对学生的个性化需求考虑较少,对现实产业发展的反应相对滞后。如果没有相配套的补充教学机制,就可能会削弱学生学习的兴趣和主动性,分散学生的学习精力。在新工科背景下,工程人才培养要加强对"自拓展"的研究和运用,重点是教会学生深度学习的方法,让学生有可能根据现实的发展,将所学知识与相关知识融会贯通、升级拓展。"构建自拓展的知识结构需要的是'减法',而非'加法':构建少而精的核心课程体系,严格考核,强化基础,以不变应万变"[6],最终目的是在"授人以鱼不如授人以渔"的指导下,夯实专业知识的基础上,培养学生终身学习的能力。

(三)多维立体的工程能力

1. 工程创新力

创新力是人各方面素质的综合体现，需要人把想象能力、记忆能力、观察能力、分析能力、判断能力、操作能力等集中起来加以综合运用。但对于从事不同职业的人而言，则需要具有不同的创新能力，如科技创新能力、艺术创新能力等。具体到对工程师，创新能力同样需要具有综合性，不仅要关注其创新意识和思维的培养，还要培养他们具有有利于创新知识结构、创新品质、人格特征和技能等。从新工科建设的角度，工程师或未来工程师的工程创新能力主要由知识、思维、技能等方面创新要素构成，并相互制约而形成的综合能力。

2. 工程领导力

新工科建设旨在培养引领全球工程教育的人才，这种人才必须具有良好的领导力。一方面，要具有国际视野及交往能力，善于同其他国度进行深度交流、相互学习。在人类命运体建设过程中，不同地域、民族的多元文化并存，必然导致多元价值观、思维习惯、处事方式、生活习俗等方面存在差异，这些成为有效沟通的先决条件；具备较好的跨文化交流合作能力和敢于站上国际舞台进行竞争的能力，是沟通交流取得实效的基础条件。另一方面，学生要掌握与人相处、协商共事的相关技能。新工科人才培养的是能够引领未来世界工程教育的精英或排头兵，组织开展综合性项目的开发实施，科学决策复杂工程项目或参与公共政策决策，是其能够担当引领世界发展大任的基本功。

3. 终身学习力

随着社会加速发展，科技知识和工程知识更新升级的速度的不断加快，迫切邀请工程师及时更新补充新知识，否则其知识结构很快会老化。由此可见，工程师的知识结构是一个动态发展的结构，必须随着科学技术的发展和时代的变迁的迅速变化及时做出调整。这要求新工科建设应坚持发展的观点、辩证的思维，着力提升学生的随机应变和可持续发展的能力。出于对未来不确定性因素增多的考量，高校在新工科人才培养过程中不仅要注重传授学生相关的专业知识，更应帮助学生搭建知识学习和拓展的平台，让学生掌握自主学习和终身学习的方式方法，能与时俱进的根据需要及时更新知识，完善自身的知识结构。

三、新工科人才工程素质的培育路径——以上海理工大学的探索实践为例

对高校而言，新工科建设的核心在于人才培养，重点是通过人才培养模式改革，培育工程人才的核心素养。以面向未来、面向工程发展需求为前提，前瞻性、创造性推进新工科人才培养新模式改革和工程素质的培育，是高校培养出能引领产业发展的新工科人才的必由之路。高校在新工科建设的实践探索中，无论是学科专业设置的调整、教学内容和教学体系的完善，还是教育教学模式和方式的创新等，都应服务好人才培养这一根本任务，综合培育、提升新工科人才工程素质。

（一）倡导人文与科学融通，让价值观教育真正融入工程人才培养全过程，塑造积极向上的工程人才品格

未来新兴产业和经济发展需要的是综合素质高的复合型工程人才，其不仅要工程实践能力强、创新能力优，还应具有一定的人文情怀和强烈的历史使命感和社会责任感。在新工科建设中，要让人文教育真正“融”入工程人才培养的全过程，从而为学生增强责任意识、厚植文化积淀、锤炼意志品质、提升协同意识、培育创新人格提供丰厚滋养。一方面，课堂教学主渠道要优化通识课程设置，特别是要探索“课程思政”教育教学，优化中华优秀传统文化相关课程的巧妙融入，教育引导学生不断提升“四个自信”；另一方面，社会实践第二课堂要加强人文教育实践平台建设，教育引导学生在社会实践中促进“知行合一”，与第一课堂相互配合。近年来，上海理工大学实施课程思政领航计划，以中国系列课“智慧中国”增强学生家国情怀和道路自信，以“工程伦理”课程引领工程人才践行社会主义核心价值观，以人文融通涵养创新人格和解决复杂系统工程问题的能力。学校设立中国传统文化研究所为学生开

设系统的传统文化公选课，让广大理工科学生系统地领略国学的深厚蕴含；将人文教育融入第一课堂、文化引领、实践体验等多个环节，让学生难以忽视、难以阻挡、难以忘怀，有效地推动了科学教育和人文教育从相“加”到相“融”的转变。

（二）注重回归工程，深化以工程实践为核心的专业教育改革，丰富综合交叉的工程知识结构

就工程教育乃至所有教育而言，实践不仅只是作为教学的一个环节，更应拓展为一种注重实践体验的育人方法。高校服务新兴产业和经济社会发展的内在品质，决定了高校必须要坚持以社会产业发展对工程技术人才需求为导向，主动优化学科布局和专业设置结构，主动谋划新工科专业建设，构建新工科专业群，使具有较高工程素养的工程人才供给与社会需求对接，使专业设置与产业结构对接。近年来，上海理工大学积极探索新工科建设，不断深化以工程实践为核心的专业教育探索。一方面，依托、服务和引领行业产业发展，注重专业对接产业。伴随工程教育的时代发展，对接“中国制造2025”、军民融合、上海全球科创中心建设等国家和地方重大战略，学校聚焦健康行业、军工产业，推进学科交叉融合、协同创新，逐步形成了太赫兹光子学、新能源、增材制造、康复工程、微创医疗器械、复杂系统科学、系统调控大数据等多个特色边缘学科和前沿研究方向。另一方面，积极对接行业改造专业、设置新专业、淘汰不能符合社会发展的专业。瞄准国家“一带一路”建设和上海科创中心建设等，积极加强“智能制造”相关专业建设，开设机器人、大数据、人工智能等新工科专业和方向，不断促进学科专业设置优化与现实产业升级发展协调匹配。

（三）凸显学生主体地位，创新以学生为中心的工程教学方法，提升人才培育的工程能力

学生是学习活动的主体。为进一步激发学生学习的内生动力和外在活力，新工科人才培养同样需要坚持教师主导、学生为本的理念，不断推进工程教育教学方法创新，努力从学生的个性需求出发实施教育教学活动，着力激

发学生学习的原动力，培育提升学生的工程能力。一方面，要尊重学生学习的主体地位，以学生为中心开展教学组织工作，以德能兼备的未来工程师为教学目标，协调整合校内外、课内外各种教学资源；另一方面，以学生为中心组织开展工程实践实训，实现知识、能力与素质的发展提升。近年来，上海理工大学不断推进以学生为中心的工程教学方法改革，依托公共实训中心、实验中心等平台，强化工科学生的实践能力培养；同时，充分利用学校成立的"大学生领导力研究与训练中心"平台资源，分决策力、影响力、沟通力、协调力、抗挫力、应变力和创新力等项目模块，对工科学生开展系统化教育培训。学校采用全新的培训方式，努力突破传统教育课程模式，通过团队活动、场景模拟和体验式交流等方式，让参训学员在练中学、学中练，不断充实知识、掌握技能、提高本领。同时，学校从 2015 年开始，在本科生培养方案中增加综合性、设计性实验比例，并对全体本科新生布置了 4 个必修学分、完成期长达 4 年的"创新创业大作业"，通过制度倒逼、文化熏染、思维启发和实践参与的共同作用，使学生逐步形成创新意识、创新能力和创新人格。

（四）优化配置资源，探索以协同育人为目标的合作育人共同体，培育人才培养的工程视野和服务经济社会发展的责任担当

1. 构建校内协同育人共同体

校内师生共同体建设为学生投入创新创业提供巨大保障，帮助学生"想创新、敢创新、能创新"成为可能。上海理工大学在工程教育改革过程中，因地制宜、不拘一格地构建师生共同体，助力学生创新实践。比如，学校能源与动力工程学院积极探索学士导师制和硕士导师制，致力于打造师生、各学习段学生相融合的学术共同体；光电信息与计算机工程学院组建了"汇聚式"全员育人师生共同体；机械工程学院组建了以创新项目为中心的师生共同体，材料科学与工程学院深化了"六位一体"导师制师生共同体建设等。

2. 校企合作，共建产业学院

行业产业学院是目前高校融入地方行业、产业发展的重要平台，是推进校企合作升级的重要举措。高校与行业内相关企业在产业学院内，充分发挥

自身优势开展人才培养合作，有助于提升实践教学的针对性，高校与行业的结合度。近年来，上海理工大学支持各相关工科学院，根据专业特色与行业企业联合成立产业学院，积极探索"高校＋行业协会＋企业"的协同育人机制，拓展育人平台、强化专业对接行业、完善专业建设。比如，学校环境与建筑学院与上海建工集团、上海勘察设计研究院等 7 家单位共同建立"环境与建筑工程产业学院"等。

3. 学校与行业联合发展

毋庸置疑，行业对新业态、新技术的发展和需求最为敏感。高校要加强自身内涵建设，在为行业提供优秀人才的同时，还可以利用各种社会资源打造新工科人才培养的地域优势，邀请行业技术领军人物进校园、进课堂、进实验室等，有效地提升实践教学质量。多年来，上海理工大学主动对接行业企业实际需求，与上海市机械工程学会等多家行业学会(协会)开展覆盖人才培养、科研合作和学生就业等方面的全面战略合作，形成了"课堂教学—创新实践—创业培育—企业孵化"贯穿人才培养全过程的创新创业教育体系，在此过程中，学生不仅增强了解决复杂工程问题的实际能力，更通过广泛深入的实习实践，增强了对中国制造业行业领域的切身感知。

参考资料

[1]项聪:《培养工具理性与价值理性兼备的工程师——兼论新工科人才培养目标定位》，《高等工程教育研究》2017 年第 6 期。

[2]姜晓坤、朱泓、李志义等:《新工科人才培养新模式》，《高教发展与评估》2018 年第 2 期。

[3]麻省理工新提出:新工科人才的 12 种必备思维，http://www.sohu.com/a/315098745_236505，搜狐网教育专栏，2019 年 5 月 20 日。

[4]汪章豹:《大工程时代的卓越工程师培养》，上海科技教育出版社 2017 年版。

[5]李伯聪等:《工程创新:突破壁垒和躲避陷阱》，浙江大学出版社 2010 年版。

[6]张进明:《培养伟大的工程师》，《光明日报》，2017 年 8 月 22 日。

19

新工科背景下高校工程德育特色的思政育人新模式探索①

新工科建设不仅要求理工科高校深化工程教育，同时也将推动立德树人理念创新、载体创新、模式创新。理工科高校推动“思政课程”向“课程思政”转变的过程中，可以充分发挥工程学科优势，开展工程德育特色的思政教育创新，用工程思维谋划、指导德育工作，在工程类专业教学中渗透德育，将知识传授、能力培养与价值引领相结合，不断提升思政育人质量和水平。

习近平总书记在全国高校思想政治工作会议上强调，“各类课程与思想政治理论课同向而行，形成协同效应”[1]，在很长一段时间里，高校思想政治教育还存在着专业教师育德意识和育德能力还不强，思政育人队伍体系力量分散，思政工作形式和内容创新不够，有效性和针对性不强等问题。理工科高校由于思政育人队伍和资源与综合性高校和文科高校相比并不占优，这也导致理工科课程的思想政治教育作用发挥存在一定的难点。在培育担当民

① 王丹，上海理工大学党委宣传部；董轩志，上海理工大学校友工作办公室。

族复兴大任的时代新人，以及发展新工科教育，培养新工科人才的大背景下，上海理工大学作为一所享有制造业“黄埔军校”的百年老校，充分发挥百年工程教育的办学优势，推动以工程德育为特色的思政教育改革，打造以工程德育课程体系为基础，多育人主体、多育人载体协同合作、强化实践、注重融合的大思政格局，不断把思政工作引向深入，推向新阶段、新水平。

一、工程德育内涵探析

工程德育最早源自部分国内理工科高校思想政治工作的率先探索，其主要的贡献在于工程思维的德育方法论创新。杨怀中认为，工程德育学就是关于德育系统工程建构的理论和方法的一门学问。[2]梅云彬、王威孚认为，工程德育学是根据教育规律、市场经济规律和人才成长规律，以关注人的全面发展和综合素质的提高为目标，运用“工程”，即综合、创造、实践方法，并借鉴改革开放以来各种行之有效德育模式的理论成果和实践经验而提炼的一种德育方法论。[3]工程德育作为方法论，其内涵当中最重要的就是工程思维。沈革武、杨爱霞认为，系统工程是工程德育方法论的依据和来源之一，工程德育彰显的工程思维属于工程系统，工程德育的方法体系正是工程的实践和运用。[4]系统思维、工程方法等对于理工科专业教师而言是轻车熟路，工程德育的开展可以迅速提升理工科专业教师对课程思政的观念认同，同时作为一种新的方法和理念，可以推动大思政工作格局更加合理、思政育人的目标更加集中，过程更加可控，效果更加优化。在笔者看来，工程德育具有德育方法和德育内容相统一的特征，工程德育除了具有较强的方法属性之外，在理工科高校开展工程德育，工程学科本身就有自成体系、饱含特色的学科内容，因此专业教师把思政元素纳入专业教学体系，将社会主义核心价值观融入专业知识教育中都是拓展思政育人资源的有效途径和渠道。综上，在本研究中，工程德育内涵主要有两个方面：一是德育方法，即以工程思维谋划、指导德育工作，二是德育内容，即在工程类专业教学中渗透德育。

二、工程德育特色的思政育人路径分析

(一)构建工程德育特色的思政课程体系

《高校思想政治工作质量提升工程实施纲要》明确提出，梳理各门专业课程所蕴含的思想政治教育元素和所承载的思想政治教育功能，融入课堂教学各环节，实现思想政治教育与知识体系教育的有机统一。[5]在高校，课程是实现教学目标的主要载体。工程德育内容主要是推动专业课、基础课、通识课等课程内容与思政工作无缝融合，构建特色育人课程，同时这些课程与思政课共同组成德育课程体系。

1. 打造“工程德育”特色课程体系，充分发挥课堂育人主阵地作用

学校以工程德育为课程思政改革的聚焦点，广泛发掘专业课程德育功能并有效融入专业课程教学之中，努力实现知识传授与价值引领的有机统一。学校组建课程德育教学试点团队，推出了“大气污染控制工程”“食品法规与标准”等专业育人课程；每年邀请学科带头人为新生讲述“工程导论”专业基础课，全校工程导论课达20余门，覆盖所有理工科专业，此外还编写《上海理工大学工程教育百年》《沪江化学史略》等校本教材，将学科发展史、科学家轶事、科技美学、科学伦理等内容以专业课导论形式讲述。作为承担学校基础课程教学的理学院，早在2015年，理学院就正式实施了学院课程德育方案，通过在数理化学科当中组建课程德育教学试点团队，鼓励团队专业教师开设学科通识课程，鼓励课程德育教学团队集体备课，讲好第一堂课，鼓励充分发掘专业课程德育功能并有效融入专业课程教学中。目前学院已开设19门数理化学科通识课程，并通过在理科实验楼展出各学科杰出校友的事迹，组建学生专业社团、创建科技人文阅览室等措施，有效补充了传统显性德育中直接灌输的缺点，发挥了专业学科德育的优势，提升了德育工作的实效。

2. 积极构建新型师生共同体，为专业课程育人提供支撑

学校以全面实施上海市属高校本科教学教师激励计划为契机，出台《上

海理工大学师生共同体建设指导意见(试行)》,通过学士导师制度、教师坐班答疑、自习辅导、指导学生创新创业等形式,提升专业教师与思政课教师、辅导员队伍的协同育人,构建课内外全方位育人体系。另外,学校在教师职务晋升的相关文件中做了明确规定:“近五年来至少从事过一年班主任或教学管理或教学辅助岗位工作”,并将其作为青年教师职务晋升的门槛条件,提升专业教师担任学士导师和班主任工作,建设新型师生共同体的积极性。在长期探索中,学校师生共同体建设取得了积极成果,例如,能动学院组建了学士导师制和硕士导师制相融合的“学术大家庭”的师生共同体,光电学院组建了“汇聚式”全员育人师生共同体,机械学院组建了以创新项目为中心的师生共同体,材料学院深化了“六位一体”学术导师制,理学院推出了“学业导师计划”,医食学院打造了由领军人才、东方学者、大牌教授担纲的“最强班主任”等,此外学校还通过建设学习坊、创新坊、创业坊等人才培养平台,让专业教师从学生入学之初就承担起“立德、导学、创新、就业、升学”等指导任务,对学生学业、思想、生涯规划等进行全方位、个性化、精细化指导。

3. 积极推动思政课教学改革,提升思政教学吸引力

学校积极推动思政课程向课程思政转换,由马院牵头开设中国系列课程“智慧中国”,推出“中国制造与大国崛起”“中国智造与中国智慧”“中国创造与中国未来”三大模块选修课程。探索符合理工科类大学生成长成才需求和思想政治教育规律的课程思政教育新思路,邀请先进制造业等相关行业领域的领军人物、杰出校友、著名专家学者等担纲主讲嘉宾,使学生深刻领悟到中国智慧在智能时代的独特价值和意义,进而转化为投身创新实践的行动自觉。

(二)建立课内外接续有效的协同育人机制

工程德育方法当中“协同性”是重要内涵之一。正是借助于协同的理念使复杂工程系统能够综合集成起来并有效稳定运行,有鉴于此,工程德育注重专业教师、思政课教师、辅导员队伍的协同,某种意义上促进了大思政格局的形成。

1. 积极推动思政课教师和辅导员队伍融合发展，形成育人“合力”

学校开展“思想理论热点面对面”系列专题教学活动，旨在以问题为主导、以学生为主体，近距离答疑解惑。基于协同育人的教学理念，每个教学专题遴选由思政课教师、辅导员和相关专业教师组成的教学团队，这种团队式教学使学生有机会同时聆听教学风格迥异、专业背景多元的教师联袂授课，从不同的学科专业视角深入阐释马克思主义理论的价值内涵和现实意蕴，实现了师资共享。另外，作为“上海高校思想政治理论课教学改革试点项目”，学校将思政课的优势资源进行整合，实现“两支队伍”（思政课教师和辅导员）优势互补，“两个课堂”（理论教学第一课堂，实践教学第二课堂）有机结合。

2. 创新基层党建、团建，构建专业教师与辅导员队伍协同育人平台

学校以服务师生发展为目标，根据学生主要以专业、学科为依托进行专业学习和学术研究，和以社团为平台开展活动的特点，学校积极推进专业垂直党支部设置模式和专业社团党支部建设，推行将教工党支部设立在研究团队、学科群、实验室等，学生党支部建立在专业群、学生社团上，大大加强了专业教师与学生的交流互动，如环建学院党委建立“环保社党支部”“节能减排社党支部”“沪江建工社党支部”，版艺学院党委建立“支点社团党支部”，理学院党委建立“数学建模社团临时党支部”等，社团党支部围绕专业特色和科技型社团特色，以“党员＋社团成员”形式开展结对，明确党员专业教师岗位职责，提高模范带头作用，为学生的成长成才蓄力。

（三）强化实践育人导向，培养工程师精神

工程德育方法当中“实践性”也是重要内涵之一。理工科高校特别注重培养学生实践创新能力，工程德育更鼓励专业教师用好实践大舞台，强调学以致用，把学生培养为成为对社会有用的人。

1. 充分发挥科研育人作用，培养学生创新能力

2009 年，学校启动“研本一体化”建设，以学校为单位进行学科专业基础实验、实习与实践基地建设；以学院为单位进行学科专业教学科研实验大平台建设，形成资源共享、学科专业融合、研本一体的工程人才培养校内创新基

地。学校本科教育实施导师制，高年级本科生参与导师研究团队，结合毕业设计（论文），在相关科研、实践基地进行真实工程环境下科技创新活动，同时也为本科生攻读硕士、博士学位打下良好基础。例如，光电学院打通学科实验室和本科实验室，将进行创新型、研究型实验的学科实验室面向本科生开放，本科生也能像硕士、博士一样在学科实验室里动手、设计、创新。

2. 加强产学研合作，培养学生实践能力

学校以创新人才培养与共性技术研究为目标与定位，找准学术渊源深厚、行业特色接近、学科互补性强的行业企业（科研院所），形成协同创新联盟，重铸人才培养行业依托支撑点。学校与上海电气集团开展全面战略合作，与沪上原隶属机械工业部的 8 家科研单位共建一校 8 院（所）协同创新联盟，与上海智能制造创新联盟发起组建“智能制造工程师学院”，引入企业导师，探索校企联合培养人才。通过企业导师言传身教、工程实践，让学生深刻感悟工程文化，培育工程师精神。

（四）以百十年校本文化滋养学生人文情怀

从人类文明发展的进程来看，科学的发展需要人文，人文的发展也需要科学。[6]工程德育方法注重科学与艺术的融合，以校本文化、国际化教育、人文教育为载体开展德育，让学生在人文艺术熏陶中认识到自身的社会责任感和使命感。

1. 以百十年校本特色文化践行社会主义核心价值观

学校拥有上海高校中规模最大保存完好的历史建筑群，学校注重研究挖掘校本文化的内在意蕴，丰富校本文化的传播载体，用校本文化作为涵养社会主义核心价值观的有效载体。学校充分发挥校史资政育人功能，培养学生人文情怀。2014 年学校与光明日报社等联合举办的“大学校训与社会主义核心价值观”理论研讨会，在国内掀起了高校培育和践行社会主义核心价值观的高潮。除了校训，教育救国故事、校园文化遗存、优秀办学传统等，都是立德树人的鲜活资源。学校以 110 年校庆为契机，充分挖掘学校前身沪江大学首任华人校长刘湛恩烈士的事迹，举办了“追求卓异——刘湛恩教育思想研讨会”，打造了首部校园原创大师剧《刘湛恩》，校内外演出10余场，以习近平新时代中国特色社会主义思想为引领，把爱国主义、民族精神、时代精神传递给学生，以红色文化育人、化人。学校深入开展校训校风大家谈、上理精神大讨论、知名校友谈“校训与人生”等活动，结合入学季、毕业季、节庆日、纪念日等，将校训宣传教育贯穿于大学教育全过程，浸润大学生的思想和行为。

2. 以教育国际化为切入点，开辟思政教育“新途径”

学校给历史“老”建筑赋予“新”功能，打造“沪江国际文化园”，设立德国、美国、英国、法国、北欧、澳大利亚、日本7大文化交流中心，多元文化交流活动覆盖全校80%以上的学生。通过“一带一路”论坛、海外名师讲座、国际政要和知名企业家访谈、留学生文化节、多元文化沙龙、国际问题研究等活动，让学生在多元文化碰撞中，更充分地了解中国在世界多极发展中如何彰显大国责任，更清晰地把握中华民族伟大复兴的脉搏。另外，学校拥有中德国际学院和中英国际学院两个中外合资办学机构，定期从各年级中外学生中选拔“中华优秀传统文化国际传播大使”，开设“琴棋书画、礼乐茶食、文武商法”传统文化实践体验坊、“复兴雅韵”名家讲坛、“文化之夜”讲座等，与街道共建传统文化教学实践基地，成立国际学生志愿服务队，开展“洋雷锋”公益活动，让学生在文化体验与传播中，树立文化自信与文化自觉。

3. 开展科技与艺术相结合的人文教育

学校专门成立音乐系，通过开展科技与艺术相结合的人文教育，提高理工科学子的人文素养。先后三次组织学生打造科技与艺术的融合之作，登上央视“五月的鲜花”舞台，反响良好。此外学校还专门成立了中国传统文化研究所，挖掘利用中华优秀传统文化蕴含的丰富思想道德资源，推动大学文化素质课的课程改革，使大学语文等课程在知识传授基础上同时服务大学生人格塑造，例如，通过优秀古典诗词的阅读与学习，在欣赏诗词艺术形象，品味思想情感的过程中“润物无声”地实现思想教育。作为与学生接触最多的辅导员群体，学校以“辅导员工作室”为载体为学生打造精彩第二课堂。2013年以来，学工系统主动聚焦学生工作中的重点和难点，成立了23个“辅导员工作室”，开展漫画德育、艺术德育、国学德育、体育德育、音乐德育等德育实践探索，学校思政工作针对性和有效性显著增强。

三、工程德育特色思政育人的启示

工程德育作为德育的内容和方法，不仅注重挖掘理工科学科丰富的育人资源，而且将专业课程思政教育与思政理论教育、日常思政教育紧密融合。工程德育注重协同性，为全方位思政育人带来新的思路。学校充分利用工程德育蕴含的系统思维、协同思维等工程思维特点，注重整合协同学校各项工作当中的育人元素，同时发掘整合一切校内外资源，探索“产业—高校—专业”的“跨界”协同培养，在履行服务社会的使命当中更好培育时代新人。工程德育紧密融入各学科发展，为课程思政增添新的载体。学校立足学科特色推进课程思政教学改革，以“五大一流”学科群为依托，着力构建 6 大课程思政领航学院，17 个特色改革领航团队，140 门精品改革领航课程，立足各个学科独特视域、理论和方法，创新专业课程话语体系，实现专业授课中知识传授与价值引导的有机统一。此外学校通过项目协同育人、成果培育育人、学术交流育人等途径，在项目实施、成果培育、学术交流等方面构建全员、全过程、全方位科教融合新机制。随着工程德育为引领的课程思政工作逐步开展，不论是专业教师与思政课教师、辅导员不断加深的协同合作，还是专业教师对于专业知识之外的伦理、价值的深入思考，大学教育将真正回归初心，共筑价值追求，培养德智体美劳全面发展，可以担当民族复兴大任的时代新人。

参考资料

[1]新华社. 习近平：把思想政治工作贯穿教育教学全过程，http://www. xinhuanet. com//politics/2016－12/08/c_1120082577. htm。

[2]杨怀中：《关于工程德育学构建的思考》，《武汉交通科技大学学报》(社会科学版)1999 年第 1 期。

[3]梅运彬、王威孚：《工程德育：一项德育方法论的创新研究——论武汉理工大学工程德

育研究的理论意蕴和实践范式》,《思想政治工作研究》,《理论月刊》2006 年第 5 期。

[4]沈革武、杨爱霞:《管窥科技哲学视阀中工程杜宇方法论的理念建构》,《华中农业大学学报》(社会科学版)2008 年第 4 期。

[5]新华网. 中共教育部党组关于印发《高校思想政治工作质量提升工程实施纲要》的通知,http://education. news. cn/2017—12/06/c_129758619. htm。

[6]中华读书报. 科学和人文的融合,http://epaper. gmw. cn/zhdsb/html/2017—05/03/nw. D110000zhdsb_20170503_1—08. htm。

第三部分

专题研究

20

新工科背景下高校工程德育探索①

——"长三角高校工程德育高端论坛"首次学术研讨会综述

2018年11月10日，上海交通大学、河海大学、上海财经大学、江苏大学、浙江工业大学、上海大学、上海理工大学、上海师范大学、安徽工业大学、上海工程技术大学等近20所长三角高校的相关专家齐聚上海，举行了"长三角高校工程德育高端论坛"第一次学术研讨会。本次论坛由上海理工大学马克思主义学院发起组织并主办，以"同向同行·三全育人·德学兼修·德才兼备"为主题。论坛还特别邀请了来自中国社科院、华中师范大学、大连理工大学、武汉理工大学和《思想理论教育导刊》《思想理论教育》《社会科学》《学校党建与思想教育》《解放日报》《中国社会科学报》等高校、科研院所和杂志社的相关专家出席，共同围绕高校工程德育的时代新方位、工程德育的内涵、卓越工程师的道德维度、工程德育实践等方面的问题集中展开研讨。

---

① 夏小华，上海理工大学马克思主义学院党总支副书记、讲师；梁豪，上海理工大学马克思主义学院副教授。

一、关于当代工程德育的新方位

“工程德育”并不是一个全新的概念，实际上在我国学术界和高校，相关研究和实践早已开展多年。然而，与会专家学者一致认为，新时代为思想政治教育工作提出了许多新的要求和机遇，处于探索实践中的高校工程德育也发生了重大变化，需要重新确定其发展方位。

第一，当代工程德育是现代社会的工程德育。华中师范大学马克思主义学院秦在东教授、浙江工业大学马克思主义学院王凤志教授强调，当代工程德育的研究和实践必须自觉地立足于现代社会的特性。秦教授概括了现代社会的五个基本特征，它们分别是：伴随着技术群的出现，科学技术逐渐发挥主导作用；科技成果转化为生产力的速度加快；社会化大生产高度依赖于科学技术；诸多社会因素的联系日趋紧密；科技日益成为社会发展和生产力发展的决定因素。因此在一定意义上可以说，现代社会就是科技社会。大连理工大学大数据与人工智能伦理法律与社会研究中心李伦教授进一步指出，现代社会作为科技社会，正在从机械时代迈向智能时代，智能时代工程师伦理责任的厘定和责任理念的构建已成为当代工程德育的一项重要课题。

第二，当代工程德育是新工科背景下的工程德育。中国社会科学院哲学研究所研究员段伟文提出，新工科就其本身而言是指新兴的工程教育。而新兴的工程教育的核心理念是为：工程是一种创造世界的活动，工程师是未来社会的领导力量。鉴于这种变化，当代工程德育就应当追问，我们应该创造一个什么样的世界，工程师应该具有什么样的道德品格？答案是，它应当符合我们的核心价值观。因此，新工科时代新兴的工程教育应该发展出能够发挥引领作用的核心价值理念，而这些价值理念构成了当代工程德育的主要内容和基本目标。上海理工大学党委副书记刘道平教授则从人才培养角度提出，新工科建设需要培养适应未来发展的创新型、多元化高素质卓越工程人才。所谓“卓越”并不仅仅是指“才”“学”，它还包含着“德”这一方面。因此，如果新工科建设的核心目标是培养德学兼修、德才兼备的卓越工程人才的话，那么，工程德育就是新工科建设的一个必不可少的组成部分。

第三，当代工程德育是新时代美好生活建设进程中的工程德育。《思想理论教育》常务副主编曹宁华从“道与时”的角度提出，在新时代思考工程德育所必须思考的一个基本问题是，如何将社会主义核心价值观与新技术创造和新工程建设更好地结合起来？无独有偶，河海大学马克思主义学院戴锐教授也认为，当代工程德育研究和实践首先必须思考的是，新时代对于工程德育意味着什么？首先，它意味着工程本身必须更好地服务于美好生活的需要。其次，它意味着工程应该具有更好地融合性，也即工程应该容纳更多种类的价值追求。最后，它意味着工程德育的重要性日益提升。质言之，工程应该是对人的美好生活追求的一种积极回应，要能够更好地服务于日益丰富、不断变化着的美好生活。

二、关于当代工程德育的新内涵

如何准确地界定新方位“工程德育”概念的本真含义？在这一问题上，与会专家学者各抒己见，从不同层面和不同视角揭示了新方位工程德育的丰富含义。与会专家主要有两种观点：一是把工程思维应用于德育领域来解决德育问题；二是特指工程型人才的品德教育。但不论持任何观点，与会专家普遍认同，从新时代思想政治教育创新角度来说，应将两者结合，工程德育不仅是一种方法论，在对象上也具有针对性。

第一，部分专家主张对“工程德育”进行多维透视，应避免认识上简单化、庸俗化。武汉理工大学政治与行政学院杨怀中教授提出，“工程德育”或者说“工程伦理教育”是一个多面一体的复合概念，需要从不同的维度来把握。首先，工程伦理教育是一种素质教育。它既是一种科学教育，又是一种人文教育，两者交叉、融合于工程伦理教育。其次，工程伦理教育的核心关切是人的全面发展。按照马克思、恩格斯的看法，所谓“全面发展”是指人的本质力量的发展，是以其全面的形式作为一个完整的人来占有自己全面的本质。因此，工程伦理教育的题中应有之义就是，不断地挖掘和调动工科大学生在工程理论教育中学习理论知识的积极性、主动性和创新性，不断提升自身的社会责任感和工程伦理素质，实现其自身和社会的全面发展。最后，工程伦理教育主要是面向卓越工程师培养。工程师“卓越”不仅表现在工程技术卓越上，还表现为具备强烈的社会责任感。由于工程师的社会责任感集中体现为与工程行为直接相关的价值观，卓越工程师的培养必然要求加强工程伦理教育。

河海大学马克思主义学院戴锐教授提出，高校工程德育不能简单地等同于工程类高校或工程类专业学生的思想政治教育，也不能等同于高校德育领域对于工程伦理、技术伦理乃至科学伦理、科学成果的回应。他认为，这两种等同不仅将高校工程德育过分简单化了，而且极有可能错失新方位工程德育的时代品性。他进而提出，准确把握工程与美好生活的内在联系是深刻地领会高校工程德育时代性的方便法门。

第二，有的专家主要从方法论角度来理解“工程德育”。上海理工大学马克思主义学院卢岚教授认为，工程德育是指用工程的思维和方法来处理德育问题，即运用系统共层的思想观念和方法来全面地审视德育的目标、内容、原则、方法和评价系统。根据这种理解，工程德育可以定位为现代德育方法论研究。作为一种方法论，工程德育具有中层理论性质，也就是说，它向上可以抽象化为德育思辨的哲学方法论，向下可以具体化为德育实践的操作方法论。对工程德育的这种界定自有其优点：一是，它将工程的思维和方法引入了德育研究和德育实践；二是，它一方面为工程德育奠定了哲学方法论基础，另一方面又使工程德育具有可操作性。

第三，有的专家在较为具体的层面上，试图从具体规定性角度揭示高校工程德育概念的内涵和外延。上海理工大学马克思主义学院胡绪明教授基于高校工程德育对象的特定性提出，高校工程德育是指基于工程类专业学生的特点、认知方式、成才规律和成才需求，系统地设计思想政治教育的内容和方法，并建构起一个完整的体系。按照这种理解，在把握工程德育与工程伦理和思想政治教育的联系的同时，需要将三者区别开来，不能将它们完全等同。就其与工程伦理的区别来看，一方面，作为德育方法论的工程德育，注重运用系统性思维和整体性系统设计，整合高校思想政治教育资源，针对理工类大学生专业开展思想政治工作。另一方面，作为德育工作机制的工程德育，着重的是基于协同育人理念，构建“三全育人”机制和工作格局。就其与思想政治教育的区别来看，思想政治教育具有普适性，不针对任何特定对象，而工程德育恰恰是针对工程型、创新型人才培养目标而建构起来的德育实践范式。

三、关于卓越工程师的道德角色与伦理责任

与会专家学者普遍认为，工程师是多重社会角色的复合体，比如“技术人”“社会人”“政治人”，等等。正因为如此，对于卓越工程师的道德角色和伦理责任可以从不同角度来进行探究。有的专家强调了思想政治品德教育对于卓越工程师培养的重要性，有的专家基于智能时代工程师的道德角色冲突探讨了卓越工程师的伦理责任抉择难题，有的专家则详细地研究了卓越工程师的内在品德结构。

第一，从培养社会主义建设者和接班人的高度去加强工程师的伦理教育。上海财经大学马克思主义学院章忠民教授认为，从存在论层面来看，人实际上是经由道德伦理来承载、延伸、发展并表达自己的。从另一角度来说，如果理工类大学生或者说未来的工程师没有接受过良好的伦理道德教育，没有沉浸在一种良好的伦理关系当中，他在将来的发展中就会遇到“瓶颈”，其潜力就无法得到充分发挥和实现。因此，如果说卓越工程师意味着工程师在德智体美劳等方面的全面发展，那么，思想政治品德教育对于将理工科大学生培养成未来的卓越工程师就极为紧要。他提出，社会主义的大学必须培养社会主义的接班人，而社会主义接班人要能够担当重任，就必须德学兼修、德

才兼备。

第二,从未来人类社会发展对工程师的要求探索工程德育,完善工程伦理教育。大连理工大学大数据与人工智能伦理法律与社会研究中心李伦教授提出,随着人类社会从机械时代发展到智能时代,工程师的伦理责任发生了相应的变迁,即从忠诚于雇主、效率优先转变为社会责任。这就意味着,工程师既要为雇主服务,也要高效率低提供产品,还要为社会服务、为未来服务。那么,在利益和伦理责任发生冲突之时,或者说,在工程师的多重社会角色相互抵牾之时,工程师应该如何做出选择?解决这一难题,关键在于实现三个聚焦:一是工程伦理的信息聚焦,二是工程伦理的未来聚焦,三是工程伦理的政策聚焦。因此,在设计产品的时候,除了考虑产品的使用价值之外,还必须考虑产品的内在设计,比如进行价值敏感性设计,预先将人类价值嵌入到产品之中,预先主动处理对隐私的保护。中国社会科学院哲学研究所段伟文研究员提出,工程师应当形成自觉的道德伦理责任意识。他认为,在智能时代,无论进行人工智能研究还是进行大数据研究,工程师都应该自觉地追问,自己的研究和开发是否符合核心价值观,是否符合一般的社会道德法律规范?如果产生了新的价值问题,则应当进一步考虑如何引导它。具体来说,首先,工程活动从设计到制造、从生产到使用、推广,所有的环节都应当是问题导向的。也就是说,工程师要考虑它是否有害于环境、是否有利于人。其次,价值设计,这是新工科的极其重要的一个环节。最后,高度的适应性,也就是说,工程师在进行工程活动的时候,要考虑生态环境上的可接受性,不同利益群体的可接受性,以及不同的文化的可接受性,等等。上海师范大学马克思主义学院张志丹教授认为,工程理性是一种工具理性,应当接受价值理性的引导。从服务于人的角度来看,工程伦理的合法性就在于工程必须以人为本,要服务于人的生存和发展。另一方面,工程又不可避免地具有手段性和功利性。因此,卓越工程师需要在以人为本的前提条件下实现工程活动的目的性和手段性、价值性和功利性的辩证结合。

第三,从工程师的社会责任感培养角度拓展工程德育的理论研究和实践探索的视野。杨怀中教授认为,所谓卓越工程师,不仅表现为工程技术上的卓越,还应该具备强烈的社会责任感。从工程德育的角度来看,理工科大学生应该形成卓越工程师的工程价值观、卓越工程师的工程选择观和卓越工程师的工程实践观。与这种变化相适应,华中师范大学马克思主义学院秦在东教授认为工程型人才应当完善其内在品德结构。在他看来,工程型人才的基本素养由品德素质、知识素质和能力素质构成,其中,品德素质又包括五个方面,即道德认知、道德情感、道德意志、道德行为以及道德境界。这三种素质及其相互关系构成了工程型人才的核心素养,涉及科学、人文和艺术。因此,工程型人才要形成完善的内在品德结构,就必须做到科技素质与人文素质并重,注重学习与道德完善共生,个人价值与社会价值结合。显然,工程型人才的内在品德是在一定的工程德育环境中养成的,两者必须具有并保持内在的一致性。有鉴于此,戴锐教授提出,新时代高校工程德育必须拓展其视野、更新其结构。也就是说,新时代高校工程德育应该从先前的技术视野拓展到社会视野、生活视野和历史视野,并形成至少包括价值结构、主体结构和空间结构在内的总体结构。

四、关于当代高校工程德育的实践探索

确定工程德育的新方位、探究工程德育的新内涵,以及探索卓越工程师的道德角色和伦理责任,所有这些归根结底只有一个目的,即切实地提高高校工程德育工作的有效性。而这一根本目的必然同时要求工程德育工作在实践中积极地进行新的探索。与会专家一致认为,加强工程德育,不是另起炉灶,而是对原有德育模式的补充和创新。

第一,以工程德育理念推进高校思想政治教育改革创新。刘道平教授提出,高校工程德育的目标不仅仅是培养卓越工程人才,从而为实现“中国制造2025”计划提供必要的人才储备和智力支持,更为重要的是,它必须坚持把“立德树人”作为根本任务,培养德智体美劳全面发展的社会主义建设者和接

班人。因此，当代高校工程德育不只是一般意义上的工程德育，更是贯彻落实“三全育人”工作的一项重要举措，是思政课程和课程思政“同向同行”的内在要求和有效熔合点。上海市委宣传部理论处处长陈殷华提出，工程德育有其优点，但也有其局限性。充分地发挥优点、有效地克服局限性并因而实现工程德育作用最大化的基本途径，是将工程德育融入高校德育工作的整体格局，做到善用工科思维但又超出工科思维，实现工科思维和人文社会科学思维的综合、融合。而这又要求理工科高校加大人文教育和社会实践教育的力度，将理工科学生培养成复合型人才。复合型人才的培养要求优化和完善理工科大学生的内在品德，秦在东教授提出，其路径主要有三种，即坚定正确的政治方向、净化全社会文化环境和提升自身品德修养的质量。

第二，高校层面加强顶层设计，加强制度建设，为工程德育搭建平台。杨怀中教授、胡绪明教授强调，高校要努力建设一支适应卓越工程师培养、适应素质教育和人的全面发展教育要求的高水平工程德育师资队伍。浙江工业大学马克思主义学院王凤志教授提出，搭建工程德育平台，关键在于建立并落实全员责任制度。上海大学马克思主义学院欧阳光明教授进一步提出，高校要建立合力育人的有效机制，在确保思政课程的主渠道、主阵地地位的前提条件下，为课程思政与思政课程同向同行提供制度性保障。

第三，优化和完善理工科大学生内在品德必然要求加强和改进高校工程德育必须找准着力点。围绕当代高校工程德育的实践探索问题，与会专家学者将理论与实践相结合，认为当前重点是要在以下几个方面加强理论和实践探索。

一是将工程德育纳入工程教育这一系统工程。杨怀中教授认为，工程德育是工程教育的奠基工程，工程教育设计应该将工程德育包括在内。就工程德育纳入工程教育的具体途径而言，上海电力大学马克思主义学院焦娅敏教授提出，创新性人格知识系统包括一些非智力的因素，比如说乐观、自信、激情、联想，等等。而与此相关的人格品质仅仅依靠工程专业教育是难以培养的，这就为工程德育提供了一个可以主动作为的空间。上海工程技术大学马克思主义学院于凯教授提出，要善于挖掘工程教育中的内在价值因素，把工程的因素引入到人的世界观的培养上、把德育因素渗入工程教育当中，使之变成育人环节。

二是规范工程德育的内容。杨怀中教授提出，工程德育的最重要内容是强化工程伦理意识、增强工程伦理责任、提高工程伦理的决策能力。欧阳光明教授则强调，工程德育的内容必须以价值引领为核心。

三是在课程设置、教学模式、方式方法等方面积极创新。江苏大学马克思主义学院王征教授认为，要解决工程德育中的突出问题，关键在于实践教学创新，形成目标鲜明化、方法多样化、教学个性化的实践教学体系。上海第二工业大学马克思主义学院刘文教授以劳模文化融入工程应用型高校德育实践为案例，具体介绍了上海第二工业大学马克思主义学院开展工程德育的实践经验。上海理工大学相关部门负责人介绍了学校的相关做法，以“工程型、创新性、国际化”为内涵的卓越工程教育，以培树工程师价值观、工程专业素养、创新创业素养、国际化素养为导向，积极打造工程教育品牌。学校将工程伦理融入人才培养全过程，每年组织各学科带头人为新生讲述“工程导论”和为学之道，聘请企业工程师指导学生创新实践等，将工程伦理道德融于基础课、专业课、实践课等课堂教学全过程，推出了“智慧中国”系列课程首讲；推进科学素养与人文素养从相“加”到相“融”，设立中国传统文化研究所为学生开设系统的传统文化公选课，引领广大理工科学生增强文化自信。

21

从“纵”“横”双维度开展工程德育与大中小学校德育一体化建设[①]

——2019年高校工程德育暨大中小学校德育一体化建设高端论坛综述

正值全国高校思想政治工作会议召开三周年，为深入贯彻落实党的十九大精神，学习贯彻习近平总书记在学校思想政治理论课教师座谈会上的重要讲话精神，建立健全“三全育人”体制机制，切实推进高校工程德育和大中小一体化建设，上海理工大学马克思主义学院于2019年12月主办了“2019年高校工程德育暨大中小德育一体化建设高端论坛”。来自华中师范大学、北京师范大学、同济大学、西南大学、河海大学、武汉理工大学、哈尔滨师范大学、中央民族大学、北京科技大学、上海电机学院、上海应用技术大学，复旦大学附属中学、上海理工大学附属初级小学、上海理工大学附属初高中、上海理工大学附属普陀实验学校的专家学者、思政课骨干教师，以及《毛泽东邓小平理论研究》《探索与争鸣》《江汉论坛》《学校党建与思想政治教育》《社会主义

① 夏小华，上海理工大学马克思主义学院党总支副书记、讲师；李梅敬，上海理工大学马克思主义学院副教授。

核心价值观研究》《思想政治教育管理研究》《上海理工大学学报(社会科学版)》《解放日报》《中国社会科学报》等期刊媒体的代表围绕论坛主题进行了深入的交流和研讨。

一、工程德育:工程科技和人文科学协同演进

工程德育是在当前新工科建设背景下,对高校如何构建各学段相互衔接一体化德育体系,打造贯通各学段创新性人才道德素质培养模式,提出的思政教育新要求。工程德育除了作为一种方法论之外,还意蕴着工程科技和人文科学的协同演进。在这个意义上,如何以工程德育理念来引领思政课改革创新,这是我们要思考的重要问题。

(一)工程德育面临的机遇和挑战

上海理工大学党委副书记刘道平教授指出,我们要思考中国工程教育的人才培养体系和大中小德育一体化教育的相互衔接问题,特别是要围绕立德树人根本任务,将工程德育理念融会到工程教育整个体系中,融会到工程人才培养的各个阶段,发挥好思想政治理论课的主渠道作用。更为重要的是,要从更深层次去思考培养教育的路径和方法,在培养工程技术人才的思想道德意识和社会责任感方面的融合和契合,研究和探索工程德育理念的历史逻辑、理论逻辑和实践逻辑;要不断通过理论分析、案例研究、调查研究等方法推动我国工程德育发展,将创新协调、绿色发展理念融入工程教育,促进学生成长过程中的思想自觉和行动自觉,培养担当民族大任的时代新人。

工程学界对工程德育流行的看法为:工程德育是一种方法论,是一种模式化的、程序化的、系统化的构成模式,通过这个模式对德育过程进行有效控制。这种德育方法论的讲解式架构,是把工程德育的实质埋解为德育的工程化、模式化的操作模式。实际上,工程德育这个概念有着明确的问题导向,这个问题就是要解决我们理工科类高校或者是人才培养的有效性问题。对此,上海理工大学胡绪明教授认为,工程德育作为一种新的思想政治教育范式,

符合理工科学生的认知特点、认知方式、成长成才规律和现实需求，是对我们现有的思想政治教育工作系统化的整合、重构和再造。

河海大学金林南教授进一步阐述了工程德育面临的矛盾以及工程德育的条件。他指出工程德育中的第一个矛盾，即工程知识与道德知识两者之间鸿沟的实际存在，科学与人文之间的不可通约性使得彼此之间的理解很难完成；第二个矛盾，即工程技术发展所产生的社会效益与现有的道德规范的严重滞后之间的矛盾；第三个矛盾，即工程技术本身的开放性、整体性发展与现有教育方式的封闭性、滞后性、碎片化之间的矛盾。工程德育的条件改善主要包括知识基础条件、教育条件、载体条件、制度保障条件四个方面。

(二)工程德育的实效性及提升路径

武汉理工大学邵献平教授就工程德育视域下思政课的实效性进行了探讨。他从工程概念、工程德育概念和德育工程概念出发，探讨了工程德育思维下思政课的思维方式，即思想问题化，问题要素化，要素关系化，关系环境化，环境历史化，历史现代化，现代生活化。同时，还探讨了提高思政课效果的路径，即“围绕一个中心，解析两根链条，明确三个认知，抓住四个维度，做到五讲”。具体而言，“围绕一个中心”是以习近平的“八个统一”为指导，以新时代大学生为对象，紧紧抓住思政课教师这个关键环节，围绕着提高教学效果这样一个中心来开展。所谓“两个链条”，一个是主体链(国家主体、组织主体等显性链)，一个是信息链(信息传播的隐性链)。所谓“三个认知”，即对新时代青年特质的认知，对思政课角色的认知，对提高思政课教学效果困难性的认知。所谓“四个维度”，即理论的维度、语言的维度、情感的维度、需要的维度。所谓“五讲”，即讲理、讲情、讲生活、讲知足、将纪律。

(三)工程德育的本土化诉求

国外学界对于工程伦理教育的研究已有一个世纪之久，从美国、英国、俄国、日本等多个国家的工程师社团，到将工程伦理条款加入技术章程，再到工程伦理教育发展成为涉及哲学、社会学、法律和管理学等多门学科跨专业的一种学科，走过了一个漫长的发展历程。但是从国内来说，国内对于工程伦理的研究起步相对较晚,20 世纪 90 年代以来,国内学界对于工程伦理教育的研究是工程伦理本土化的过程,也是工程伦理本土化的诉求使然。上海第二工业大学毛天虹教授指出,我国目前的工程伦理教育基本上是沿用西方工程伦理研究分析的一个框架,从述评、启示、比较等层次对西方工程伦理进行研究,这样的一种研究框架对于中国来说有一点水土不服。以欧美历史经验为背景所建构的工程伦理和工程伦理教育,对于中国来说还是不太适合,对于我们工科生的伦理素养培养是非常不利的。因此,她呼吁学界对工程伦理教育的本土化做一些有益的尝试。

二、以工程德育理念推进高校思想政治教育改革

以工程德育理念推进高校思想政治教育改革,是贯彻落实"三全育人"工作的一项重要举措,也是新工科建设背景下,主动适应和对接高素质卓越工程人才培养的内在需要,更是坚持社会主义办学方向,加快推进教育现代化,建设教育强国,办好人民满意的教育的根本要求。

(一)工程伦理教育融入思想政治教育

上海商学院朱秋教授结合当前大学生价值取向特征指出,当代大学生人生价值观取向的主流是积极健康向上的,但消极因素呈增长态势,主要表现在:在认识和处理个人与他人之间的关系上,存在理论认识和实践选择相脱节的问题,表现在理论认识水平很高,现实选择个人利益化;在认识和处理个人利益与社会利益的关系上,越来越多的大学生关注自己大于关注他人和社会;在认识和处理个人利益与自然资源关系上,学生认知水平较高,但生态道德意识较低,个别大学生生态道德缺失,在诚信标准、社会公德标准上,对群体的诚信道德评价不高,对自己个体的诚信道德认同度却很高。造成这一现象的原因之一,是知识层面教育与思想道德层面教育不协调、教育方式不当和课程设置不合理。

对此,中央民族大学王文东教授在德性主义视域中诠释"如何学以成

人”，他认为，在国家德育的体系建构中，德性（品德、美德）概念是最基础的。德性体现了人的自然性、道德性和伦理性的统一：人的自然性，即自然禀赋，包括欲求、欲望、情感、情绪、动机等；道德性，强调理性对自然性的一种协调；伦理性主要是体现一种关系，关系人与万物存在一体的这种原理。

毛天虹教授指出，工程伦理教育融入思想政治教育，对于理工科大学生的综合素质提升和未来职业发展具有重要意义。把专业伦理教育和思想政治教育相结合，不但可以丰富思想政治教育的内容，增强思想政治教育的针对性和实效性，而且可以培育大学生对待工程伦理责任的态度，从而直接决定工程教育能否真正有益于社会。工程伦理教育融入思想政治教育的理论基础，不仅要提高工程伦理教育与思想政治教育的内在协同性；还要将工程伦理教育延伸到高校思想政治教育，包括在思政课实践教学环节中积极引入工程伦理教育。

（二）智能时代工程师的伦理责任

以人为智能、大数据、万物互联、虚拟现实为代表的智能革命把人类带入了智能时代。科技革命与智能时代的来临，凸显了智能时代工程师伦理责任的问题以及工科人才伦理素养的培育问题。对此，西南大学邱德胜教授和上海理工大学刘科教授从不同的视角进行了阐释。

邱德胜教授首先阐释了工程师职业伦理责任演变的四个阶段：第一个阶段是服从命令，或是服从军队的命令，或是服从企业家的命令；第二个阶段是普遍责任，第二次科技革命之后，工程师的地位逐渐提高，甚至有专家提出了技术主义，也就是专家治国论；第三个阶段是科技的双软件功能，工程师对于社会公众利益的关切得到加强，我们称为反哺社会；第四个是关乎自然，主要是由于生态环境破坏较为严重，所以工程师的伦理责任会有所调整。智能时代，我们对于人工智能要有一种审读的态度，不能强行的抵制，也不能盲目的追求，还要采取一种较为理性的态度，要警醒它未来的负面的风险。

刘科教授提出，当代工程人才培育当中，伦理教育如何与新技术对接？首先科技革命与技术反思呈现一个伦理进化的趋势，人工智能对于人类隐私、生命、社会公平与正义造成了巨大威胁，这个构成了新的技术革命之后面对的一个伦理的思考，这个思考所产生出来的人才培养方式，与前几代是不同的。工程伦理问题上，曾经是懂技术的人不懂伦理，懂伦理的人不懂技术。因此，工程师在何种程度上对某项技术的具体展开有责任？这方面目前还比较模糊，需要进一步研讨。

（三）工程德育与美好生活

上海理工大学卢岚教授从大数据的角度论述了思政课程的建设，她认为所有的科学在抽象意义上都是数学，直觉的判断直接让位于精确的数据分析，所有采取的方法都可以通过大数据的计算把事物和现象转化为同构的数据模型，这是当下思想政治教育同时也是美好生活面临的重大现实问题。

北京科技大学宁全荣副教授认为，科学技术是美好生活的必要手段，美好生活一些方面其实都先天的受制于科学技术，美好生活的创造离不开工程科技的发展。他从美好生活的科技底色、反思科技越发展是否生活越美好、从不美好到美好的无止境逼近、当代大学生的工程德育四个方面阐释了自己的思考。人是目的，技术是手段，对于高校工程教育不仅仅应该是技术的问题，技术与人性之间的这种关系也应该是重中之重。

《探索与争鸣》主编叶祝弟在点评中也指出，新兴的技术给人类带来了便捷的同时，也将人类带向一个不可控的未来。在这个维度上，技术工程关涉的人类的整体利益、人的尊严和人在自然界的位置，由此引发了对生命伦理、生命价值及人类存在的深度思考。面对迅猛发展的人工智能，我们既不能因噎废食，也不能持一种完全放任的态度，而是要进行对话和融合。

三、大中小学校德育一体化融合发展、协同攻坚

推动高校思想政治教育建设离不开大中小德育一体化，做好大中小的衔接工作是继续推进思想政治教育改革的关键所在。上海早在 2005 年就开始推动大中小学德育一体化建设的相关探索，积累了一些可推广的有效经验，

但同时也面临着一些新形势下的新问题。

(一)大中小学校德育一体化的理论探索

上海市教委德育处副处长杨长亮认为,推进高校思想政治教育要把握三个关键:课程、教师、一体化。课程教育是思想政治教育的主渠道,教师是思想政治教育的关键主体,一体化建设是协同推进思想政治教育的关键。要大力推进大中小一体化建设,不断推进思想政治课程体系改革创新和思想政治教师队伍建设。大中小德育一体化建设要遵循循序渐进、螺旋式上升的原则,从课程建设、教材建设以及协调机制三个方面携手推进,将一体化的原则贯彻到中小学德育过程的每一个环节。

上海理工大学党委副书记刘道平教授谈到,学校依托百年的办学传统,积极探索校训与社会主义核心价值观的切合点,以爱国精神和红色基因传承为主,构建了大学及附属高中、初中、小学一体化德育培养体系,努力打造贯通各学段创新人才培养的模式,逐步形成大中小创新工程、教育共同体的这样一个联动发展的机制。

同济大学特聘教授陈大文对一体化的具体内涵提出了自己的见解,认为一体化是按照系统科学的整体性、层次性和有序性的原理,厘清纵向、横向关系,统筹推进队伍、课程、教材、教学和管理等基本建设,以实现纵向衔接、横向贯通、循序渐进、螺旋上升、优势互补、携手共进。

华中师范大学秦在东教授将一体化建设提升到了哲学的高度,从有机衔接、顶层设计、多元协同、统筹推进四个方面,围绕内容、文本、教学、理念四个转型抓实抓细抓紧推进一体化建设。他指出整体性、衔接性、递进性、统筹性是一体化建设最基本的特点;分层递进、分类推进是一体化的规律特质;多元协同是一体化的本质的要求;按照规律去行使正确规律,就能做到有机衔接、科学衔接。一体化建设应根据学生年龄身心理特点制定分目标,做到层层递进、螺旋式上升。

上海应用技术大学李国娟教授阐释了大中小德育一体化的机制,这一机制包括三个方面:统筹协调机制、协同推进机制、能力提升机制。统筹协调需要教育部等政府部分的牵头，协同推进则是需要在教材、课程、教师各个方面下功夫，能力提升则重视教师的能力。

北京师范大学杨增岽副教授指出，大中小学思政课一体化要坚持党对思政课的全面领导，从问题出发，以目标为导向，要坚持涉政和创新的统一，坚持纵向衔接和横向贯通的统一，坚持政治引领、价值引领以及知识传授的统一。

（二）大中小学校德育一体化的实践探索

复旦大学附属中学副校长虞晓贞以高中思政教育承前启后的作用为主题，从高中教育的地位和意义、如何进行高中的思政教育、承前启后应该怎么做、问题与思考四个方面展开，指出高中是学生青春期发育的高峰，生理结构已经基本走向成熟，同时也伴随着心理和思想意识上的巨大变化；高中也是学生走向成人的预备期，教育者不仅仅要考虑学生的升学问题，同时也要考虑如何培养一位合法公民的问题。

哈尔滨师范大学胡菊华教授结合自身的教学实践，具体论述了个性化教育，例如，结合教学内容，每一堂课都设计课堂的问卷，由教师提问转化为学生自问自答，引导学生去自我反思。

上海电机学院马克思主义学院院长范冬蛟副教授介绍了电机学院在思政建设方面的五点经验，即思政理论教学与实践教学的有机融合、开门办思政的多主体协同机制、开门办思政的资源整合机制、开门办思政的场域贯通机制、多种绩效方法综合的评估机制。

上海理工大学思政课教师王海斌围绕教育阶段的目标设定等问题，认为大学阶段增强使命担当，高中阶段提升政治素养，初中阶段打牢思想基础，小学阶段启蒙道德情感等具体目标应该进一步深化、细化，并对实际教学过程与教育目标的脱节谈了自己的看法与思考。

上海理工大学附属中学邝文华介绍了附属中学依托上海理工大学推动课程与教学、师资与培训、平台建设与资源共享等各个方面的建设工作。学校在上海市特色高中的创建过程中，注重以人文情怀全方位帮助学生解决成长成才中碰到的问题，并从系统思维、创新实践、交流合作等方面提炼出了特色鲜明的工程素养培育模式。

上海理工大学附属初级中学崔铮从上海市家庭教育示范校区的新优质集群的发展效应、体育多样化、生命教育、科技特色、上海海理工大学研究生实习基地等方面对初中生的思想政治教育提出了自己的看法。他认为，推进大中小学校德育一体化建设是教学改革的进一步拓展的需要、学生自身成长的需要，同时也是基于德育工作深度思考的需要。同时，他也介绍了上海理工附属初级中学所做出的一些探索，例如，与大学开展心理教育、素质拓展、国家教育等方面的合作，与企业开展对接活动，使得初中学生能够走进企业体验职业生涯。

上海理工大学附属普陀实验学校王惠勤以“聚力科创、奠基未来”为题介绍了上海理工大学附属普陀实验学校的思政课程建设情况，例如，初步架构了小学一年级校本科创课程的框架体系，以十大版块搭建为基本框架，融人文性、科学性、综合性、探究性、艺术性和创造性于一体；扎实开展丰富多彩的科创课程，做到定时间、定教师、定主题，各项趣味横生的活动，深受学生的喜爱；科创课程重在引领学生亲近自然，感受科学学习创新，让学生亲历探究活动和解决问题的过程。

上海理工大学附属实验初级中学陈前结合自己的工作经历，教育过程中出现的问题、学校的办学理念等问题了提出了自己的思考。他指出，我们既要注重自然科学素养，也要注重哲学社会科学素养，要加强站在关心社会和国家的角度来思考问题、思考人生、设计人生、规划人生的素养培养。而工程德育、工程素养要追求价值理性，强调工程如何促进社会的进步，如何让人类生活得更美好。

上海理工大学附属小学田玲从主题教育活动、学生社团活动、学生教师评价机制等阐释了其对一体化建设的思考，认为上海理工大学附属小学与上海理工大学合作领域不断拓宽，合作方式更加多元，合作内涵不断深化，将有力地推进大中小德育一体化进程。

四、总结

总体来看，本届论坛从“纵”“横”双向维度展开高校工程德育与大中小德育课程一体化建设的研讨深入，有助于我们总结经验，前瞻未来，对凝聚力量、探索有效的思想政治教育道路具有积极的意义。正如上海理工大学马克思主义学院党总支书记彭宗祥在论坛总结中所言，本届论坛“关注前沿，立意高远”，各学科“融合交汇，沟通深入”，与会专家“真知灼见，精彩纷呈”。在国家大力发展新工科、新医科、新农科、新文科，优化学科专业结构的背景下，这次会议的召开恰逢其时，教育部高教司司长吴岩在“2019 年教育部产学合作协同育人项目对接会”上强调，要打好“结构优化”攻坚战、“模式创新”攻坚战、“学习技术”攻坚战、“质量体系”攻坚战。工程德育倡导新工科和新文科“双脑”合聚，将工程教育中的技术教育与非技术教育不断融合，从工程科技和人文协同演进的实际出发，发挥多学科协同效应，发挥大中小德育一体化的融合效应，让我们的教育更加契合现代社会的发展需求。

附录一

试论新时代学校教育的价值追求[①]

教育具有时代特征，在新时代背景下，学校教育要继承原有的优秀传统，同时也要反思过去一段时间中存在的问题，塑造新的价值追求。在中国的强国之梦正经历着以美国为首的一些西方国家的激烈打压的情况下，中国的学校教育更需要强化政治价值、社会价值。特别是要在培养学生的过程中，反思基于学生个人利益的激励策略，强调青少年的报国之志，实现学校的工具理性与价值理性的高度契合。本文以上海理工大学附属实验初中的“上善若水、创生美好”的价值理念和“创美课堂”教学实践为例，来阐述学校的价值追求。

党的十九大把当前和以后一段时间的时代概括为新时代，这个名词绝非是一个简单的时尚概念，而是蕴含着丰富而深刻的哲学社会思想以及对中国特色社会主义建设事业的战略指导意义。新时代一个重要的特征就是基于“四个自信”和中国发展良好态势背景下的中国话语体系的建立，这个话语体系不是中国文化的霸权，而是中国文化对世界的贡献。在教育领域，也是如

---

① 陈前，上海理工大学附属实验初级中学党支部书记、高级教师。

此，新时代下中国的教育事业也将满怀信心地进行总结提炼、自我批判和创新发展，构建具有新时代特征的创新实践和与之相关的话语体系。新时代是一个学习型社会，终身教育体系得以建立并发挥重要作用，本文着重讨论新时代背景下学校教育的价值追求。

一、新时代学校的政治价值导向

作为一个曾经灿烂辉煌的文明古国，经历近代的风雨沧桑和改革开放带来的快速发展，中国进入了新时代。这是一个承前启后、继往开来，就要实现民族复兴之梦的时代，这个时代的使命在中华民族的历史长河中具有无上荣光，这个使命对应的任务又是格外的艰辛。在这个阶段，中国的政治、经济、文化与以美国为代表的西方政治、经济、文化之间进行着激烈交锋，这是一场必将胜利但是要经历千难万险的斗争。最近，美国公然恬不知耻、歹毒凶狠地干涉中国香港治理就是一个例证。这是一个公民素质、生活水平、国家治理都要得到全方位升级但是仍然面临诸多困境的时代。总体来看，这是一个中国逐步步入世界舞台中央区域并对人类做出巨大贡献的时代。最关键的是，这是一个中国人能够理性对比中西方制度并且树立了坚强自信和不断进行自我革命精神以永葆先进性的时代，习近平新时代中国特色社会主义思想为这个时代提供了强大而锐利的思想武器，学校教育也要彻底理解好、应用好这一思想利器。

新时代的特征必将体现在学校的价值追求上，学校的价值追求也必须是对新时代背景下国家发展的使命、任务、挑战、机遇做出的自觉的、积极的回应。一所学校的办学，必须在正确的价值观引导下才能为社会做出更多的贡献。回顾中华人民共和国成立以来，学校教育取得了巨大的成效，九年义务教育得以实施，素质教育理念被广泛重视，高等教育培养了大量的人才，这些成就都离不开学校的正确价值引领。反之，一个班级、一所学校、一个地区的教育在消极甚至负面的价值主导下开展教学活动，必然为社会带来负面作用。新时代背景下中国社会还有一个本质性的特征，那就是必须坚持中国共产党的领导、必须坚持社会主义道路、必须坚持社会主义核心价值观等思想政治领域的中国特征，中国的学校教育必须具有鲜明的中国政治特征，任何试图去政治化的那套说辞都是危险的。

学校教育在政治领域的价值取向是学校价值范畴中起决定性作用的关键变量，这个变量出了问题或者被忽视，教育必然出大问题，社会必将出问题。党的十九大提出，要强化党对各项事业的全面领导，这也必然要体现在党对教育的领导、党组织对学校的领导。这进一步突出了新时代学校教育中政治价值的重要性。对这个重要性的认同就是我们在新时代下加强和改进思想政治教育的一个基本前提：学校必须把学生的思想政治教育放在首位，把政治思想的先进性作为立德树人中的最重要之德。如果"培养"出一个貌似举止优雅、才华横溢但是却反党叛国的人，这便是学校教育犯下的重罪。学校教书育人，为社会做出的价值内容是丰富的，但是最核心的价值是保持教师和学生在政治性上的先进性，要坚决地纠正只重知识教学而轻视思想政治教育的现象，要严防错误引导学生思想政治的现象。

当前，要深刻吸取香港暴乱的教训，最迫切地的是要狠下决心把亲西方而污蔑我们党我们制度的人清除出教育队伍。在各级各类学校，要旗帜鲜明地把思想政治教育放在德育的首要位置。这就要求学校做好以下工作：

(1)党政干部和党员队伍必须要发挥坚强的政治堡垒作用，具有纯洁的"三观"、先进的政治思想、坚定的理想信念。

(2)学校党组织切实发挥领导作用，引导全体师生拥护党的领导和中国特色社会主义制度，坚持"四个自信""四个意识"。

(3)要强化师生的思想政治教育，不断改进思想政治教育的方式方法，提高教育实效，切不可因为学科知识的教学而忽视思想政治教育。

(4)要密切关注师生的思想政治动态，树立先进典型，针对性地教育、帮助思想上的落后者，不让其掉队。

二、新时代学校的人生价值导向

每一所学校都有自己的办学理念，这个理念蕴含着学校的育人目标。马克思主义主张人的发展和社会发展的高度统一、人在社会建设中实现个体的最大化发展等思想。新时代，中华民族担负着实现民族复兴之梦的使命，这就要求我们培养的人要自觉地投入到这个追梦历程之中，在中华民族复兴的伟大事业中来实现个人的发展和价值，创造人生的幸福，而不是去做一个只关心自己小家庭而不关心社会大众的精致的利己主义者。事实上，如何减少利己主义思潮对学生的影响，是学校教育亟须破解的问题；或许，一个重要的原因是这些学校实际上并没有坚持最好的价值取向，忽视了学生的“乐于为国家做贡献”的这个关键的“德”。长期以来，或许是受物质条件限制、享乐主义等因素的影响，部分家长和教师把对学生的激励建立在“好好读书将来会有一个好的工作”这样一个看似不错的逻辑之上，这个逻辑的本质是利己主义的，是狭隘的，当学生不想为个人的前途而奋斗的时候它就失灵了。为了民族和国家而努力学习的生命追求更加符合社会心理学和人的发展规律，以周恩来“为中华之崛起而读书”的观点为代表，揭示了家国情怀更能激励青少年奋斗这一人生真理，这其中的逻辑基于在人的社会化与人的发展之间的内在关系。

新时代，学校迫切需要检视并提升办学理念中的价值取向。上海理工大学附属实验初级中学的办学理念原来是用“上善若水”这句话来概括的，倾向于强调“善良”意义上的“善”。党的十九大之后，经过一系列的学习和探讨，学校反思对这个理念的内涵理解，认识到，原来的理解虽然也不错，但是内容还不够丰富和深刻，没有鲜明的时代特征。于是，学校深入探索“上善若水”的思想内涵，进一步升华对学校办学理念的理解，提出了如下两方面的价值追求：

以“水”喻“人”，以“万物”喻“社会”，“水利万物”就喻示着“人利社会”，强调了人的社会价值，把“培养利社会的人”作为育人的核心价值，包括培养奉献社会的“德”和奉献社会的“能”;水是生命之源,大自然生机勃勃无不得益于水的滋养,依据这个生命现象,学校根据新时代人民对美好生活的向往,提出了“创生美好”这个理念,于是就把以“善良”为核心的“上善若水”这一理念提升、延展为以“建设美好社会”为核心的“上善若水、创生美好”这一理念,实现了学校价值观的升华。在这样的理解下,学校德育更加准确地把握住了社会主义社会对德育的本质要求——学生树立为美好社会做贡献的理想并为之奋斗从而实现人的更充分的发展,这也是儒家修身、齐家、治国,平天下的生命追求的现代展现。

根据“上善若水、创生美好”的这一育人理念,学校设计出一系列的育人方案:学生在家庭中要和家人一起开展“家庭创美书香角”的设计和体验,学生和老师、家长一起参加社区的“创美生活社区实践”,学生在班级开展“创美书香角”的活动等。在学科教学中,我们提出“创美课堂”的理念,主张课堂基于一个让生活更美好、让知识结构更美好的问题来展开,把学习的价值定位在为生活和学科带来更美好的变化。

三、新时代学校的价值理性导向

有人把学校理解为培养人的专业机构,从而强调学校的工具理性,轻视学校的价值理性。所谓“工具理性”,就是通过实践的途径确认工具(手段)的有用性,从而追求事物的最大功效,为人的某种功利的实现服务而不太估计这个事物的社会效益,工业化过程中带来的生态环境问题就是这样的。工具理性是通过精确计算功利的方法最有效达到目的的理性,是一种以工具崇拜和技术主义为生存目标的价值观。根据这个价值取向,就会把升学率好、学生学业水平高作为判断学校好坏的唯一标准,而对那些为弱势生源(身体、心智、品德等方面处于弱势的学生)倾注了极大心血但是学业成绩一般的学校给予差评。导致这一现象的原因很多,一个主要原因来自家长对学生学业成绩的关注,而家长的这个关注又有一系列的原因。在新时代下,人民期待更美好的教育，要关注学生受教育的过程幸福、学生得到的个性化成长和学生为未来人生的在各方面的奠基，而不仅仅是关注学生的考分。党政部门、教育界、媒体等应该引导社会对学校品质进行多元理性的评价，在关注学校的工具理性的同时，更要关注学校的价值理性。

德国社会学家马克斯·韦伯（Max Weber）所提出了“合理性”（rationality）概念，将合理性分为两种，即价值理性和工具理性。价值理性相信的是一定行为的无条件的价值，强调的是动机的纯正和选择正确的手段去实现自己意欲达到的目的，而不太在意其结果如何。义务教育的价值导向就是价值理性，全部的学生接受义务教育，这是国家对青少年的无条件的培养，哪怕是在心智上非常困难的学生也有接受教育的权利，哪怕学校对某些学生的培育并不能产生明显的效果，这样的教育还得要坚持。这就是学校教育的价值理性。

新时代背景下，我们国家的发展水平和制度优越性，要更加充分地体现教育、医疗等民生事业的价值理性上。在城乡一体化发展、各地区协同发展甚至区域一体化的时代背景下，要进一步消除学校教育在城乡、地区之间的事实上的不平衡和不平等。特别是要更加科学地设计户籍对学籍以及升学的影响，更充实地实践共享美好生活的价值理念。

若将学校比作工具，我们注重工具理性，更要注重价值理性。这个问题也体现在对学生的德育上，我们培养学生的“能”，更要培养学生的“德”。比如，我们在谈论工程德育这个话题的时候，最根本的问题是学生要成为一个价值理性和工具理性并重的人，也就是德才兼备的人。一个工科学生的“德”，不能仅仅是文明素养高、爱学习、爱专研、敬业、创新等品质，最重要的一点是学生有通过自己的工程才能来服务社会、报效祖国的家国情怀，这才是制造强国的精神力量。可是，当前还是有些教师不太积极地进行这方面的教育工作，只关注自己所教授的专业成绩，甚至用“没有用”“讲空洞的政治理论”“专业老师不讲政治”等这些话语来打击那些注重思想政治教育的老师。这种现象也要得到纠正，方能使学校教育在价值理性和工具理性两方面相互支撑、鞭策。

作为一所义务教育阶段的公办初中，也作为一所工科大学的附属学校，上海实验在办学实践中注重价值理性和工具理性的平衡，具体体现在以下几个方面：

(1)秉持关注每一个学生得到适切的教育这一原则，不唯分数论，不忽视对心智、学习、品德等方面的困难生的关心。

(2)实践“事中而德”的德育理念，注重培养每一位学生的文明素养，让学生在做任何事情的过程中都体现良好的道德修养。

(3)思想政治教育放在德育的首位，通过纯正的思想政治课、系列仪式和节庆活动、“红色中国”校本德育课程、“创美生活”社会实践等培养学生的国家认同、四个自信和对党的情感。

(4)学校与上海理工大学等高校的创新实验课程、生态环境课程、人文艺术课程等方面的合作项目，基于学生在探索家庭、社区、社会的美好生活的过程提出的问题来建构，把创新的起点构筑在“报效祖国、服务社会、关心大众”这一精神追求上，而不是狭隘的利己主义(例如，因为参加创新课程就可以获奖等的狭隘的学习动机)。

(5)学校的课堂教学坚持“创美”，以价值理性的追求来进一步彰显工具理性，提高育人效果，创美课堂体现为“七美”，即美的愿望、美的习惯、美的问题、美的探索、美的成果、美的应用、美的反思。这一追求也是学校对工程德育在课堂教学中的一个实践：基于让生活和知识体系更加美、更加好的愿望来解决存在的问题，体现学生的尚美和创造的主体作用，为他们今后成为社会的建设者打下精神品质和思想方法的基础。

参考资料

[1][德]马克斯·韦伯：《新教伦理与资本主义精神》，陕西师范大学出版社 2002 年版。

[2]中共中央宣传部理论局：《新中国发展面对面》，学习出版社 2019 年版。

[3]哈佛燕京学社：《儒家与自由主义》，三联书店出版社 2001 年版。

[4]傅欣：《美好教育》，上海教育出版社 2018 年版。

[5]檀传宝：《走向德育专业化》，华东师范大学出版社 2012 年版。

附录二

工程德育背景下小学德育“感知教育法”的实践探讨[①]

从大工程观维度切入的工程德育，将为人类生活得更美好而进行的创造性实践活动应用到德育方法论现代化转型的新思路中，强调德育的熔铸和创新功能。在工程德育背景下，在大中小德育一体化进程中，对小学生进行品德教育需要时刻注意过程把握，从学生具体的生活实践中整体把握德育的功效，创设具体而明确的情景，在教中育，在育中教。新课程改革以来，品德教育生活化的转向，使得小学品德教育需及时从知识品德教育到生活品德教育进行转型，建立符合生活逻辑而不是知识逻辑的道德教育。在实践教学中，笔者时刻注意将小学生的品德教育作为一项潜移默化的全程育人事业，从课程设计到课堂教学到课后辅导，从学校到家庭到同伴，将德育作为一项“润物细无声”的感知教育和正能量教育。

自 2001 年我国小学德育课程列入全国基础教育课程改革的日程以来，

① 李淑文，河北衡水桃城区邓庄中心学校。

已经过去将近20年了。笔者在20多年的从教过程中，时刻注意将小学生的品德教育作为一项潜移默化的全程育人事业，从课程设计到课堂教学到课后辅导，从学校到家庭到同伴，将德育作为一项“润物细无声”的感知教育和正能量教育。

一、工程德育背景下德育课程从知识化向生活化转向

从大工程观维度切入的工程德育，将为人类生活得更美好而进行的创造性实践活动应用到德育方法论现代化转型的新思路中，强调德育的熔铸和创新功能。在工程德育背景下，对学生进行大中小德育一体化中的科学精神教育，需要时刻注意对品德教育的过程把握，从学生具体的生活实践中整体把握德育的功效，创设具体而明确的情景，在教中育，在育中教。“新课程改革以来，义务教育阶段的德育课程以回归学生生活为基本理念，以帮助学生解决他们在成长中遇到的问题，将立德树人的教育任务通过满足学生成长需要的方式来实现，探索出了德育课程的中国道路”[1]。而长期以来，我国的基础教育都比较重视知识教育，注重知识的广度和深度，注重知识的体系化和成绩化，因此也往往会把道德作为一种纯知识内容来学习。这并不是我国的个案，在西方国家，道德即知识的传统由来已久，毕达哥拉斯曾把德性归为数目的比例关系，苏格拉底明确提出了“美德即知识”，柏拉图确立了著名的四德性说，亚里士多德把德性分为道德德性和理智德性……他们往往都把道德作为知识来看待，并且极力追求其科学性和真理性。道德作为一门课程，从低年级的“品德与生活”课到中高年级的“品德与社会”课，充分说明道德首先是与我们的生活密切相关，就小学生而言，道德从知识化、理论化的道德知识转变为生活化、经验化和感知化道德生活，是小学德育取得成效的必经路径。在构建大中小一体化德育体系的大背景下，在生活和实践中寻找德育的根基是一体化的前提，也是简单有效的方式。道德又需要生活来确认，德育要在生活中凭借对生活和经验的感知来取得实际效果，如果违背学生自己的经验

和生活感觉，那么道德就会存在书本道德和生活道德的脱节，道德就成为仅仅存在于书本上的知识，而不是可以付诸实践的行为指南。因此，降低道德知识和道德生活的错位势在必行。

注重理性的理性主义认为，道德的生成路径是道德知识学习，在与人的理性相结合的过程中，达到约束外在行为的目的，从而使外在行为符合道德知识，并久而久之达到内在心灵与符合道德知识的效果，正如凯洛夫所言："学校在用知识武装新生一代的同时，就形成了学生的世界观和道德面貌，培养了他们的共产主义行为习惯。"[2]而从德育课程回归生活化的德育教材体系看，道德的有效生成路径应该从生活中产生和规定道德知识、道德理论、道德行为、道德观念，在与人类理性的结合过程中，成为内化为自身心灵的行为指南。两者相比较而言，前者是一种约束性道德，人类生活在其约束下变得不自由，甚至成为生活痛苦的来源。因此品德教育必须回归生活化，从知识道德走向生活道德。生活论的道德观认为，道德存在于生活，生活是道德存在的基本形态。鲁洁教授认为道德的本质即生活，“把道德理解为生活、生活的方式，澄明了道德的本质”[3]。“如果我们把生活作为一种功能性结构来考察，道德作为生活的内在构成，它的功能就在于引导生活向着善性的方向发展，也即是引导生活变得更好，更有意义和价值。道德，它调节着生活的向度和演化，它调节生活的目标、进程、方式，同样也在生活中调节人自身的生活态度与行为，道德可以使人对于生活所蕴含的内在尺度具有自觉，它使生活的意义域不断地拓展，从而使生活中的人不断实现自我超越”[4]。

因此建立符合生活逻辑而不是知识逻辑的道德教育成为小学生健康生活、愉快生活的重要保障。

二、在生活经验中进行感知品德教育

小学生德育的目标是让他们对于生活经验有更深更丰富的感知，“在疏解学生成长中遇到的问题、满足他们思想道德发展需要的过程中实现立德树人的根本任务”[5]，并在此基础上学习如何反思他们的生活经验，进而提升他们对于生活经验的感知，这是一个螺旋式上升的过程。

小学是人的生理、心理发展变化的重要时期，也是小学生增长知识，接受良好道德品质和行为习惯养成的最佳时期，而小学学生由于生活经验的缺乏和知识技能的限制，不适合大量采用讲道理的教学方式，而应在案例教学中让他们辨别是非曲直，因此，要达成品德教育的目标，不仅要制定具体的要求，而且要把目标融于具体的人和事，依托感知教育铸魂育人，让小学生自我悟出道德的生活本质。因此，小学阶段德育主要是对学生进行生活指导，主要通过活动案例实现教育目的。

（一）在典型案例教学中，感知正能量

1. 实践教学，感知祖国富强，注入爱国情怀

寓德育于学科教学之中，是德育与知识传授相结合的有效方法。在“比较万以内数的大小”时，课前请学生调查父母现在的工资数额和当年爷爷奶奶的收入，听爷爷奶奶讲讲他们小时候的事情，小学生们真切感受到祖国的日益富强，人民生活水平的迅猛提高，对祖国深深的爱油然而生；当讲到家长们的工资都在几千元时，学生们好自豪啊。笔者适时问学生：“你们的父母上班时间请假多吗？”同学们回答说：“很少。”这时候笔者会适时地进行品德教育，感叹道：“你们的父母好敬业啊！”小学生们的脸上写满了：我要敬学。

2. 榜样引导，感知中华美德，构建和谐氛围

榜样的力量是无穷的。有了榜样，学生就学有方向、赶有目标，而且学起来看得见、摸得着，具有说服力强、号召力大的作用，时时都能受到激励。所以运用榜样可以起到激励作用，收到事半功倍的效果。因此，在教学中，笔者时刻注意联系班内学生的思想实际，通过有意义的活动对学生进行德育熏陶，让学生在教师的教学熏陶中潜移默化地养成许多良好的习惯。比如，低年级小学生容易对别人的东西（彩笔、铅笔等）感兴趣，趁别人不注意时，就顺手牵羊。笔者会防患于未然，每次有小学生拾到物品动上交时，笔者就请他说说是怎么想的。从小学生们断断续续的描述中，其他小学生明白了：捡到

不是自己的物品不能据为己有，要主动寻找失主或让老师帮助寻找，丢失物品的小学生也会很着急。再比如，在数学教学中，设定情境进行知识和德育的双获得——用家庭成员辈分讲解乘加乘减的运算顺序：朵朵和爸妈去朋友家做客，用餐时间到了，请谁先入座呢？通过动漫播放入座过程，小主人在旁边做“请”的手势，让同学们感知尊老爱幼、语言行动的文明，和家人朋友和谐相处都在我们的日常生活中。

3. 正向思维，感知友善，立德树人

把数学中的原理和方法，转化成学生的一般的世界观和思想方法，对学生进行情感、态度、价值观教育。例如，为了让学生熟练两位数减一位数（100以内数的）的计算，笔者设计了以同桌为单位的小组，可以向班级任何一组挑战：看哪组计算正确率高，从而产生公认的“班级计算能手”。当 PK 的组决出胜负汇报时，第一类同学这样说：“老师，她们组做错多少道，我们组只做错了几道……”这时笔者不会马上表扬胜出的组，而是说：“学生们，我想这样说你们的比赛结果——雄鹰组做对了 N 道题，飞翔组做对了 Y 道题，飞翔组胜出。你们继续用你们喜欢的方式来说吧。”小学生们选用了笔者的方法，负队小学生们的脸上不再是丧气，而更多了几分羡慕和不服输的跃跃欲试。看来，我们是多么容易发现别人的错误而忽略别人的正确。但当你的积极思维感染到小学生们，他们会领悟：当我们面对一个人时，对他要友善，更多地要看他的优点，要宽容地对待别人的不足，并立即付诸行动。

4. 创设情景，感知同课异构，学会欣赏

新课程标准指出：“教师要紧密联系学生的生活环境，从学生的经验和已有的知识出发，创设生动的学习情景……”在讲解了含有加减混合运算的算式的算理后，对易错题型“10－6＋4”，采用了请小学生们就同一算式说出不同的情境应用题，强化正确的计算顺序。学生们在叙述时，其他学生适时补充、互相质疑、释疑。同题异构，抓住了事物之间的类似，夯实解题思路，受到“欣赏教育”的感染，有效地促进学生的思想交流，实现了学生间的“合力效应”，促成学生间的知识共振、信息共振、心理共振。同课异构中会不断地发现问题,学生的课堂学习水平、课堂学习智慧在不断的问题解决的过程中逐步地提高。有利于促进学生的多元发展。

三、在多向互动中进行正能量品德教育

新课程倡导在互动中进行学习,从课堂知识的认知学习到多向互动的品德教育,需要在教师、家长、同伴、学生本人之间建立起多向互动的对话教育平台,传递正能量。

(一)坚持教师自我教育,让学生感知师德魅力

1. 教师自我约束,言传身教

师德对学生起着潜移默化的教育作用,体现在教师教学活动的每个方面,教师的一举一动,一言一行都直接或间接地影响着学生,学生把教师的言行奉为准则,由此可见,教师的言传身教是多么重要。师德是教师的内在道德修养和文化素养的外在表现。要想有好的师德,关键在于教师提高自身道德修养和文化素养,一个品德高尚的教师应做到说话、做事诚实,工作认真,生活作风严谨,举止文雅大方,平易近人,宽容豁达,时时刻刻以学生为朋友,工作宽严有度,入情入理,既是学生引路人,又是学生贴心人。总而言之,师德是治学之关键,是育人之根本,应贯穿于教师一切活动之中,只有做到这一点,教师才能适应社会发展的需要,无愧于人民的厚望。

2. 注重创新能力,代际传播

教师除了自我具有创新精神外,还要具有培养人的创新精神及创新能力的创新意识,注重培养学生的创新精神和实践能力,尽量让学生能够自己探索总结得出规律,让学生能独立发现问题,尽可能多地给学生多一些思考的时间、活动的时间、表现自己的机会、创造的信心、成功的体验,在教师创造的宽松和谐的学习氛围里,学习心情愉快,没有压力的状态下去求知,去学习,培养他们的自学能力,创造能力,实践能力,分析问题、解决问题的能力,良好的心理品质和行为习惯。

在小学教学中培养学生的创新能力，笔者主要从以下几个方面做工作。

一是让学生树立创新的信心和勇气，要使每个人的学习和工作取得成功，首要的是树立信心和勇气，创新能力的培养也是如此，在教学中，教师要重视学生自信心的培养，还要注意呵护和培养学生的好奇心、求知欲，对学生提出的一些稀奇古怪的想法不要进行训斥，轻易加以否定，那些看起来似乎很奇怪的出乎老师意料之外的想法和问题，正是学生一瞬间产生的实现创造性思维的火花。适当引导，爱动脑筋，提出不同看法的同学，当学生有点成绩时，及时进行表扬，使学生创造的积极性、主动性得以保护发挥。

二是创设创新的气氛和环境，教师要帮助学生自主学习，独立思考，保护学生的探索精神和创新思维，创设轻松愉快、竞争、活跃的气氛，为学生潜能的充分开发营造宽松的环境，具体做到以下几点：首先，应极力避免引起学生害怕的心理压力，学生一有点儿大胆的设想，猜想和与老师想象中的答案不一致，老师就大发雷霆，大加指责，这样下去，学生再也不敢发言。其次，教学中师生是平等的，要创造一种平等民主的师生关系，有时学生的想象比老师还要高明，使教学相长，促进创新能力的发展。再次，让创新能力在大胆想象的过程中培养，有时想象力比知识更重要，没有大胆的想象，就不会有伟大的发明，想象是创新的前奏，引导学生大胆想象，对培养学生创造性思维和创新能力有着极其深远的意义。

三是培养动手的能力和开展创新活动，培养学生动手动脑的创新能力，经常进行小制作、小发明并及时表扬和肯定学生的劳动成果，只有这样，才能激发学生创造发明的欲望，提高学生动手操作的实践能力。一定要知道有三件事情比死记硬背更为重要，即对知识的理解、知识的综合运用、探究创新能力养成。

3. 关注特殊群体，感知亲情

目前，很多农村学校都是寄宿制，寄宿制学生往往没有学校大家庭观念，感受不到学校大家庭的温暖而难以适应学校生活习惯，尤其是年龄小的学生，这就为寄宿制班主任提出了一个新课题，即如何弥补寄宿制学生的亲情缺失问题。弥补寄宿制学生亲情缺失最有效的方法就是开展亲情教育，让寄宿制学生将情感转移到教师和同学身上。开展亲情教育要求班主任要以家长的方式与学生同吃同住及时解决生活中出现的各种问题，成为学生最亲密的人；以家庭教育的方式与学生交流、谈心，为他们解决生活中的烦恼、疑虑和困惑；以朋友的方式与学生交往，组织学生之间的交往，为他们解决人际关系问题等。总之，要让寄宿制学生感到学校就是一个大家庭，班主任就是父母，同学都是兄弟姐妹，从而培养寄宿制学生的家庭意识，学会尊重、谦让、互助、合作、团结和友爱。

（二）纠正家长错误教育观，让学生感知家庭正能量

目前，一些家长错误地认为：只要小学生认真读书，让他吃饱穿暖就行了，而忽视小学生的生活习惯养成以及健康的身心和人格的形成。在教学过程中，我们访谈了部分学困生的家长，了解到：有的家长因为工作累了，回家总是以一副疲惫的状态出现在小学生面前，甚至在小学生面前经常报怨；有的家长在外面看似穿着光鲜亮丽，家里一片狼藉，家里的换洗衣物总是随处乱扔，东西摆放更是乱七八糟；还有些家长在小学生面前总爱以自己的主观意愿去评论他人，有时甚至向小学生灌输一些事不关己、高高挂起的思想；还有些家长在小学生面前只管一味地指责而忽视正确的引导，等等。这些言行举止早已在小学生心中留下了难以磨灭的印象。可见，要让小学生养成良好生活习惯和得到健康的身心发展，家庭中父母言行的潜移默化至关重要。针对这些情况，我们请家长们一起座谈，请优秀生谈他们心中的家长，请这些家长谈他们对小学生的教育。达成共识：请家长们每天微笑面对小学生，尽管自己很累了，也要了解小学生学习情况；和小学生的交流是积极的、乐观的；带给小学生正能量的信息……渐渐地，这些小学生关心班级、帮助同学、学习扎实、学习成绩稳步提升。

（三）倡导同伴互助，让学生感知团结协作的魅力

1. 多彩活动中感知合作魅力

“不管努力的目标是什么，不管他干什么，他单枪匹马总是没有力量的。

合群永远是一切善良思想的人的最高需要。”这是歌德的名言。在人类进步、社会发展、经济日趋国际化的今天，人们越来越多地感到合作的重要性。然而在实际教学中，我发现低年级学生的小组合作开展效果不佳：当课堂上进行随机分组活动时，经常有学生喊着我不要和某某一组；进行小组汇报时每个同学都争着汇报，只发表自己的意见，对组内其他同学的意见置之不理，这样等于没讨论，分组活动也就成了形式，没有任何效果。在学习《青蛙卖泥塘》一课时，笔者让小学生们在思维纸上贴出来看过泥塘的所有小动物及他们提出的建议，以及青蛙根据这些建议对泥塘进行的改造。由于文中出现的小动物比较多，所以小学生们贴起来要费一定的时间。开始时笔者只把材料发给小学生们，不做任何的指导，等最快的一组贴完后，让他们到讲台前展示，并说说自己组为什么贴得这么快呢？小学生们告诉大家，是他们组的每个人分别贴不同的动物、听取提出的建议及青蛙对泥塘的改造，这样他们就迅速贴完了。其他小学生明白了，小组内一起合作，才能迅速地把事情做完。从他们羡慕的眼神和后来贴的速度中可知，他们认可了合作的重要性。以后的活动中，笔者又安排了分组情景表演、击鼓传花等这些需要多人共同完成的游戏，学生们通过分工合作，共同探索，共同解决难题，来享受集体的智慧，合作的快乐。

2. 自主管理中感知自律魅力

充分激发每个学生自主管理的意识和参与欲望，爱护学生自主管理的积极性，使每个学生都有成就感，也是教师从低年级起就应该注意培养学生的。日常教学中，根据低年级学生比较好动的特点，笔者会经常组织小组内的合作探究、组与组之间的竞赛等活动。每次活动结束，桌凳会被碰的歪斜，有的小学生的草稿纸散落到地下。这时，总会有小学生主动捡起身边的废纸，摆正桌凳。笔者会大声而兴奋地说：“我替桌凳和废纸谢谢你们，让它们回归了自己的家。”很快地，教室里桌凳整齐，地面干净。

3. 时间观念中感知遵纪魅力

学校生活，要求小学生们树立严格的集体和时间观念，遵守学校纪律。

低年级的小学生年龄小，尽管懂得了道理，如果不经过反复训练，也不一定做到。每次接一年级，开学初始，笔者会每天表扬按时到校的学生，在黑板报醒目的位置登写他们的名字。渐渐地，小学生们能按时到校了，还会非常主动地去黑板报前找寻自己的名字。

经过一年的实践研究，依托“感知教育法”铸魂育人这个较为新颖的研究路径初见成效，潜移默化地培养了小学生乐观、积极向上、热爱班级、尊老爱幼的良好品德。

诚然，学生的道德品质从外部调节到内心自觉，从低级到高级逐步发展起来，在小学生的道德品质的发展上具有重要意义，也是学校德育工作不可缺少的部分。作为教育者，我们应遵从学生的年龄特点，有效地感染、熏陶低年级小学生品德行为，使学生的道德品质得以健康发展，心灵得到美好的塑造。

参考资料

[1][5][苏]凯洛夫著，沈颖等译：《教育学》，北京人民教育出版社 1957 年版。

[2]鲁洁：《德育课程的生活论转向》，《华东师范大学学报》(教育科学版)2005 年第 3 期。

[3][4]高德胜：《德育如何实现“大中小一体化”》，《中国教育报》，2019 年 4 月 12 日。

附录三

小学低年级校本科创课程的开发与实践研究[①]

上海理工大学附属普陀实验学校是由普陀区人民政府与上海理工大学合作办学的一所公办九年一贯制学校。学校于2017年9月1日正式开学，招收小学一年级新生，逐年递增，到2021年将实现从小学一年级到初中三年级的教学格局。

创办之初，学校深刻认识培养“科创人才”已成为我国进一步发展的迫切需求，根据普陀区创建“科创驱动转型实践区”和普陀教育“强化学生科学人文素养和创新创业能力培养”的要求，依托上海理工大学的办学优势、优质资源，明确了建设“科创引领，文理相融”的办学特色。

在2017—2022年上理工实验学校五年发展规划中，明确把“科创素养和能力”列入学校的育人目标中，即培养人格健全，基础厚实，富有科学素养、实践能力和创新精神，德智体美劳全面和谐发展，有个性特长的学生。形成上理工实验特有的“人人有创意，个个爱创造”的育人品质。

① 王惠勤，上海理工大学附属普陀实验学校校长、高级教师。

打造上理工实验的“科创特色”，既要高质量地上好国家规定的基础型课程，又要为学生提供更加丰富的科创课程与实践活动，进一步拓宽视野，激发兴趣，丰富体验，助力探究与创新。但仔细搜寻，目前可供小学低年级选择、现成的、既符合实际又满足需求的科创课程教材或资源几乎没有。

因此，我们自学校创办伊始，就开始了小学低年级校本科创课程的开发与实践研究。

一、课程概念界定和基本理念

低年级校本科创课程是指由上理工实验学校教师团队自主开发的，以本校小学一、二年级学生为实施对象，突出培养学生的科学、创新素养和六大能力，即观察记录能力、动手实验能力、探究思考能力、想象创新能力、语言表达能力、团队合作能力的综合学习与实践活动。

低年级校本科创课程开发基于以下四个基本理念，即激发学习兴趣，立足学生发展，突出科学探究，体现创新精神；同时倡导“玩中学、探中学、创中学”的学习实践方式。

二、课程目标指向

（一）知识与技能

(1)知道身边有许多人正从事着科学研究工作，知道一些科学发现的故事和一些科学家的事迹，知道一些科学发现的成果及其对人类活动的影响。

(2)了解技术是人类能力的延伸，技术是改变世界的力量，技术推动着人类社会的发展和文明进程；知道一些科学技术在学习、生活中的应用实例，了解一些运用科学技术解决社会问题的实例。

(3)初步了解生物体的多样性，知道不同的生物有不同的特征；知道生物生存需要的条件和不同的繁衍方式；知道生物体的生命活动和生命周期，体验生物的基本生长过程。

(4)初步学会常见的实验操作步骤,初步学会刻度尺、测力计、温度计、量筒、酒精灯、放大镜等测量工具和实验仪器的使用。

(二)过程与方法

(1)了解科学探究是获取科学知识的主要途径,是通过多种方法寻找证据。运用创造性思维和逻辑推理解决问题,并通过评价与交流等方式达成共识的过程。

(2)知道科学探究需要围绕已提出和聚焦的问题设计研究方案,通过收集和分析信息获取证据,经过推理得出结论,并通过有效表达与他人交流自己的探究结果和观点;能运用科学探究方法解决比较简单的日常生活问题。

(3)初步了解分析、综合、比较、分类、抽象、概括、推理、类比等思维方法,发展学习能力、思维能力、实践能力和创新能力,以及运用科学语言与他人交流和沟通的能力。

(4)初步了解通过科学探究达成共识的科学知识在一定阶段是正确的,但是随着新证据的增加,会不断完善和深入,甚至会发展变化。

(三)情感、态度与价值观

(1)保持好奇心和探究热情,乐于参加观察、实验、制作、调查等科学活动,并能在活动中克服困难,完成预定的任务。

(2)具有基于证据和推理发表自己见解的意识;乐于倾听不同的意见和理解别人的想法,不迷信权威;实事求是,勇于修正与完善自己的观点。

(3)在学习中运用批判性思维大胆质疑,善于从不同角度思考问题,追求创新。

(4)在探究活动中主动与他人合作,积极参与交流和讨论,尊重他人的情感和态度。

三、课程开发与实践的初步成果与实效

(一)初步架构小学低年级校本科创课程的框架体系

小学低年级校本科创课程的框架设计,遵循新时代的教育方针,充分考虑小学生的年龄特点与认知规律,兼顾小学科学教育的实际情况,通过多元的主题引领,激发学生对周围事物的兴趣和不断探究的欲望,让学生经历探究活动和解决问题的过程,体验科学创新的方法和本质,培养科创精神。

本课程的学习实践活动以十大版块搭建基本框架,融人文性、科学性、综合性、探究性、艺术性和创造性于一体,着力培养学生的科创素养和能力,具体如表1所示:

表1　　学习实践活动模块表

<table>
<tr><th>主　题</th><th>能力培养</th><th>相关学科</th></tr>
<tr><td>1. 一个科学家的故事</td><td rowspan="10">观察记录能力
动手实验能力
探究思考能力
想象创新能力
语言表达能力
团队合作能力</td><td rowspan="10">语文
数学
自然
美术
劳技
信息</td></tr>
<tr><td>2. 一个 STEM 课程</td></tr>
<tr><td>3. 一个 OM 课程</td></tr>
<tr><td>4. 一个小动物饲养</td></tr>
<tr><td>5. 一个小科创作品</td></tr>
<tr><td>6. 一个小植物种植</td></tr>
<tr><td>7. 一个小自然笔记</td></tr>
<tr><td>8. 一个小长期记录</td></tr>
<tr><td>9. 一个小实验操作</td></tr>
<tr><td>10. 一个小科学演讲</td></tr>
</table>

(二)初步完成"有意思的十个'一'"课程资源包的编写

根据框架体系所涉及的学科,学校组织语文、数学、自然、美术、劳技、信息等相关专业教师组成课程资源包编写小组,自主研发撰写"有意思的十个'一'"。每个分册的资源包都要经历"主题细化—编写分工—资源收集—初

步编写—专家审核—内容修订—全册整合—专家再审—再次修订—排版美化—印刷成册”等严格的编写过程。目前已初步完成1—2年级共4个分册、10大版块、40个主题的课程资源包，如表2所示：

表2 有意思的十个“一”

主　题	一上	一下	二上	二下
1. 一个科学家故事	张衡地动仪	本草李时珍	算术祖冲之	历法郭守敬
2. 一个 STEM 课程	五彩万花筒	脏水变清了	水果巧发电	巧找平衡点
3. 一个 OM 课程	手掷飞行器	灵动纸风车	大力士纸船	旋转纸陀螺
4. 一个小动物饲养	白玉小蜗牛	我爱蚕宝宝	美丽小金鱼	歌手大黄铃
5. 一个小科创作品	落叶大变身	重生废纸盒	百变塑料瓶	旧衣裤布艺
6. 一个小植物种植	蚕豆的变化	我爱小辣椒	常绿冬小麦	水培风信子
7. 一个小自然笔记	秋天的梧桐	春天的花朵	秋天的银杏	夏的校园
8. 一个小长期记录	天亮的变化	气温的变化	天暗的变化	月亮的变化
9. 一个小实验操作	沉浮小钢针	钢勺变钟声	看不见的信	爆玉米花
10. 一个小科学演讲	让我告诉你	这是真的吗	挑战不可能	介绍新发明

（三）扎实开展丰富多彩的科创课程

为保障校本科创课程扎实有效开展，学校利用每天放学后的快乐一小时，统筹安排，全员参与，做到定时间、定教师、定主题、定材料、有展示。

兴趣是最好的老师，“有意思的十个‘一’”科创课程对于学生有足够的吸引力，各项趣味横生的活动深受学生的喜爱，学生在丰富的科创活动体验中，亲近自然，感受科学，习得本领，学会创新。示例如下：

1. 科学家故事大讲堂

科学家是科学知识和科学精神的重要承载者，学校结合“科学家的故事”这一主题，开展“科学家故事大讲堂”活动，激发学生学习科学的兴趣，大力弘扬科学家追求真理，严谨治学，勇于创新，科学报国的科学家精神。孩子们站在讲台上大方得体，声音响亮，表达流畅，故事生动有趣，富有知识性，充满正能量。尤其是现场的有奖问答环节把活动推向了高潮，活动氛围相当热烈。

2. 科创作品展

(1)落叶创意画:大自然是一个神奇的魔术师,为引导孩子们热爱大自然,感受自然的魅力,展示孩子们的想象力和创作能力,学校结合科创课程"落叶大变身"和"秋天的梧桐",开展了艺创活动。孩子们不仅感受到了小小树叶所带来的乐趣,更锻炼了观察能力、动手能力,陶冶了审美情趣,提高了探索自然的热情。

(2)百变塑料瓶:保护环境,教育为本,为使学生从小树立良好的环境保护意识,提高环保观念,增强环保责任感,学校组织了"百变塑料瓶"科创活动,经过同学们的改造,一个个精美、别致而又独一无二颇具创意的物品展现在眼前!创想无限,看似简单的小改造实在是不简单,变废为宝既培养了孩子的环保和节约意识,又发展了孩子的想象力和创造力。

(3)创意万花筒:为了提高学生的动手能力,学校结合"五彩万花筒"这一主题,组织每个学生自己动手制作一个独一无二的万花筒,并进行创意装饰。同学们在看、玩、做、想的探究活动中发现了光学的奥秘,更体会了科学的魅力。最后同学们把全部的作品合成一个大大的"创"字进行展示交流,十分夺人眼球。

3."手掷纸飞机"直线距离的比赛

在开展"手掷纸飞机"这一主题活动时,老师给学生介绍了十几种纸飞机的折法,并邀请上理工大学的教授给学生讲空气动力学的原理,通过举办"小小纸飞机,放飞大梦想——手掷纸飞机"直线距离的比赛,评选出飞行距离最长的前8名,为学生搭建学科学、用科学,展示自我、交流分享的舞台。

4. 自然笔记

为鼓励学生走近大自然、亲近大自然,科创课程通过"自然笔记"这一版块,引导学生近距离的观察、发现、描绘、记录各种动植物,用绘图加笔记的表现形式,来抒发情感,分享乐趣,培养科学素养。

通过尝试,学校归纳总结出做好自然笔记的"六有":①有图绘,"整体图画+细节图画";②有文字,"说明介绍+原因介绍";③有疑问,"为何这样+

可能原因”；④有数据，“数量变化＋尺寸变化”；⑤有发现，“原来如此＋问题再生”；⑥有质量，“笔笔认真＋字字有理”。

我校学生参加第十一届上海国际自然保护周“自然笔记大赛”获得上海市一等奖1名、二等奖1名、普陀区奖项4名；此外我校还选送了9名学生参与上海市第五届青少年 stem 实践交流展示活动的自然笔记大赛，获得二等奖5名，三等奖4名。

5. 动植物养护活动

(1)饲养小动物。

“白玉小蜗牛”是学生的第一个动物饲养长周期探究活动，学校给每个学生准备了一只白玉小蜗牛，在课堂上孩子们学会了观察蜗牛的运动轨迹，了解了蜗牛宝宝身上有硬硬的壳，有软软的身体，还有两对可爱的小触角，还懂得了如何照顾蜗牛宝宝。课后孩子们开启了蜗牛饲养之旅，每天孩子们精心照顾、细致观察小蜗牛，为自己的蜗牛宝宝记下生活中美好温馨的瞬间。

之后我们还开展了蚕宝宝、小金鱼以及小蝌蚪的长周期探究活动。蚕宝宝为什么会变成飞蛾？小金鱼怎么养才能更好地成活？青蛙的蝌蚪和蟾蜍的蝌蚪有什么不同？在和各类小动物的亲密接触中，孩子们锻炼了科学观察、动手实践、质疑探究能力，对于“生命”有了更加深刻的认识。

(2)种植小植物。

为了让孩子们主动地探知植物生长的秘密，学校组织不同年级的学生根据季节体验不同植物的种植。春季探究油菜花宝宝、向日葵的成长奥秘，冬季见证郁金香、水仙花从种球到开花的神奇之旅。

通过资料查阅、动手实践和观察记录，小植物种植活动在孩子心里播撒下绿色的希望，同学们了解了种植的相关知识，学会了使用工具，体验着劳动的乐趣，明白了细心与责任心的重要，更为重要的是，始终保持探究自然的兴趣和热情。

(四)汇聚优势资源，形成教育合力

学校充分依托上海理工大学、专家教授、街道、社会及家长等各类优势资

源，精心打造“尚理创邑”“UFO”等公共科创空间，积极开设专家讲座、博物馆课程、非遗在我身边、跟着教授做课题、家长讲堂等活动项目，打造固化富有校本特色的“科创节”，彰显合作、开放、多元、优质的校园文化。

例如，我校特邀家长开展“科学讲堂”活动，得到了各班家长们的大力支持，他们立足科技前沿，结合自己的专业知识，给孩子提供了科普盛宴：“神奇的声音”“奇妙的科学之旅——八大行星”“科普知识——飞机”“科技小制作——国旗升降台”“未来的汽车”“与机器人面对面”等活动，精彩纷呈，深受学生欢迎。

科创课程引领学生亲近自然、感受科学、学习创新，让学生亲历探究活动和解决问题的过程，在动手动脑的实践中体验科学创新的过程和本质，养成科学探究和科学创造的兴趣，培养科学思维的方式和能力，涵养科学创新的精神。学校将在现有的基础上，进一步优化完善，同时推进中高年级校本科创课程的开发和实践，为形成上理工实验“人人有创意，个个爱创造”的育人品质而不懈努力！

后　记

据教育部高教司司长吴岩介绍，我国高等工程教育总体可以概括为“5个1/3”和“1个90%”，即工科专业类92个，占总数1/3；工科专业630种，占总数的1/3；工科专业布点1.8万多个，占总数1/3；在校生、毕业生人数也占总人数1/3。90%以上的学校都开设工科。作为理工类高校的一线思想政治教育工作者，我们深切感受到针对理工科学生的思想特点、认知方式、成才规律和现实需求进行思想政治教育探索的必要性和紧迫性。作为一种新的思想政治教育范式，工程德育实质上是对现有思想政治教育工作系统化的整合、重构和再造，有利于提高新工科人才培养质量，在理论研究和实践探索中都体现出了较大潜力和勃勃生机。基于此，我们在近年来自身不断探索实践的同时，积极与兄弟高校的同仁加强交流，不断积聚众多智慧共同推进工程德育研究，组织编写了《新时代高校工程德育理论与实践》一书。

本书是集体合作的产物，主要分理论研究、实践探索、专题研究三部分及附录，每一部分的文章都是各位专家学者理论研究的最新成果或行家里手工作经验的最新提炼总结,无不饱含各位的高超智慧和辛勤汗水。限于篇幅,无法在此一一列举,在此表示衷心的感谢。编写过程中,上海理工大学党政领导高度重视,刘道平副书记不仅多次参与工程德育的研讨会,还欣然为本书作序,让我们无比感动和感谢;上海市学生德育发展中心和学校党委宣传部、学生工作部、研究生工作部、本科生院等相关部门为本书的编写给予了诸多指导和支持,上海理工大学马克思主义学院的金瑶梅教授、卢岚教授、胡绪明教授等教师以及2019级硕士研究生刘光旭等同学为本书的出版做出了积极贡献,在此一并表示感谢。本书由彭宗祥牵头编委会讨论确定基本框架后,由夏小华、刘科负责组稿、统稿并审读了全部书稿,全书最后由彭宗祥审定。

在编写过程中,我们深怀感激之情、合作之念、包容之心,达成的基本共识是:在确保方向正确的前提下鼓励百花齐放、百家争鸣,尊重每位专家的观点,原汁原味收录优秀成果。工程德育虽然不是一个新概念,但在理论研究和工作实践中还存在一些不同观点和探索的空白点,这在本书相关篇目中有所体现,需要读者自行斟酌、体会和借鉴。这也从一个侧面显示出,当前工程德育虽然引起同仁们的普遍关注,但是相关的理论研究还不是很成熟,实践探索尚待深入和拓展,需要各位同仁继续努力。这也是我们在水平有限的情况下,乐于积极促成本书出版的初衷和动力。虽然我们对本书的编写经历了长时间的斟酌、认真的校对,但难免存在诸多不足之处,敬请各位同仁和读者批评指正。

彭宗祥

2020年11月